뉴질랜드

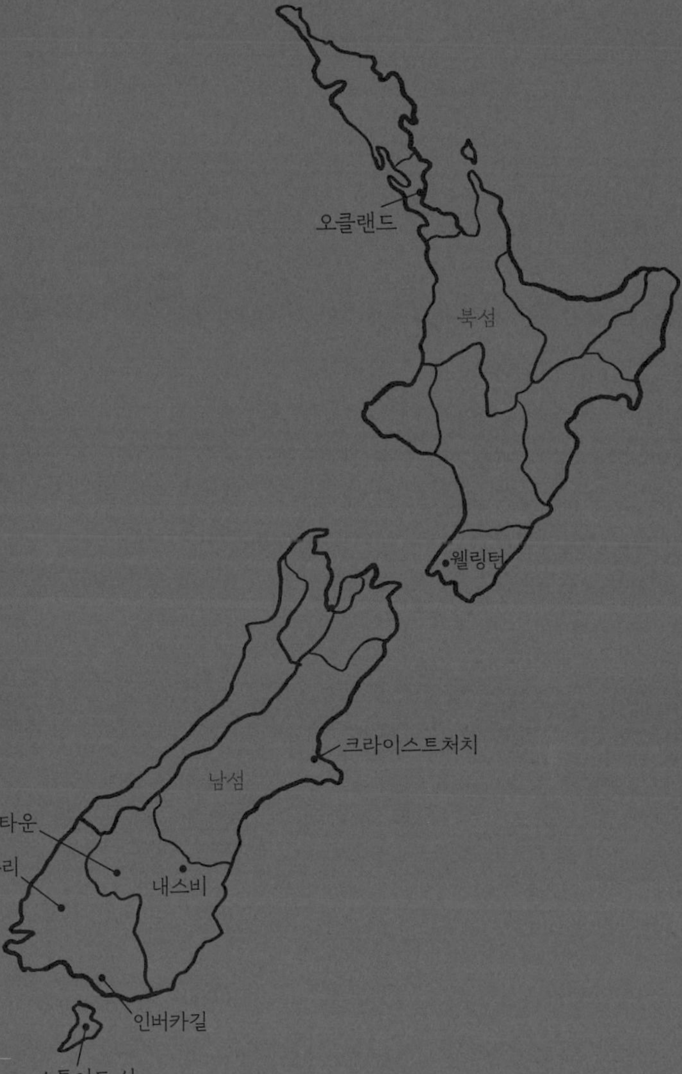

세상 끝 책방 이야기

THE BOOKSELLER AT THE END OF THE WORLD
Copyrights ⓒ 2022 by Ruth Shaw

All rights reserved.
No parts of this may be used or reproduced in any manner whatever without written permission except in the case of brief quotations embodied in critical articles or reviews.

Korean Translation Copyright ⓒ 2025 by Grimm Namu
Korean edition is published by arrangement with Allen & Unwin through BC Agency, Seoul

이 책의 한국어판 저작권은 BC에이전시를 통한 저작권사와의 독점 계약으로 그림나무가 소유합니다. 저작권법에 의하여 한국 내에서 보호를 받는 저작물이므로 무단 전재 및 복제를 금합니다.

세상 끝 책방 이야기

모험과 사랑, 그리고 책으로 엮은 삶의 기록

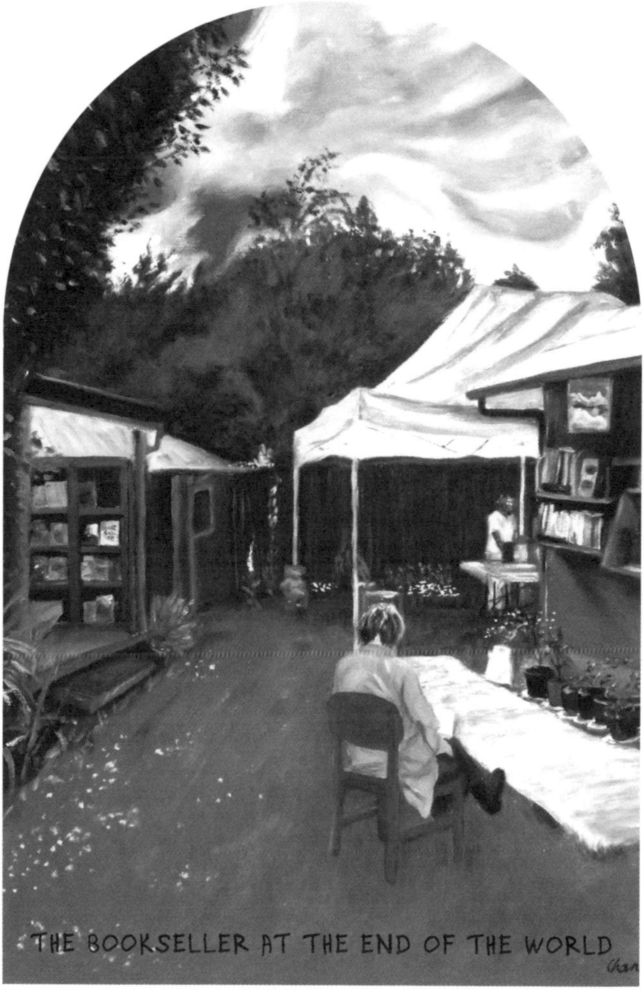
THE BOOKSELLER AT THE END OF THE WORLD

루스 쇼 지음

신정은 옮김

그림나무

훌륭한 어머니 프리다와
첫사랑이자 마지막 사랑인
완벽한 남편 랜스에게 바칩니다.

한국어판 서문

    자서전을 쓰라는 권유를 받았을 때만 해도 이 책이 베스트셀러가 될 거라고는 전혀 생각하지 못했습니다. 더군다나 머나먼 한국에서까지 출판될 거라고는 꿈도 꾸지 못했지요.
    우리 책방 손님으로 처음 만난 신정은 님 덕분에 이 책이 한국의 독자들을 만날 수 있게 되어 기쁩니다. 그분의 굳은 믿음 없이는 불가능한 일이었을 것입니다.
    자리에 앉아 서문을 쓰면서 한국에서 이 책을 읽게 될 독자 여러분을 떠올려봅니다. 고통스럽고 힘든 일을 겪은 후 오랜 세월 동안 상처를 안고 살아가는 분들이 많으리라 생각합니다. 한국과 뉴질랜드는 너무나 다른 나라여서 한국에서의 삶을 상상하기는 어렵습니다. 그러나 어디에서 살아가든 우리는 한 번쯤 휘청거리고 넘어지기 마련입니다. 그렇게 넘어져도 우리는 발을 감싸는 따스한 모래와 잔잔한 물결을 느낄 수 있기에 다시 일어설 용기를 가지고 있다는 것을 깨닫게 되곤 합니다.

    여러분이 마지막 장을 넘기며 많은 영감을 얻을 수 있길 진심으로 바랍니다. 제 책이 여러분의 서재에 자리 잡게 되어 영광입니다.

사랑을 담아
루스

차례

한국어판 서문 6

1 자그마한 책방 둘 11
2 책과 사업, 그 시작 20
3 들고 있는 패와 타이밍 33
4 내스비 40
5 1963년 49
6 해군으로 떠나다 61
7 스튜어트 섬, 그리고 랜스를 만나다 71
8 사제관에서 일하다 83
9 항해를 떠나다 91
10 잠시 도둑이 되어 103
11 다시 비극이 120
12 라바울 도착 126
13 걱정하세요 136
14 집에서 온 편지 156

15 사라지다 167

16 순순히 가지 마오 179

17 매드해터 맨션 195

18 결혼, 대마초 그리고 동물들 211

19 마법 같은 227

20 더 저항하고, 덜 순응하라 241

21 청소년 지원 활동 251

22 집에서 비추는 빛 264

23 집으로 274

24 랜스의 모험 288

25 아들을 찾아서 303

26 파란 눈의 소년 315

27 세상 끝 책방 323

28 홈스트리트 337

감사의 글 344

1

자그마한 책방 둘

뉴질랜드 남섬 끝자락에 마나포우리 호수가 있다. 호숫가 힐사이드 로드에서 홈스트리트로 들어서면 작고 화사한 책방이 보인다. '자그마한 책방 둘'이다. 비스듬히 마주 서 있는 책방은 온통 초록 수풀로 둘러싸여 있다. 곳곳에 독특한 소품이 자리하며 반려동물 몇 마리도 오가고 있다. 사뭇 궁금증을 자아내는 곳이다.

9월 말에서 4월 중순까지 매일 아침 나는 이 '자그마한 책방 둘'의 문을 연다. 뉴질랜드 남섬의 아름다운 풍광이 한눈에 펼쳐지는 남부경관도로와 힐사이드 로드 교차로 한쪽에 작고 산뜻한 녹색 자동차가 서 있다. 나의 1961년식 피아트 500이다. 이 자동차에는 '뉴질랜드에서 가장 작은 서점'이라는 문구가 간판처럼 쓰여 있다. 아침이 되면 먼저 홈스트리트 모퉁이에 '책방 열림' 알림판부터 세워놓는다. 밝게 칠한 낡은 책상과 테이블 몇 개를 펼친 다음, 여러 종류의 책을 보기 좋게 올려놓는다. 그러고 나선 칠판에 이렇게 적는다. **혹시 여기 내가 안 보이거든 힘차게 종을 울려주세요.** 배에서 사용하던 종을 문가에 걸어둔 덕에 나무들로 꽉 찬 이 넓은 곳 어디에서든 종소리를 들을 수 있다.

은퇴 후 즐거운 '취미'로 이 책방을 열어야겠다고 마음먹었을 때, 내 나이는 일흔이었다. 30여 년 전이긴 하지만 남편 랜스와 '피오드랜드 생태 휴양'이라는 요트 전세 회사를 운영할 때도 작은 책방을 운영했던 적이 있다.

책방은 보통 책을 좋아하는 사람들만 끌어들이곤 한다. 그런 의미에서 보면 '자그마한 책방 둘'은 아무래도 책방보다는 불빛에 가까운 것 같다. 나방이 불빛을 보고 몰려들 듯, 근처를 오가는 사람들은 끊임없이 이 작은 책방으로 들어온다. 그건 어쩌면 책방의 화사한 색상 때문일 수도 있고, 작고 오래된 문과 창문 때문일 수도 있다. 부다페스트에서 온 티보르도 그렇게 우리 책방에 발을 들였다. 티보르는 작은 농가를 지나가던 중 모퉁이 간판에서 '책방'이라는 단어를 보자마자 그대로 급히 차를 돌렸다고 한다. 그리고 한 달 동안 우리 정원 오두막에서 지냈다. 간호사인 티보르는 차박을 하며 장기 휴가를 보내는 중이었다. 그는 숙식을 제공받는 조건으로 우리 집 주변의 작은 숲을 돌봐주었다. 책을 좋아하는 티보르는 책방에서 책을 읽고 손님들과 이야기를 나누며 많은 시간을 보냈다. 내가 책방을 비울 때면 대신 책방 문을 열었고, 책도 제법 많이 팔았다. 이곳을 떠날 때, 티보르는 발걸음이 쉬이 떨어지지 않는다고 했다. 우리도 헤어

짐이 아쉬워 많이 울었다.

독일 소녀 야나를 만난 건 그 후였다. 야나는 책방으로 들어와 의자에 앉더니 이미 젖은 휴지에 연신 코를 풀며 울기 시작했다. 나는 아이를 꼭 끌어안고 가만히 울도록 기다렸다. "이제 다 끝났어요. 헤어졌거든요"라고 말하는 야나를 데리고 집 안으로 들어갔다. 책방은 자연스레 남편 랜스의 몫이 되었다. 랜스는 평소에도 이해심 많고 다정한 모습으로 책방 일을 도와주었다. 책방의 상담사가 되어 필요한 경우엔 사람들에게 차와 커피를 대접하기도 하고, 손재주가 좋아서 집안의 온갖 수리도 도맡아 한다. 그래서 나는 언제든지 "도와줘요. 여기, 빨리요!"라고 외칠 수 있다. 랜스가 책방을 보는 동안 나는 마음 놓고 야나와 이야기할 수 있었다. 야나는 우리와 함께 일주일을 보냈다.

폴란드에서 온 릴리는 향수병으로 힘들어했다. 그저 다른 사람과 이야기하고 싶어 했는데, 정말이지 깜짝 놀랄 만큼 쉬지 않고 엄청난 이야기를 쏟아냈다! 어느새 나는 릴리의 할아버지, 할머니부터 릴리 일가의 모든 이야기를 섭렵할 수 있었다. 어디에서 학교를 다녔는지, 뉴질랜드 어디 어디를 여행했는지 등등 끊이지 않을 것 같던 일방적인 이야기가 끝난 순간, 릴리는 그때야 비로소 자신의 이별 이야기를 꺼냈다.

호주에서 온 애덤은 유들유들한 미소를 띤 스무 살 청년이었다. 그는 뉴질랜드 최고의 관광지로 꼽히는 밀퍼드 사운드에서 일하고 있는데, 마침 며칠 쉬는 날이라고 했다.

"그냥 책을 어떻게 읽는지 그 방법을 알고 싶어요."

이제껏 내가 한 번도 들어본 적이 없는 말이었다. 하지만 생각해보니 책을 파는 사람이라면 책 읽는 방법을 알고 있는 게 당연해 보였다.

"평소에 어떤 것들에 흥미 있어 하죠?" 내가 물었다.

"별로 없어요. 아, 대마를 재배하고 피우는 걸 좋아하긴 해요."

처음 본 사람에게 불쑥 이런 말을 하다니, 애덤의 솔직함에 속으로 조금 놀랐다. 그러다 낯선 사람의 눈에 비칠 내 외모를 생각해보았다. 매일같이 입고 있는 헐렁한 인도산 면바지, 무릎까지 내려오는 튜닉, 머리에 두른 화려한 모자. 나는 그가 말하는 바를 알 것 같았다. "당신에게 딱 맞는 책이 있지요. 잠깐 기다려줄래요? 내 서재에 있는 책인데 사실 판매용은 아니에요."

1980년에 출간된 버튼 실버의 『보고르Bogor』는 보고르라는 고독한 나무꾼 시인의 이야기를 담은 만화책이다. 숲속에서 혼자 사는 보고르는 대마를 재배하는 고슴도치와 친구가 됐는데 그 고슴도치는 마리화나로 키운 달팽이를 먹고 살았다. 이 만화는 1973년부터 1995년까지 《뉴질랜드 리스너New Zealand Listener》에 연재되었는데, 뉴질랜드에서 가장 오래 연재된 만화 시리즈라는 기록을 세웠다. 당시로는 꽤 급진적이었던 보고르의 매력에 사람들은 흠뻑 빠져들었다. 이런 인기에 힘입어 시리즈는 바로 책으로 출간되었고 지금까지 애서가의 수집 품목에 꼭 들어가는 작품이 되었다.

책을 찾아 책방으로 돌아온 나는 애덤에게 보고르와 약에 취한 달팽이를 먹는 친절한 고슴도치 이야기를 들려주었다. "이 책이 마음에 들 거예요. 읽기 쉽고 일단 한 번 읽기 시작하면 멈출 수가 없죠!"

애덤은 앉은 자리에서 바로 책을 읽기 시작했다. 다 읽은 책을 돌려주면서 애덤이 말했다. "저도 이제 책을 모아보고 싶네요."

* * *

어느 날 앨런이라는 남자가 책방을 찾았다. 그는 문 앞 계단에 말없이 앉아 있었다. 어깨를 축 늘어뜨리고 머리는 거의 무릎까지 내려와 있었다.

"들어와서 앉지 그래요." 나는 앨런에게 말을 걸었다. "이제 책방 문을 닫을까 하는데, 들어와서 혼자만의 시간을 갖는 건 어때요?"

"아니요, 그렇게까지 안 하셔도 됩니다." 말은 그렇게 했지만, 어느새 자리에서 일어나 가게 안으로 들어왔다. 나는 얼른 나가서 '열림' 표지판을 '닫힘'으로 돌리고 칠판을 닦은 다음 문을 닫았다. 우리는 몇 분 동안 말없이 그저 앉아 있었다. 내가 먼저 조용히 자기소개를 하며 입을 열었고 건너편에 앉은 앨런을 바라보았다. 그는 울고 있었다.

나는 책방 바로 옆에 있는 집으로 달려가서 남편에게 커피 두 잔을 부탁했다. 바쁠 때는 이렇게 요청하기도 한다. 자그마한 책방이다 보니 손님이 다섯 명만 들어와도 발 들일 틈은 고사하고 움직일 수조차 없다. 어쩔 수 없이 다른 손님들은 밖에서 기다리게 되는데 그럴 때면 남편은 자신이 살아오며 겪은 놀랄 만한 이야기로 손님들을 즐겁게 해준다. 차와 커피를 대접하는 것은 물론이다. 감사하게도 남편 역시 책을 좋아하는지라 필요한 경우에는 책에 관한 대화를 주고받으며 즐거운 시간을 보내기도 한다.

커피 두 잔이 제때 나왔다. 한 잔에는 커피와 우유가, 다른 한 잔에는 우유에 설탕까지 더해졌다. 랜스의 판단은 정확했다. 앨런은 우유와 설탕을 넣은 커피를 골랐다!

"고마워요, 루스." 앨런이 말했다. "저는 여기 들어올 수밖에 없는 운명이었나 봅니다. 사실 제가 책을 좋아하는 건 아니거든요."

"책을 안 읽는 사람도 많이들 와요."

"책방의 화사한 색도 그렇고 문 옆에 매달린 종이 저를 이끈 것 같아요. 저는 호주 뉴사우스웨일스주에서 온 소방관입니다. 휴가를 받아서 여기까지 오게 됐어요." 그는 한숨을 쉬며 나를 올려보았다. "저 때문에 직장 동료들이 실망했을까요? 사실 그럴 만해요. 그들은 여전히 저 밖에 있거든요. 어디를 가더라도 연기 냄새가 나는 것 같아요." 그해 호주 산불은 정말 끔찍했다. 실제로 뉴질랜드 남섬의 맨 끄트머리인 이곳 마나포우리에서도 연기 냄새를 맡을 수 있었고 불길은 높이 치솟아 올라 하늘을 붉게 물들였다.

우리는 한 시간이 넘도록 긴 이야기를 나누었다. 그가 겪었던, 그리고 다시 돌아가야만 했던 참상과 그 끔찍함에 그만 울고 싶어졌다.

마침내 앨런은 자리에서 일어나 작은 책상 위에 컵을 내려놓더니, 내가 늘 준비해두는 상자에서 휴지를 꺼내 코를 풀었다. "고마워요, 루스. 당신은 지칠 대로 지친 이 늙은 소방관에게 꼭 필요한 분이었어요!"

나는 앨런을 꼭 안아주었다. 그는 다음 날 피오르드랜드 국립공원의 케플러 트랙을 걸을 예정이었다. 영화 〈반지의 제왕〉의 촬영지로도 유명한 곳이다. "숲 냄새를 맡아봐요." 나는 내 키보다 훨씬 큰 앨런을 올려다보며 웃으면서 말했다. "숲속 공기를 들이마셔요. 돌아가면 다시 동료들과 함께 일할 준비가 되어 있을 거예요. 여기 당신을 위한 아주 작은 책이 하나 있어요." 앨런에게 『퍼리 로직』을 건넸다. '인생의 작은 도전을 위한 안내서'라는 부제를 달고 있는 책이다. "이 책을 읽다 보면 절로 빙그레 웃고 있을 거예요. 아니 어쩌면 큰 소리로 웃을지도 모르죠."

앨런이 활짝 웃었다. 나는 책방 문을 열어주었다. 그가 밖으로 나가 모퉁이를 돌아 호수 쪽으로 걸어가는 것을 보고서야 나는 얼른 책방 표지판을 '닫힘'에서 '열림'으로 돌려놓았다.

어떤 날엔 파는 것보다 더 많은 책을 나누어주기도 한다. 돈을 벌어야 한다는 압박감이 없어 누릴 수 있는 즐거움이다. 누군가에게 딱 맞는 책을 선물하는 기쁨은 책을 판매하는 것보다 훨씬 더 큰 보람이다.

***

어린이를 위한 작은 책방은 담장 뒤쪽으로 쑥 들어가 있어

밖에서는 앞만 보인다. 빨간 출입문은 높이가 1미터 남짓 된다.

아이들은 이 어린이 책방을 즐겁게 들락날락한다. 책방 맨 아래 선반에는 인형과 봉제 장난감이 한 줄로 놓여 있다. 아이들은 이 장난감을 안고 책을 읽으며 안정을 얻고, 어른들은 어렸을 적의 책을 찾아 읽으며 옛 추억 속으로 빠져든다.

어린이 책방 한쪽에는 책을 빌려주는 코너가 있다. 코로나19가 유행하기 전에는 아이들이 책과 함께 인형도 빌려갈 수 있었다. 인형 이름은 각기 처음 빌린 아이의 이름을 따라 지었다. 책과 봉제 인형은 그렇게 아이 집에서 밤을 보내고 돌아온다. 아이들이 인형을 반납하면 나는 일일이 빨아서 밖에 널었다. 그래서 우리 집 빨랫줄에는 종종 털북숭이 동물들이 줄줄이 널려 있다. 쌍둥이 곰인 허니와 메이플, 하얀 털 고양이 블리자드 맥머레이, 고양이 모닝턴, 낙타 카모, 노란 오리 문, 토끼 바운시 등등.

작은 흰색 양 이프가 이틀 밤을 보내고 돌아왔을 때는 약간 축축하고 진흙과 풀에 뒤덮인 채였다.

"와! 이프가 휴가 한번 제대로 즐겼나 보네." 내가 말했다.

"네, 내가 밤에 양들이 있는 방목장에 이프를 넣어두었거든요. 이프가 외로울까 봐요."

"참 좋은 생각이었네. 분명 이프도 좋아했을 거야."

목욕을 마친 이프는 다시 새하얀 모습으로 돌아와 맨 아래 선반에 자리하고 있다.

타마는 할머니 할아버지와 함께 마나포우리에 휴가차 왔는데 책방에 자주 들렀다. 아주 진지하고 생각이 무척 깊은 데다가 가끔 꽤 웃기기도 하다. 하루는 타마가 작은 사자 인형 '으르렁 그라울'을 데려가려고 책방에 왔다. 나는 타마가 떠나기 전에 그라울의 상황을 말해주었다. 그라울을 세탁기에 돌렸더니 포효하던 소리가 더는 사자 소리가 아니게 되었다고, 꼭 누군가 서서히 물에 빠질 때 나는 소리가 난다는 긴 설명을 해주었다.

"그래도 괜찮아요." 타마가 미소 지으며 말했다.

다음 날 타마가 그라울을 돌려주려고 와서 내 눈을 똑바로 올려보며 말했다.

"그라울을 너무 심하게 대하는 거 같아요. 그라울의 으르렁 소리는 그렇게 나쁘지 않아요!"

1922년 마저리 윌리엄스가 쓴 『벨벳 토끼 The Velveteen Rabbit』는 도서 대출 코너에서 가장 인기가 많은 책이다. 토끼가 친구인 가죽 말에게 묻는다. "진짜라는 게 뭘까?"

"진짜라는 건 어떻게 만들어졌는지와는 상관없어"라고 가죽 말이 대답한다. "네게 일어날 어떤 일을 말하는 기야. 진짜가 될 수 있는 거지. 어떤 아이가 널 아주 아주 오랫동안 사랑하게 되면, 그러니까 그냥 가지고 놀기만 하는 게 아니라 '진심으로' 널 사랑하게 되면, 그때 넌 진짜가 되는 거야."

나는 지금까지 이 책을 셀 수 없이 많이 읽어왔다. 이 문장을 읽을 때면 내 인생에서 '진짜'라는 단어의 의미를 진정으로 이해하게 되었던 때가 떠오른다.

2

책과 사업, 그 시작

　아버지는 1941년부터 내가 태어난 해인 1946년까지 철로 담당 소방관으로 일하셨다. 그래서 철도와 기차에 관련된 당시 이야기를 많이 들려주셨는데, 그중에서 K942 엔진이 가장 마음에 들었다고 하셨다. 뉴질랜드 철도청이 K942 엔진을 도입한 이유는 산악 지형에 적합하고 무거운 화물을 더 많이 운반할 수 있었기 때문이다. 아무래도 아버지의 기차 사랑을 내가 물려받았나 보다. 평생 배를 타고 항해하거나 기차를 타고 있었으니 말이다.

　어머니는 1944년 열아홉 살에 결혼했다. 그때 아버지는 스물한 살이었다. 두 분은 결혼 후 첫 3년 동안 아버지 본가에서 부모님과 살았다. 부모님이 할아버지 할머니와 함께 살던 그 시기에 질 언니와 내가 차례로 태어났다.

　크라이스트처치의 에이번강이 내려다보이는 할머니와 할아

버지의 집은 대가족에게 완벽한 주택이었다. 침실 다섯 개, 커다란 부엌, 식당, 라운지에 보일러가 있는 세탁실까지 갖추고 있었다. 질 언니와 나는 모린 고모랑 방을 함께 썼다. 모린 고모는 로렌 고모와 쌍둥이로 할머니의 다섯 자식 중 막내다. 우리와는 열 살밖에 차이가 나지 않았다. 맏이인 조앤 고모는 이미 결혼해서 북섬에서 살고 있었다. 함께 사는 위탁 자녀들도 많았는데, 우리는 그들을 삼촌과 이모라고 불렀다.

할머니는 강인하면서도 부드러운 손길로 대가족을 이끄셨다. 할아버지는 창고에서 자전거를 수리하시거나 형이 1943년 콜롬보 거리에 문을 연 유명한 가게 '호브데이즈 사이클'에서 일하셨다. 이 자전거 가게는 지금도 여전히 영업 중이다.

우리는 할머니를 '그랜'이라고 불렀다. 상체가 오동통한 편이었던 그랜 할머니는 날마다 앞치마를 두르고 머리를 항상 뒤로 질끈 묶어 올렸다. 늘 미소 짓는 얼굴로 사람들을 만나면 포옹하며 인사를 나누셨다. 나는 그랜 할머니를 정말로 사랑했다. 할머니는 나를 꼭 껴안고 이마에 뽀뽀하면서 "루시, 네가 잘하려고 애쓰는 건 알지만 네 방식이 자주 엇나가니 안타깝구나"라는 말씀을 몇 번씩 하시곤 했다. 그도 그럴 것이, 언니는 정말 착했고 항상 단정했으며 예쁘게 땋은 머리로 눈길을 끌었다. 반면 나는 노느라 항상 지저분한 모습에 깔끔과는 거리가 멀었다. 그래도 할머니는 나를 사랑하고 아껴주셨다.

할머니는 밀가루 포대로 우리 바지를 만드셨다. 일요일에는 케이크도 만들어주셨는데, 우리는 이걸 '슬픈 케이크'라고 불렀다. 버터 대신 쇠기름을 넣어 만들어서 케이크 가운데가 움푹 파인 채로 식탁에 올라오는 경우가 많았기 때문이다. 가끔 우리는 특별한 간식으로 버터 바른 빵에 잼과 크림을 얹어 먹기도 했다.

할머니 집에서 살다 분가를 한 부모님의 첫 번째 집은 에이번강에서 한 블록 뒤인 뱅거가에 있었다. 할머니 집에서 걸어갈 만큼 아주 가까웠다. 우리는 1949년에 그곳으로 이사를 했다. 아주 작은 목조 방갈로로 항상 아버지가 보수 공사를 해야 했다. 이 때문에 매우 바빴지만, 아버지는 또 다른 모험을 결정했다. 바로 이반 이모부와 함께 벌인 대규모 양계 사업이었다. 백 마리가 넘는 닭을 기르기에 적합한 땅을 찾은 다음 닭을 사들였으나 마지막 순간에 땅 주인이 거래를 취소해버렸다. 결국 방목 육계 사업은 우리 집 뒷마당에서 시작하게 됐다.

닭이 도착하기 전에 아버지가 집 뒷벽 전체를 허물었고 부엌과 우리가 자는 작은 방이 그대로 뒷마당으로 드러났다. 아버지는 튼튼한 갈색 천 자루를 빙 둘러쌓아 추위를 막았다. 하지만 우리는 닭들이 꾹꾹 거리는 소리에 잠에서 깨곤 했다. 천 자루 밑으로 밤새 몰래 들어온 닭들이 침대 머리맡이나 다른 아늑한 곳을 찾으며 내는 소리였다.

이웃들의 불평이 늘자 양계 사업은 갑작스럽게 중단됐지만 우리 집과 뒤뜰은 이미 닭들에게 완전히 장악되고 난 후였다.

아버지는 항상 새로운 아이디어를 냈고 그 아이디어에 온 가족이 함께 매달리는 일이 이어졌다. 이런 기질은 고스란히 내게 전해졌다! 우리는 뱅거가의 작은 집에서 옥스퍼드 테라스의 큰 집으로 이사하게 되었다. 그러자 아버지가 곧장 생각해낸 것은 큰 집을 이용해 하숙을 치는 것이었다.

첫 번째 하숙생은 빌과 모리스로, 두 사람 다 크라이스트처치 공립병원의 첫 남자 간호사였다. 모리스는 나중에 어퍼허트에 있는 실버스트림 병원의 수간호사가 되었다. 두 사람은 연인이었고 그것을 숨기지 않았다. 1950년대 당시 이런 동성애는 큰 화제였던 터라 극적인 일들이 끊이지 않았지만, 빌은 우리에게 삼촌이나 다름없었다. 아버지는 여름철이면 집을 떠나 센트럴 오타고에 있는 마타카누이의 딥 리드 광산에서 금 캐는 일에 몰두했고, 하숙집은 어머니가 도맡아 이끌어갔다.

한번은 옥스퍼드 테라스 집을 대대적으로 수리한 적이 있다. 아버지는 집 여기저기를 손보고 페인트칠까지 마친 다음 집을 팔았다. 1953년 우리는 컨퍼런스가로 이사했다.

1940년대 초, 벤 외할아버지기 피일먼 비딧기에 휴가 때 쓸 방 두 칸짜리 작은 간이주택을 장만하셨다. 파일만은 뱅크스 반도 북쪽에 자리한 작고 한적한 해변으로, 수풀로 우거진 높은 언덕 아래에 깊숙이 들어가 자리하고 있었다. 거기에서 저보이스 요새Fort Jervois가 있는 리파파 섬까지는 노를 저어 갈 수 있을 정도로 가까웠다. 할아버지가 커다란 노가 달린 구명보트까지 구해놓아서 우리는 노 젓는 법을 배울 수 있었다. 여름방학이면 사촌인 켄, 데이비드와 함께 이 별장에서 모여 놀았다. 맨발로 언덕과 바위 해안선을 따라 뛰어다녔고 노 젓는 법과 낚시하는 법, 그리고 새조개 캐는 법 등을 배웠다. 낮에는 언덕에서 신나게 잔디 썰매를 탔고 밤에는 언덕 위에 나란히 앉아 웰링턴행 페리가 리틀턴항을 떠나는 모습을 바라보곤 했다.

주말에 아버지와 이반 이모부가 오시면 우리 아이들 넷은 이층침대 위아래에서 어떻게든 몸을 욱여넣어 잤다. 그렇게 두 집 부모님을 위해 네 개의 침상을 남겨둘 수 있었다. 이반 이모부는 어머니 동생 필리스 이모의 남편으로, 필리스 이모는 팬 이모라고도 했다. 밤이 오면 등유로 밝히는 틸리 램프가 방 가득 그림자를 드리웠다. 램프에서는 심지가 타들어가며 내는 가벼운 한숨 소리 같은 것이 밤새 들렸다. 나는 등유 램프에서 희미하게 번지는 따스한 기운과 짭짤한 바다 내음, 그리고 사향이 배어든 그 작은 방의 냄새를 얼마나 좋아했는지 모른다. 내 매트리스 아래는 휴일마다 촛불을 켜고 푹 빠져 읽었던 책들이 수북이 쌓여 있었다.

방학 내내 우리는 카드를 하거나 퍼즐을 맞추었고, 커다란 에나멜 대야에 선 채로 밖에서 몸을 씻거나 바다에서 이를 닦고 매일 같은 옷을 입은 채 놀았다. 매일이 신나는 날의 연속이었다. 할아버지는 면사를 꼬아 만든 어망을 꼭 차가운 찻물에 담가두었다. 그래야만 썩지 않는다고 했다.

저보이스 요새로 유명한 리파파 섬은 아이들에게 꿈의 놀이터였다. 내가 지금도 생생히 간직하고 있는 놀라운 추억들은 대부분 여기서 시작되었다. 리파파 섬은 역사 유적지이기도 했다. 응가이 타후 부족의 터전이 있었던 곳으로 1880년대 후반에는 신규 이민자들을 위한 검역소로 사용되었다. 또한 마오리족의 정신적 지도자 테 휘티Te Whiti의 추종자 150명이 갇혔던 감옥으로 쓰이기도 했고 두 차례 세계대전 동안 해안 방어 기지로 사용되기도 했던 곳이다.

저보이스 요새는 건축적으로나 미학적으로 중요한 가치를 지니고 있다. 1880년대에 지어진 보기 드문 지하 요새로 뉴질랜드 문화재청의 1급 문화재로 등재되어 있다. 포와 포병을 엄호하는 네 개의 요형 포좌가 안쪽 터널을 통해 지하 무기고와 병영으로 연결되어 있으며 정문은 석벽, 총안을 낸 흉벽, 모의 십자 화살 구멍 등 성채의 외관을 갖추고 있다.

이 작은 섬은 바위로 둘러싸여 있고 요새 주변에는 석조 방파제가 있었다. 섬으로 가는 유일한 방법은 흔들다리를 건너는 것뿐이었다. 아니면 보트로 경사로를 타고 올라가야만 했다. 노를 저어 섬으로 가면 우리는 요새 안마당을 벗어나 지하로 들어가곤 했다. 요새 지하에는 대부분 철문으로 닫혀 있는 작은 터널들이 신비로운 미로처럼 펼쳐졌다. 무섭기도 했지만 정말 짜릿했다. 우리는 호기심 어린 표정으로 서늘한 어둠 속으로 들어갔다. 그렇게 우리는 거대한 총과 감옥의 흔적이 그대로 남아 있는 요새 제방 구석구석을 탐험했다.

우리 가족은 파일만의 작은 집을 아직도 소유하고 있다. 이제는 침실 두 개에 태양열 패널, 퇴비 화장실과 샤워실까지 갖춰져 있다. 낡은 등유 냉장고는 태양열 냉장고로, 노란색과 초록색으로 칠해진 멋진 석탄 화덕은 가스레인지로 바뀌었다. 그때 손주였던 우리는 이제 당시 이야기를 전하는 할머니 할아버지가 되었다.

* * *

아버지는 또 한 번 이사를 감행했다! 컨퍼런스가의 집은 매물로 올라갔다. 이번에는 피츠제럴드 애비뉴에 있는 2층짜리 대주택이었다. 1층 대부분은 식료품점이 차지했다. 그리하여 나는 여덟 살이 되던 해에 보수를 받는 첫 직업을 갖게 되었다. 바로 1층 식료품점에서 부모님을 돕는 일이었다. 열 살인 질 언니는 신문에 이름을 쓰거나 주문받은 물건을 포장하면서 일주일에 한 번씩 늦게까지 어머니를 도왔다. 그 대가로 언니는 주당 2파운드를 벌었다.

아버지는 여성 최저 임금이 시간당 3실링 조금 넘는다고 설명하며 이제 겨우 여덟 살인 내게는 시급으로 그 6분의 1을 주겠다고 하셨다. 방과 후면 나는 1층으로 가서 포대 단위로 입고 되는 쌀, 밀가루, 설탕과 큰 상자 안의 차를 소분 계량하고 포장하는 일을 담당했다. 아버지의 도움으로 나는 손익을 계산하고 돈을 계획적으로 쓰는 법과 저축의 중요성을 배울 수 있었다. 급료를 받으면 나는 내 옷장 맨 아래에 있는 병에 잘 넣어두었다. 아버지와 마찬가지로 나도 이 주급을 어떻게 늘릴지 계획을 이미 세워둔 상태였다.

내 첫 사업은 애완용 쥐를 키워서 파는 것이었다. 이 계획은 부모님의 전폭적인 지원을 받았다. 아버지가 가게에서 나오는 나무 과일 상자로 2층과 3층짜리 쥐 우리를 만들어주었고, 어머니는 쥐 돌보는 방법을 가르쳐주었다. 나는 내 첫 사업인 애완용 쥐 사업을 기필코 성공시켜야겠다고 단단히 마음먹었다. 실패는 처음부터 선택지에 없었다. 콩알만 하던 새끼 쥐들이 어느 정도 자랐다 싶으면 내 자전거에 싣기 딱 적당한 상자를 찾아 쥐들을 담았다. 자전거를 타고 학교에 가서 팔면 끝이었다. 지푸라기를 깐 종이봉투에 담은 쥐는 성별 보장에 마리당 6펜스에 팔렸다.

사업은 순조롭게 번창했다. 수녀님이 학교 운동장은 쥐를 거래하기에 적합하지 않은 곳이라고 금지하지만 않았어도 더 번창했을 터였다. 할 수 없이 남은 쥐들을 모두 아주 싸게 팔았지만, 그래도 수익을 올렸다. 번 돈으로 부모님께 앵무새 한 마리를 사드렸다. 아버지는 앵무새에게 플로이드라는 이름을 붙여주었다. 나중에 플로이드가 아버지 어깨에 알을 낳았다. 그제야 우리는 플로이드가 암컷이라는 걸 알게 되었다. 아버지는 앵무새 플로이드를 무척 아끼며 사랑했고 어머니는 그렇게 아버지의 사랑을 듬뿍 받는 플로이드를 너그러이 받아들였다.

***

센트럴 오타고는 더니든 해안에서 내륙의 파머스턴, 잘 알려진 피그루트를 넘어 마니오토토 평원, 그리고 오마카우, 클라이드, 알렉산드라 지역까지 온통 금 채굴의 역사가 깃든 곳이다. 친척 어른들이 금광 열풍에 관해 이야기하는 것을 듣긴 했지만 우리는 깊이 생각해본 적이 전혀 없었다. 그러나 곧 아버지가 마타카누이(팅커스라고 불렸다)에서 아버지 소유의 광구를 일구며 열광적인 모습을 보이기 시작했고, 광산 일은 결국 우리 일이 되었다.

이전 동업자들이 사망한 후 아버지가 딥 리드 광산의 유일한 이해당사자가 되었다. 법률에 따르면 광산은 매년 채굴 작업을 해야 했다. 그러지 않으면 다른 사람이 소유권을 주장할 수 있어 아버지는 광산 권리를 잃을 수도 있었다. 문제는 금의 주요 광맥이 호수 아래에 자리하고 있어서 겨울철 얼음이 녹고 호수 수위가 낮아진 다음에야 작업이 가능하다는 데 있었다. 충적토에 묻힌 사금은 주로 수로 장치를 사용해서 채취했다.

여름방학 동안 부모님은 매니저를 고용해 1층 식품점을 맡겼다. 그리고 우리 가족은 모두 던스턴 산맥 기슭에 있는 광산으로 내려갔다. 광산의 여름은 무척 더웠다. 내 얼굴색은 원래 칙칙해서 아무렇지 않았지만, 피부가 밝고 환한 어머니와 언니는 햇볕에 타는 바람에 고생이었다.

어머니는 키 153센티미터의 자그마한 분이었지만, 그 작은 몸으로 광산에서 무슨 일이든 닥치는 대로 해냈다. 아버지는 아침부터 밤까지 주로 수로 장치에서 선별 작업을 했다. 어머니는 선별된 퇴적토를 부지런히 삽질해 올렸다. 언니는 그 흙을 채굴용 작업대에 넣어 흔들고, 나는 매트를 씻고 아버지가 사준 패

닝 접시로 흙을 물과 함께 일어 사금을 골라냈다. 아버지는 큰 소리로 외치곤 했다. "그래 잘하고 있어. 속도 늦출 것 없이 계속 가자. 힘을 내. 하루 일을 해치우는 거야!"

하루 종일 일한 후 아버지는 사금을 한데 모아 불 앞에서 말린 다음 V 자 모양으로 만든 신문지에 올려놓았다. 그다음 신문지를 살살 부드럽게 흔들며 마른 흙 알갱이를 입으로 조심스레 불었다. 경험이 더해지면서, 그리고 인내심을 가지고 기다리면서, 아버지는 흙과 분리된 금가루와 금 부스러기가 신문지 위에 흩어져 있는 것을 볼 수 있었다.

매주 주말이 되면 우리는 금 광부 샌디 앤더튼 할아버지의 오두막집으로 갔다. 할아버지는 광산촌에서 잔뼈가 굵은 아주 강인한 분으로 채굴자에게 금가루를 모아서 오마카우의 은행에 파는 일을 맡아 했다. 할아버지는 큰 감자에 깊은 구멍을 뚫고 금가루를 부은 다음 뽑아낸 감자 조각으로 구멍을 막았다. 그런 다음 감자를 뜨거운 숯불 위에 밤새도록 올려두었다. 다음 날 아침이 되면 잘 익은 감자가 작은 금덩이 하나를 포근히 품고 있었다. 금 약 30그램은 12파운드에 팔렸다.

책방 이야기
당신의 이야기를 들려주세요

한 지역 여성 단체에서 강연 요청을 받은 적이 있습니다. 이 단체의 회장 다이앤 맥도널드는 뉴질랜드 라디오 방송RNZ의 라디오쇼 〈킴 힐의 토요일 아침〉에서 내 강연을 듣고 함께해주길 청했어요. "책방 이야기를 조금 해주시고, 아! 그리고 당신이 살아온 이야기를 더 많이 해주시면 좋을 것 같아요."

구세군 주차장에 차를 세우자 다이앤이 마중하러 나왔어요.

"끔찍한 아침이 됐어요." 다이앤이 말했죠. "정말 죄송합니다. 어젯밤에 우리 소속 여성분 한 분이 갑자기 돌아가셨어요. 아직 모두에게 말씀드리지도 못했네요."

방금 친구가 죽었다는 소식을 접한 사람들에게 어떤 말을 건네야 좋을까 하는 생각이 머릿속에 맴돌았어요. 내 이야기를 듣고 사람들이 웃기를 바라며 그런 이야기를 생각하고 왔는데 이런 비통한 소식이라니. 어떻게 해야 하나.

다이앤이 강단에 서서 슬픈 소식을 전한 다음, 모두 함께 이 아침을 맞이하며 나아가자고 덧붙였어요. 그 뒤에 내 소개가 이어졌지요.

나는 먼저 애도의 뜻을 표하고 누군가의 죽음을 맞닥뜨릴 때 우리가 받는 충격에 관한 이야기로 시작했어요. 나는 항상 누구에게나 하고 싶은 말이 있다고 믿어왔지요. 그러므로 가족들이 그들의 이야기를 듣고 기록하는 것이 정말 중요하다고 강조했어요.

"꼭 흥미진진하거나 극적인 삶이어야 할 필요는 없어요. 농장에서 자라며 일어났던 일, 날씨와 상관없이 매일 걸어서 등교한 이야기, 종종 맨발로 학교에 다녔던 일, 기침이 나고 머리가 아프거나 벌레 물렸을 때 어머니가 해주시던 민간요법 등등 모두 마찬가지로 중요한 이야기랍니다. 여러분의 첫 무도회 드레스는 누가 만들었나요? 우리 할머니는 밀가루 포대로 우리 바지를 만들어주셨지요. 혹시 아시는 분이 있을까요? 버터 대신 쇠기름으로 케이크 만드는 법? 전화는 당연히 개인 회선이 아닌 공동선이었지요. 아실 거예요. 마을 소문을 모를 수가 없었지요. 또 편지를 받는 것이 얼마나 중요하고 흥분되던 일이었는지 기억하시나요?"

눈물이 날 뻔했지요. 우리 할머니들이 해주셨던 이야기들을 내가 다시 하고 있었어요. "여러분의 이야기를 쓰세요" 나는 거듭 말했어요. "여러분 자신의 이야기를 써주세요."

다행히도 북받치는 슬픔을 극복하고 이야기를 계속해나갈 수 있었어요. 결국 우리 모두 웃음을 터뜨렸고, 소중하고 기억에 남을 아침을 보냈지요.

강연이 끝나고 수북이 쌓인 맛있는 음식을 조심스레 먹고 있는데 다이앤이 다가왔어요. 다이앤은 마나포우리 내 작은 책방에서 윈턴 독서 모임을 진행해보고 싶다며 의견을 물었어요. 망설일 필요가 없었어요. "정말 멋진 생각이로군요."

몇 달 후, 그들이 세 대의 차에 간단한 음식과 점심 테이블을 차릴 물품을 가득 싣고 책방에 도착했어요. 눈부시게 화창한 날이었지요. 우리 모두 모자를 쓴 채 웃고 이야기하며 맛있는 점심을 즐겼어요. 책 이야기 시간이 되자, 모임에서 선정했던 책을 둘러싸고 의견이 분분해졌어요. 재미있게 읽었다는 사람들과 그렇지 못했다는 사람들이 분명히 갈렸고 이 때문에 책 토론은 활발히 진행되어 꽤 긴 시간 동안 이어졌어요.

당시 나는 이 책 중반부를 쓰고 있었기에 훗날 이 책에 대한 공개 토론이 어떤 모습으로 펼쳐질지 궁금한 마음이 들었어요. 그래서 조용히 그들의 이야기에 귀를 기울였지요. 섹스, 약물, 욕설, 두 번의 체포, 여러 번의 결혼 등, 이 책 역시 활발한 토론을 불러일으킬 게 너무도 분명했으니까요!

3

들고 있는 패와 타이밍

    1953년 나는 일곱 살이었다. 우리는 크라이스트처치 컨퍼런스가에 자리한 브릭스턴 하우스라는 멋진 이름의 이층집으로 막 이사했다. 내가 태어나고 일 년을 더 할머니 할아버지와 함께 살았으니 그 후 6년 동안 세 번째로 이사한 집이 되는 셈이다. 낡은 집을 사서 고친 다음 다시 파는 일은 아버지가 평생 벌였던 수많은 일 중 하나에 불과했다.

    이 집은 앞 정원이 없는 구식 주택이어서 현관문이 보도에서 불과 몇 미터밖에 떨어져 있지 않았다. 뒷마당에는 키가 크고 가지가 많은 거대한 호두나무 한 그루가 그림자를 드리우고 있었고 그 뒤 한쪽 구석에는 채소밭이 자리했다.

    부엌이 집 뒤편에 있었고 그 문 맞은편에는 어머니의 어머니가 잠을 자던 작은 침실 하나가 있었다. 우리는 할머니를 '나니'라고 불렀다. 나니 할머니의 이름은 엘런 마사 데이지, 할아버지를 떠나온 후 계속 우리와 함께 살았다. 할아버지 이름은 에델베르트 폰슨비 벤, 나는 항상 할아버지 이름을 좋아했다. 벤 할아버지는 이모랑 살았다.

 항상 손님들이 나니 할머니를 찾아왔지만, 우리는 할머니의 허락이 있을 때만 할머니 방에 들어갈 수 있었다. 나니 할머니는 큰 키에 근엄한 인상이었다. 오므린 입과 검은색에 가까운 어두운 눈동자는 늘 경계하는 듯했고 가끔은 슬퍼 보이기도 했다. 짧고 짙은 회색 머리카락이 할머니 머리를 곱슬곱슬 덮었고, 연한 색깔 테가 달린 안경이 코에 높이 걸려 있었다. 나니 할머니는 항상 단추가 달린 드레스를 입었다. 할머니의 아름다운 손이 가장 기억에 남는다. 길고 우아한 손가락은 창백하고 곧게 뻗었으며, 손톱은 속살에 작은 달이 살짝 비치는 모양으로 세심하게 다듬어져 있었다. 할머니는 카드놀이를 정말 좋아했다. 사실 할머니는 통이 큰 도박꾼이었다. 다른 것도 아닌, 가족 유산을 도박으로 탕진해버린 사람이 바로 나니 할머니였다.

 몇 년 후, 언니와 나니 할머니 이야기를 하게 되었는데 그때서야 할머니가 얼마나 노련했는지 깨달았다. 두뇌 회전이 빨랐다고 할 수도 있고 영악했다고 할 수도 있다. 할머니는 질 언니에게 참 다정하셨다. 언니랑 함께 침대에 나란히 누워 언니에게 동화책을 읽어주셨다. 둘이 같이 십자말풀이 같은 건 전혀 하지 않았지만, 말다툼 역시 한 번도 하지 않았다. 언니는 긴 금발에 파란 눈을 가졌고 항상 예의 바르게 행동하는 착한 아이였다. 반면에 나는 깔끔하지도 않았고 짧은 검은 머리에다가 항상 질문이 많고 밀썽을 자주 부리는 말괄량이였다. 그래서였을까. 나는 나니 할머니에게 그 어떤 따뜻한 마음이나 손길 같은 걸 받아본 적이 없다. 염증이 생겨 진물이 나는 할머니 다리 상처를 내가 아홉 살 때부터 소독해드렸는데, 그때도 고맙다는 말 한마디 듣지 못했다.

나는 그랜 할머니를 더 좋아했는데, 외할머니인 나니 할머니는 그만큼 좋아하지 않았던 것 같다. 그렇지만 나니 할머니는 살아가는 데 필요한 기술을 몇 가지 가르쳐주셨고 이는 훗날 내가 혼란스러운 삶을 헤쳐 나가는데 큰 도움이 되었다. 나는 어렸을 때부터 나니 할머니에게 크리비지, 폰툰, 쇼 포커의 규칙과 몇 가지 기본적인 카드 기술을 배웠다. 작은 손으로 카드를 바르게 잡는 법, 누구도 카드를 보지 못하게 바닥에 있는 카드를 재빨리 섞는 법, 자신감 넘치고 흔들리지 않는 표정으로 카드 하는 법을 배웠다. 나는 할머니 손보다 훨씬 작은 손으로 할머니만큼 우아하게, 그리고 누구도 속인수를 쓸 수 없도록 카드를 내 쪽으로 바짝 가까이 들고 있었다.

그때 배운 기술은 결국 평생의 가르침이 되었다. 돈이 궁해지면 나는 카드 판을 벌여 돈을 땄다. 적절한 허세와 정확한 조작, 이것이 가장 중요한 비결이었다. 할머니는 이렇게 말씀하시곤 했다. "패가 나쁘다고 내색하는 게 도움이 될까? 전혀 아니야." 할머니는 패가 나쁜 상황에서도 어떻게 해야 상대방의 시선을 피하지 않고 자신 있어 보일 수 있는지 알려주셨다.

나니 할머니는 내게 카드 게임 요령만 가르치신 게 아니었다.

살다 보면 포기하고 싶은 상황을 맞닥뜨리기 마련이다. 그때 좌절하는 게 아니라 내게 판을 뒤엎을 패가 있다는 걸 당당히 세상에 보여줄 필요가 있는 법이다. 나는 평생 나니 할머니의 가르침을 숱하게, 그것도 아주 유용하게 써먹을 수 있었다.

열 살쯤 되었을 때 종종 아버지와 이모부를 따라 마을 술집에 가서 유커나 500 같은 카드 게임을 했다. 당시 그곳에 어린 여자애는 나뿐이었다. 아버지와 내가 한 팀이 되어 꽤 괜찮은 결과를 냈다. 그 후 세월이 지나 내가 해군에 입대하기 위해 집을 떠나게 되었을 때 아버지가 내게 해주셨던 말씀을 지금도 생생히 기억한다. "인생은 카드 게임 같은 거야. 주어진 패를 어떻게 쓰냐에 따라 남은 한 달, 남은 한 해, 아니 남은 인생이 결정될 수도 있지. 하지만 계획을 세울 시간이 없지. 카드 게임 중 네가 망설이면 상대가 네 다음 수를 짐작할 수 있으니까." 아버지의 마지막 조언은 이러했다. "어떤 상황이 주어질 때마다 인생을 한 팩의 카드라고 생각하려무나. 처한 상황이 내가 받은 패라고 여기고 어떻게 풀어갈지 상상하는 거야. 다음에 내미는 카드에 따라서 지는 패를 이기는 패로 바꿀 수 있다는 것을 기억하렴."

나는 평생 카드놀이를 좋아했다. 다행히 도박의 희생양이 된 적은 없지만, 딱 두 번, 카드 게임이 매우 흥미진진한 상황으로 이어진 적이 있다. 한 번은 커티 사크호에 승선하여 태평양을 항해하던 시절 프랑스령 폴리네시아의 파페에테에서, 다른 한 번은 내가 4년 동안 일했던 파푸아뉴기니의 라바울에서 벌어졌다.

책방 이야기

뜻밖의 순례자

덩치 큰 한 남자가 책방 문 앞에 도착했어요. 낡은 등산복을 입은 그에게서 풍기는 엷은 산 내음, 이제 막 산에서 내려온 것 같아요. 그가 계단에 앉아 진흙 묻은 부츠를 벗어 현관 매트에 놓았어요.

"이제 믹 드레깅을 끝내고 왔나 봐요?" 당연한 질문을 하며 인사를 했어요.

"네, 열흘 정도 계속 나무 수풀 속을 헤집으며 걸었어요. 이 상태로 들어가도 되려나요?"

'아무렴 어때요'라고 말하듯 내가 웃었어요. "진한 커피 한 잔이 필요해 보이네요. 우유와 설탕은요?"

"최고죠, 설탕은 두 스푼 부탁드려요. 고맙습니다."

내가 커피 두 잔을 들고 책방으로 돌아왔을 때 그는 바닥에 앉아 피오르드랜드 지도를 펴놓고 들여다보고 있었어요.

"이곳은 정말 놀랍군요. 그렇지 않나요? 날마다 해를 쫓아다닐 순 있는데 해가 숨어들 산이 너무 많이 있어요."

"그럼 다시 트레킹 하려는 거죠? 계속?" 내가 물었어요.

그가 고개를 끄덕였습니다.

"뭔가에서 벗어나려고 하는 건가요? 아니면 뭔가를 향해 가는 건가요?" 내가 과감히 질문을 던졌지요.

그가 바닥에 앉은 채로 커피를 마시며 나를 올려봤어요. "그냥 걷는 거죠. 모든 걸 받아들이고 차근차근 영혼을 채워가는 거죠." 그가 쓰는 단어 하나하나가 우아하게 빛이 났어요.

그는 자신이 현재 '길을 잃은 상태'라고 말하며 혼자만의 시간을 보내면서 정리해볼 수 있어 좋다고 말했어요.

"며칠 캠프장에 머물렀다 다시 길을 나서려고 해요. 가끔 여기 들르고 싶은데 괜찮을까요? 책은 좋아하는데 배낭이 크지 않아서 가지고 다니긴 어려워서요."

"괜찮고 말고요, 언제든 들르세요. 혹시 책방 문이 닫혀 있거든 우리 집 현관문을 두드리면 돼요. 자, 책방 열쇠를 건네줄게요."

그 후 사흘 동안 해미시는 수시로 서점에 들렀어요. 면도도 하고 옷도 빨아 입었지만, 낡은 부츠는 그대로 신고 있었지요.

곧 해미시에 대해 충분히 알게 되어서 그에게 책 한 권을 줄 수 있었어요. 그가 결코 집어 들지도, 읽을 생각도 하지 않을 책이지만, 그가 읽기만 하면 그 책을 정말 좋아하게 될 거라는 생각이 들었어요.

"해미시, 이 책을 줄 테니 가방에 꼭꼭 집어넣고 다녀요."

그가 책을 받아 들고 제목을 보며 빙그레 웃었어요. 레이철 조이스가 쓴 『해럴드 프라이의 기이한 순례The Unlikely Pilgrimage of Harold Fry』였지요.

"당신 부츠랑 해럴드의 신발이 비슷할 거 같은데요?" 웃으며 말했어요. "다 읽거든 그냥 산장에 두세요. 트레킹 하는 사람들이 읽을 수 있게요."

"아뇨 루스, 그렇게 안 할 거예요. 이 책은 이제 내 책입니다. 당신이 나를 위해 고른 책이니까요. 다른 곳 어디에도 두지 않을 거예요."

그가 악수하려 손을 내밀었지만 나는 다가가 그를 안아주었지요.

"조심해요, 해미시."

4
내스비

1957년 우리는 센트럴 오타고에 있는 작은 마을 내스비로 이사했다. 센트럴 오타고는 뉴질랜드에서 가장 작고 오래된 자치구 가운데 하나다. 인구는 100명이 조금 넘었지만, 시장과 시의원도 있었다. 도시인 크라이스트처치를 떠나 금광 산업의 심장부로 삶의 터전을 아예 옮긴 것이다. 그러니 아버지는 얼마나 기뻤을까!

1863년 5월, 내스비에서 가까운 아이다 산 인근 협곡에서 처음 금이 발견되었다. 그 후 몇 달 동안 광부들이 던스턴 금광을 떠나 겨울 눈을 뚫고 해발 600미터가 넘는 곳까지 새로운 금광을 찾아 나섰다. 금광으로 가는 사람들을 수용하기 위해 세워진 대규모 텐트촌도 점점 커졌다. 이 마을을 관통하여 흐르는 호그번 개울에서도 사금이 발견되면서 인구는 금세 두 배로 늘어났고, 1873년에는 공식적으로 '내스비'라는 이름을 얻게 되었다.

　내스비의 집은 크게 두 부분으로 나뉘었다. 보일러실이 있는 절반은 아버지가 운영하는 정육점이었고, 나머지 절반은 살림집으로 썼다. 한편 가족들을 크라이스트처치에 두고 떠나온 어머니는 외로움으로 힘들어했다. 모범생 질 언니 역시 내스비를 싫어했다. 자비의 수녀회에서 운영하는 가톨릭 여학교에서 체계적인 교육을 받다가 작은 마을의 남녀공학인 랜펄리 고등학교에 다녀야 했으니 당연했다. 하지만 나는 내스비의 새로운 집이 마음에 들었다. 내 생각에 아버지와 페르시아고양이 버스윅, 그리고 나, 우리 셋은 꽃이 활짝 피듯 내스비에서 그야말로 최고의 시간을 보냈다. 하지만 언니와 어머니는 그저 최선을 다해 내스비에서의 상황을 받아들이려 했을 뿐이었다.

　내가 다녔던 내스비 초등학교에는 교실이 딱 두 개뿐이었는데 겨울에는 두 교실 한가운데 자리한 배불뚝이 나무 난로가 우리를 따뜻하게 해주었다. 매일 무릎을 꿇고 묵주기도를 외우며 하루를 시작할 필요도 없었고, 라틴어를 배우거나 쉴 새 없이 찬송가를 부를 필요도 없었다. 매주 여러 번 미사에 참석하거나 교리문답을 읽을 필요도 없었다. 방학 때만 일을 했기 때문에 방과 후에는 놀고 탐험할 시간이 많았다. 자연스레 운동이 내 삶에서 중요한 부분이 됐다.

　내스비 공공도서관은 적은 규모이긴 했지만 우리 집에서 두 집만 내려가면 될 정도로 가까웠다. 안은 어두웠고, 고독한 불빛이 신비로운 느낌을 구석구석 드리우고 있어서 내 모험심을 자극했다. 책 표지는 대부분 가죽이나 천으로 되어 있었고 매우 낡아 금박 제목은 빛이 바랬으며, 얇은 책장은 넘기면 쉽게 주름이 졌다. 이 책들은 내게 맛있는 음식만 같았다. 너무도 좋아서 작은 나무 테이블 앞에 큰 책을 꼭 껴안고 가만히 앉아 있던 당시의 내 모습이 기억에 생생하다.

아버지는 정육점 일을 계속하면서 마을 서기 업무도 맡게 되었다. 아버지는 정육점 계산대 아래에 마을의 회계 장부를 보관했고 사람들은 가게에 들어와 돈을 냈다. 아이스 컬링으로 유명한 내스비에서 아버지는 아이스 컬링 마스터로서 컬링 시합에 사용할 얼음을 준비하는 일도 맡았다. 물론 부업으로 사금 채굴도 꾸준히 했다.

윌리엄 빌리 스트롱은 내스비의 시계 제작자로 우체국 길 건너편 더원트가의 코브에서 살았다. 코브는 찰흙이나 모래에 주로 옥수숫대의 짚을 섞어 만든 흙집을 말한다. 1868년 그의 아버지가 처음 레번가에 작고 어수선한 시계 제작소를 열었다. 상상할 수 있는 모든 종류의 시계가 벽면을 가득 채우고 있었지만, 정확한 시간을 알려주는 시계는 단 하나도 없었다.

빌리 아저씨는 가끔 가게를 개방하여 사람들이 아름다운 회중시계와 손목시계, 그리고 벽시계를 구경할 수 있게 했다. 그는 어두운 구석을 천천히 뒤져가며 거의 잊힐 뻔한 부품을 찾아 여유롭게 작업했다. 그렇게 느긋한 속도로 작업한 시계들이 나무로 된 계산대 뒤 상자에 있었다. 내가 회중시계에 대해 자세히 알게 된 것은 순전히 빌리 아저씨 덕분이었다. 아저씨는 내게 체인의 길이와 무게, 스프링, 기어, 작은 톱니바퀴가 얼마나 중요한지 하나하나 가르쳐주었다. 아저씨는 시계방을 1967년까지 계속했다.

가을이 절정에 이르면 노랗게 물든 낙엽송 바늘이 길거리에 모여들었고 첫눈이 언덕을 덮었다. 땅이 얼어붙는 혹독한 겨울이 오기 전에 공동묘지에 무덤 자리를 미리 몇 개 파놓는 시기이기도 했다.

무덤 파는 일을 하는 사람은 훤칠한 키와 건장한 체격에 상대적으로 머리숱이 적은 40대 남자로, '대머리'라는 뜻의 '크롬 돔Chrome Dome'이라는 별명으로 불렸다. 그는 웃는 얼굴로 길거리에 모여 있는 노인들에게 인사를 건네곤 했다. "오늘은 좀 어떠세요?" 거의 매일 아침 그렇게 물어보았다. 그해 겨울이 오기 전에 그가 마을 서기인 아버지에게 이번 겨울을 나기 위해 구덩이 네 곳을 새로 파겠다고 보고했다.

"모두 겨울을 잘 보내시니 다행이네요." 그가 노인들에게 이렇게 인사를 하며 삽을 어깨에 걸치고 발걸음을 옮겼다. 그렇게 그는 그 겨울에 쓸 구덩이 수를 어림잡았던 걸까?

새로이 무덤을 파면 종종 오래된 무덤이 드러나기도 했다. 기존에 기록된 내용이 정확하지 않은 탓이다. 1860년에 조성된 내스비 공동묘지는 뉴질랜드에서 가장 오래된 공동묘지에 속한다. 중국인 금광 광부들의 무덤은 울타리 근처의 거대한 나무 아래에 자리 잡고 있었으며, 평평한 석판에 중국어로 이름이 새겨져 있었다. 초기 무덤은 대부분 극빈자의 무덤이었다.

센트럴 오타고에는 겨울이 일찍 찾아왔다. 첫눈이 산 정상을 뒤덮고 계곡을 채우려 할 때 산은 그저 고요히 서 있었다. 그러면 구름이 부드럽게 하늘을 가로질러 살금살금 다가와 낮은 언덕을 서서히 덮으며 자신 앞을 가로막는 것을 죄다 집어삼켰다. 공기는 순식간에 매섭게 차가워졌다. 그렇게 내스비는 겨울 앞에 몸을 잔뜩 웅크릴 준비를 마쳤다.

고요함이 너무도 완벽했던 그 첫 겨울, 나는 몸을 웅크리고 앉아 경이로움에 눈을 크게 뜨고 바라보고 있었다. 가을에 모아둔 솔방울이 빛나는 불길로 끊임없이 타오르며 소용돌이치는 연기 기둥을 위로 보내 공중으로 솔향을 퍼뜨리고 있었다.

나는 침실 창문 너머로 넋을 잃고 황홀경에 빠진 채 바라보았다. 첫 눈송이가 솜뭉치처럼 정신을 잃은 듯 이리저리 흩날리고 작은 낙하산이 되어 춤을 추었다. 이 작은 눈송이들은 마치 일 년에 단 한 번, 몇 달 동안 펼쳐지는 가장 화려한 발레의 개막을 알리기 위해 세상에 오는 것만 같았다. 이제 수백, 수천, 수백만 명의 작은 발레리나들이 새하얀 옷을 입고 내려와 점점 더 빠르게 춤을 추기 시작했다.

어느새 비포장도로를 가로지르는 돌다리가 눈에 덮여 보이지 않았다. 나는 재빨리 겨울옷을 겹겹이 챙겨입고 나갔다. 겨울 부츠가 쌓인 눈을 밟으며 오도독 소리를 냈다. 얼굴을 꽁꽁 싸맨 알록달록 스카프며 목도리들 사이로 눈만 빼꼼히 뜨고 운동장을 향해 달려갔다. 울타리 기둥은 하얗고 선명한 겨울 빵모자를 쓰고 있었다. 어떤 울타리에는 푸른 솔잎이 의기양양한 자세로 삐쭉삐쭉 나와 있있다. 전선을 따라 쌓인 눈이 무겁게 전선을 짓누르기 시작했다.

***

센트럴 오타고에 자리한 고지대 내륙 평원 마니오토토의 한복판, 바로 이곳이 내 이야기가 비로소 시작되는 곳이다.

마을의 수수께끼 시계 제작자 빌리 스트롱 아저씨가 저만치 느릿느릿 걸어오고 있었다. "이러다 엉덩이까지 얼어붙을 것만 같아. 너무 춥군." 빌리 아저씨에게 다가가며 아버지가 말했다. "코가 따뜻해지게 파이프에 불붙여 몇 번 피워주는 게 좋겠어요. 아니, 그럼 고드름이 자라는 것 같을까요?' 아버지 말이 들릴 정도로 빌리 아저씨가 가까이 다가왔다. 빌리 아저씨는 여전히 꼿꼿하긴 했지만 이제 확실히 나이 들어 보였다.

"파이프에 불을 붙여야겠네. 눈이 올 줄 알았지. 나무도 알고 자네도 알지. 물론 새들도 알고 있고"라고 아저씨가 말했다. 아저씨가 항상 쓰는 큰 손수건으로 똑같이 큰 자기 매부리코를 닦고 회중시계를 꺼내 시간을 확인한 후 고개를 끄덕였다. "전에 말했지, 나는 언제 눈이 올지 모르려야 모를 수가 없네. 여기 너무 오래 살아버린 거지. 오늘은 눈이 꽤 많이 내리겠어. 평원에도 눈발 좀 날리겠고."

"네, 그러겠죠." 두 발을 벌리고 양손을 주머니에 넣은 채 아버지가 말했다. 담뱃갑이 셔츠 주머니 밖으로 튀어나와 있었고 푸줏간 앞치마가 둥근 배를 단단히 묶고 있는 모습이었다. 아버지가 웃으니 파란 눈동자의 눈 주위로 주름이 물결처럼 퍼져갔다. 약간 벗겨진 금발 머리는 빵떡모자로 덮여 있었다. 모자가 귀를 덮고 있는 것도 아닌데 아버지는 "귀를 따뜻하게 해주지"라고 알쏭달쏭한 말을 하곤 했다. 그리고 아버지 가문 대대로 내려오는 커다란 코 아래로 세월과 함께 잘 길들여진 검은 파이프가 아름답게 빛났다.

"그럼 저 소년들과 합류하러 가실래요?" 아버지가 빌리 아저씨를 부르며 식료품 가게와 진열창 앞에 놓인 낡고 긴 벤치를 가리키며 고개를 끄덕였다. 그곳은 빌리 아저씨와 다른 노인들이 매일 아침 아버지의 정육점 길 건너편에 모이는 곳이었다. 이들은 모두 젊어서 내스비에 들어와 열성을 다해 일하고, 금광을 찾아 결혼도 하고 그렇게 정착하고자 노력했다. 이제 노년에 접어든 그들은 햇볕 아래에 앉아 파이프 담배를 피우고 지난날을 회상하며 가끔 꾸벅꾸벅 졸기도 하면서 아침을 보냈다.

벤치에는 이미 노쇠한 '소년들'이 반쯤 차지하고 있었다. 그들은 콧물이 뚝뚝 떨어지는데도 파이프 담배를 즐겁게 피우고 있었다. 새로운 사람이 합류할 때마다 모자를 벗고 날씨에 대해 몇 마디 중얼거리다가 다시 구부정한 자세로 되돌아갔다. 거기서 그들은 수없이 고개를 끄덕이고 중얼거리고 또 연기를 뿜어내곤 했다. 오전 중간쯤 벤치는 꽉 찼고, 그렇게 골드러시 시절의 낡은 엔진들이 그렁그렁하며 일일 점검을 기다리듯이 일상을 나누었다.

✳ ✳ ✳

내스비 초등학교를 마치고 나는 질 언니와 함께 랜펄리 고등학교로 향하는 통학버스에 올랐다. 영어 담당 알렉산드라 선생님은 내 글쓰기 능력이 뛰어나다고 격려하시며 독서와 글쓰기를 권하셨다. 반면에 수학 담당 힐 선생님은 결국 나에게 질문하길 멈추고 내가 공상(과 글쓰기)만 하도록 내버려 두셨다.

지리학 시간에 접한 지도는 나에게 새로운 세상을 보여주었었다. 경도, 위도, 지형 등 지도의 세부 사항을 새로이 배우고 익히며 바다와 적도에 관한 생각에 빠져들었다. 여러 나라를 조사하고, 동물과 민족, 국민에 대해 배우며 영연방 개념에 대해 격렬한 논쟁을 벌이기도 했다.

내가 열세 살 때 읽었던 『안네 프랑크의 일기』를 비롯해 2차 세계대전에 관한 책들이 학교 도서관에 놓이기 시작했다. 안네는 나와 같은 나이에 일기를 썼고 불과 2년 만에 세상을 떠났다. 이 사실이 내게 강렬한 인상을 남겼다. 나는 학교에 오래 머물 생각이 없어졌다. 내 인생은 교실에서 찾을 수 있는 것이 아니었다.

1963년 첫 주에 내스비에서 금광 발견 100주년 기념행사가 열렸다. 마을 전체가 그 시대 의상을 입었고 주요 도로에서는 다양한 퍼레이드가 열렸다. 수염 기르기 대회, 운동장의 체육 경기, 사금 채취 시연, 야간 무도회 등이 열렸다. 마을 회관에서는 영화도 상영했다. 훗날 '내스비 출신의 시인, 블루진'으로 알려진 로스 맥밀런이 말을 타고 마을을 질주하며 사람들에게 즐거움을 전하기 위해 차량 위를 뛰어넘기도 했다. 마을 사람 한 명이 낡은 영구차에 죽은 듯이 누워 있었는데 말 두 마리가 끌고 가는 바람에 영구차가 그만 마을 큰길 아래로 내려가버렸다.

퍼레이드는 로열 호텔로 사람들이 모두 몰려든 가운데 끝이 났다. 로열 호텔이 꽉 차자 남은 사람들이 에인션트 브리튼 호텔을 가득 채웠다. 술 마시고 노래하고 식사하기 시작하면서 사람들 모두 영구차 안에 누워 있던 남자는 까맣게 잊었다. 그 가엾은 남자가 유리창을 마구 두드렸고 결국 누군가가 알아차렸지만, 영구차의 문이 굳게 닫혀 있었던 데다 유리를 깨고 싶지 않았기 때문에 그를 밖으로 꺼내는 데에 시간이 좀 걸렸다.

나는 두 가지 이유로 1963년을 기억한다. 하나는 내스비 100주년 행사였고 다른 하나는 내가 강간당했다는 사실이다.

5
1963년

10대 시절, 마니오토토 지역 내 마을회관에서 돌아가며 한 달에 한 번씩 댄스파티가 열렸다. 10대 초반 아이들부터 조부모님까지 사람들이 많이 참석했다. 고등학생인 우리는 게이 고든스, 하이랜드 램블러, 폭스트롯, 왈츠 등을 추었는데 모두 학교에서 배운 춤이었다. 왈츠를 처음 배울 때는 다른 여자아이와 짝을 지어 '하나, 둘, 셋, 하나, 둘, 셋'을 세면서 키득거리지 않으려고 애썼다. 학교 강당에서 등을 곧게 펴고 고개를 높이 들고 팔로 완벽하게 자세를 잡고 왈츠와 폭스트롯을 출 수 있게 되자 비로소 우리는 남학생과 춤을 출 수 있게 되었다. 갑자기 어른이 된 것만 같았고 이제 성인의 세계로 올라선 것만 같았다. 그러나 우리는 겨우 열다섯, 열여섯 살이었다.

그 무렵 이미 나는 마티네 담배를 피웠고 나보다 여섯 살 위인 여자들과 치열한 하키 경기를 펼쳤으며, 아버지와 골프도 꽤 잘 쳤다. 덕분에 골프를 마치고 19홀 수다를 떨 수 있었다. 포커 게임에서 내가 이기지 못하는 사람은 거의 없었다. 하지만 내가 어린 시절의 세계를 벗어나 청년이 된 것은 순전히 남학생과 춤을 추면서부터였다.

내가 춤을 잘 춘다고 할 수는 없었지만, 스윙, 빙그르르 돌기, 톡톡 두드리기, 박수 치기 등 스퀘어 댄스의 반복적인 동작을 좋아했다. 나는 확실히 남자아이들에게 끌렸고, 실제로 여자아이들보다 남자아이들이 훨씬 재미있는 일을 많이 했기에 남자아이들과 같이 어울리는 것이 더 좋았다. 남자아이들과 둘러앉아 담배를 피우며 오래된 금광에서 불을 피워 소시지와 감자를 구워 먹었다. 또한 양들이 다니는 가파른 길을 위험한 속도로 달리거나 동굴을 파고 댐에서 낚시로 고기를 잡고 쓰레기로 오두막을 짓기도 했다.

열여섯 살에 고졸 검정고시를 본 후에 학교를 그만두었다. 1963년 2월에는 랜펄리 병원 주방에서 보조 조리사로 일하게 되었다.

열일곱 번째 생일이 일주일 지난 그해 7월, 모든 것이 바뀌었다. 센트럴 오타고는 한겨울에 접어들어 주변 산과 농경지에 눈이 덮이고 연못과 댐이 얼어붙었으며 아이스스케이팅과 컬링 경기가 한창이었다. 호크던 산맥과 아이다 산맥, 람머모어 산맥과 카카누이 산맥이 수풀을 덮어쓴 파수꾼처럼 마니오토토 평원을 주욱 둘러싸고 있었다. 멀찍이 물러나 이어지는 산, 매가 날아오르는 탁 트인 광활한 공간을 우리는 무척 좋아했다. 특히 오래된 금광을 마음껏 돌아다닐 수 있는 자유를 사랑했고 그렇게 우리는 자연과 함께 커갔다. 마을 사람들 모두 서로 잘 알았기 때문에 아무 두려움 없이 자전거를 타고 마니오토토 평원에 뚝뚝 떨어져 있는 작은 마을들을 달리곤 했다.

그때까지 몇 명의 남자 친구를 사귀었지만, 진지한 관계는 아니었다. 어차피 남자 친구와 '데이트'할 시간도 없었다. 그래도 토요일에 경기 시간이 겹치지 않고 같은 마을에서 열리는 경기라면 상대방의 시합을 보러 갈 수 있었다. 랜펄리에 함께 가서 영화를 보거나 매달 열리는 댄스파티에 갈 수도 있었다.

우리는 영화관에서 손을 잡거나 서로의 품에 안기기도 했다. 남자아이의 팔이 종종 어깨를 슬쩍 스친 후 희망에 차서 가슴 쪽으로 슬금슬금 움직이기도 했었을 것이다. 키나 체격이 작았던 나는 가슴도 납작했다. 내가 입는 운동용 브래지어는 가슴을 돋보이게 하는 데 전혀 도움이 되지 않았다. 작은 가슴은 하키니 테니스 치기에는 편했지만, 남자 친구를 사귈 때는 전혀 도움이 되지 않았다. 우리는 어둠 속에서 입을 다문 채 어색하게 더듬거리며 미숙한 키스를 하곤 했다. 무릎 바로 위로 손이 와 닿으면 숨이 멎을 듯 가슴이 쿵쿵 뛰면서도 불안감이나 두려움 역시 한꺼번에 밀려왔다.

리허설 같았던 첫 경험이 생생하게 기억난다. 하키 경기가 끝난 후, 탈의실 뒤에서였다. 그날 경기가 무척 잘 풀렸기에 나는 기분이 좋았다. 남자 친구도 미소 지으며 윙에서 센터로 이어지는 내 패스가 훌륭했다고 칭찬해주었다. 우리는 나무 창고를 등지고 서 있어서 그 누구의 눈에도 띄지 않았다. 그가 내 쪽으로 몸을 기울여 내 몸에 대고 문지르기 시작했다. 그의 발기가 느껴질 무렵 그의 호흡이 빨라졌고 시작하자마자 순식간에 끝이 났다. 나는 큰 소리로 "방금 그거 뭐였어?"라고 궁금해하며 물었고, 그는 당황하며 "미안해"라고 중얼거리더니 돌아서 걸어가버렸다. 그렇게 우리 사이는 갑작스럽게 끝이 났다.

내 친구 린과 수는 병원에서 일하고 있었다. 우리 셋은 매달린의 남자 친구가 모는 6인승 대형 승용차를 타고 함께 댄스파티에 갔다. 7월의 어느 날 밤, 우리는 털장갑을 끼고 머리에 스카프를 두른 채 타탄 무늬 무릎 담요로 몸을 감싸고 출발했다.

마을회관 밖에 가지런히 줄지어 서 있는 소형 버스와 다른 차들 옆에 우리 차가 멈춰 섰다. 이미 춤은 시작되고 있었다. 남자애들은 아늑한 홀의 한쪽 끝에 서서 따뜻한 맥주잔을 들고 담배를 피우고 있었다. 여자애들은 딱딱한 의자에 둘러앉아 웃고 수다를 떨면서 누군가 춤추자고 청하기를 기다리고 있었.

9시가 되자 4인조 밴드가 〈림보 록Limbo Rock〉〈잇츠 나우 오어 네버It's Now or Never〉〈빅 걸스 돈 크라이Big Girls Don't Cry〉를 힘차게 연주하면서 열기도 점점 무르익었다. 당연히 스코틀랜드 노래 〈화이트 헤더 클럽The White Heather Club〉과 〈스코틀랜드 병사A Scottish Soldier〉도 이어졌다.

그런데 놀라운 일이 벌어졌다. 마을 여자아이들의 가슴을 두근거리게 하던 남자가 내게 다가와 춤을 추자고 청했다. 그는 나보다 두 살 위였고 큰 키에 엷은 갈색 머리, 그리고 살짝 미소 짓는 얼굴이 귀여운 데다가 춤도 아주 잘 췄다. 나를 빙글빙글 돌리더니 팔을 뻗어 쭉 밀어냈다가 다시 나를 차지하고 말겠다는 듯 자기 쪽으로 확 끌어당겼고, 발을 음악에 딱딱 맞춰 완벽하게 움직였다. 나는 그에게 완전히 사로잡혔다. 음악에 맞춰 몸을 움직이면서 신나고 짜릿한 기분이 들었고 그의 다정함에 내 마음은 부풀어 올랐다.

음악이 멈추고 그가 내 손을 꼭 잡았다. "밖으로 나가자, 루스." 나는 망설임 없이 그가 나를 이끌어 군중을 뚫고 차가운 공기 속으로 나가도록 내버려 두었다. 여자애들 모두 그와 춤을 추고 싶어 했고 또 함께 있는 모습을 보이고 싶어 했는데, 그가 왜 나를 선택했는지는 도무지 알 수 없었다. 그저 내가 아주 특별하다고 느껴졌다.

"우린 버스 타고 댄스파티에 왔어, 이쪽이야. 우리 추우니까 버스 안으로 들어가자"라고 그가 제안했다.

작은 버스는 두 번째 줄에 주차되어 있었다. 문 위에 달린 전구에서 흘러나오는 희미한 노란 불빛을 제외하면 마을회관 바깥은 그야말로 암흑이었다. 버스 계단을 몇 개 딛고 올라서는데 뒤쪽에서 목소리가 들렸다. "무슨 일이야 워런?" 갑자기 무서워졌다. 나는 워런이 붙잡은 손을 뿌리치려 했지만 그가 내 손을 더 세게 쥐었다. "걱정할 거 없어. 내 친구들이야. 자 여기 앉자."

나는 창문을 등지고 앉아 있었다. 워런이 내 옆에 있었고 스튜어트와 사이먼이 우리 뒤편에 앉아 있었다. 둘 다 내가 아는 남자애였다. 나는 본능적으로 무언가 잘못되었다는 것을, 함정에 빠졌다는 것을 알아차리고 일어나려고 했다. 그러나 내 뒤에 있던 두 개의 손이 나를 밀치는 바람에 다시 주저앉고 말았다.

"버스에서 나갈래요. 제발요." 내가 말했다.

"오, 제발요? 글쎄요. 그냥 이대로 계셨으면 좋겠어요, 제발요." 스튜어트가 웃음을 날리며 대답했다.

나는 워런을 똑바로 바라보며 천천히 일어났다. "지나가게 해줘."

그때 내 뒤에 앉아 있던 사이먼이 갑자기 일어나 몸을 앞으로 숙여 내 목에 팔을 걸자 워런이 내 팔을 잡고 버스 뒤쪽으로 나를 끌어당겼다. 사이먼이 내 뒤로 다가왔다. 여전히 한 팔을 내 목에 두르고 있는 데다 이번엔 다른 한 팔로 내 허리를 꼭 붙잡았다. 내가 발로 뒤쪽을 힘껏 걷어찼다. 다리에 닿는 느낌이 들었고 고함과 욕설이 들렸다. 다시 한번 발길질하면서 워런에게서 떨어져 나오려고 안간힘을 썼다. 워런의 무게에 눌려 뒤쪽의 긴 좌석으로 밀리고 다시 당겨졌던 기억이 난다.

스튜어트가 내 입에 손수건을 쑤셔 넣었다. 나는 비명을 질렀을 것이다. 계속 몸부림치고 발로 차면서 신발이 벗겨졌다. 한꺼번에 너무 많은 일이 벌어졌다. 정신이 혼미해졌고 내가 무슨 말을 했는지조차 기억 나지 않았다.

목숨을 건 사투를 벌이고 있지만 내 팔, 머리, 다리가 눌려 있었기 때문에 머리를 써야만 스스로를 구할 수 있을 것 같았다. 내 머릿속은 내가 가진 유일한 가능성을 헤쳐 나갔다. 내가 몸부림칠수록 그들은 나에게 더 많은 폭력을 가할지도 모른다는 생각이 들었다. 내가 몸부림치지 않으면 그들은 내가 굴복해서 섹스에 동의했다고 생각할 수도 있다. 만일 내 몸이 축 늘어져버리면 내가 기절했다고 생각하고 놔줄지도 모른다. 발작을 일으키는 척이라도 할 수 있을까, 생리 중이라면 좋으련만.

워런이 내 속옷을 찢고 내 몸 위에 올라타서 나를 똑바로 보고 있었다. 그의 얼굴이 내 얼굴에 가까이 다가왔다. 그의 입에서 맥주 냄새가 났다. 나는 그를 뚫어져라 쳐다봤다. 나는 그가 자신이 한 일과 그 밑에 깔려 있던 소녀, 그 소녀가 모든 순간을 목격했다는 사실이 결코 그의 기억에서 사라지지 않기를 바랐다. 눈을 감아 다음에 일어날 일을 가리고 싶었지만 기를 쓰며 억지로 그렇게 하지 않으려고 버텼다. 마음속으로 외치고 있었다. '나를 봐! 날 봐! 날 봐!'

그 고통은 지금도 생생하다. 손수건으로 꽉 막힌 입이 바싹바싹 말라와 질식할 것만 같았다. 머리 위로 끌어올려진 내 두 팔을 사이먼이 무릎을 꿇은 자세로 누르고 있었다. 내 다리 하나는 꽉 붙잡혀 있었고 또 다른 다리는 좌석 등받이 쪽으로 밀쳐져 있었다. 내 사지는 축 늘어지고 감각이 없어졌다.

안개. 회색 안개. 검은 안개. 붉은 안개.

눈은 떴지만 초점을 맞출 수 없었다. 이해할 수 없는 감정으로 일그러진 얼굴들이 나를 노려보고 있었다. 미친 듯한 욕망과 증오감이 흘렀다.

눈물을 너무 많이 흘려서 얼굴 전체가 젖었던 기억이 난다. 몸이 찢어지는 것만 같았다. 누군가 "좋아, 잘한다, 계속 가!"를

1963년

반복하고 있다. 워런이 쓰러지더니 내게서 몸을 일으켰다. 역겨운 냄새가 내 주위에 짙게 퍼졌다. 내 다리 사이는 젖어 있었다. 나는 시간의 흐름을 완전히 잃어버리고 말았다.

그들 세 사람은 나를 내버려 둔 채 일어났다. 사이먼이 내 입에서 손수건을 빼냈다. 나는 혼자였다. 버스 문이 열렸다 닫히는 소리가 나고 이어 공허한 정적이 흘렀다.

* * *

그날 밤과 다음 날은 바닥에 떨어져 흩어져버린 퍼즐 같았다. 모든 조각을 다시 맞춰본 적이 없다. 그래, 회관으로 다시 들어갔어. 그런데 얼마나 오래 있었을까? 무엇을 했을까? 그 애들 셋은 거기 있었나? 기억이 없다. 친구들에게 뭐라고 말했을까?

그다음 분명하게 떠오르는 것은 있다. 가까운 요양원 화장실에서 몸을 씻고 속옷을 빨고 스타킹을 쓰레기통에 버렸다. 또 피가 계속 나서 수건을 생리대처럼 댔다.

다음 날은 일요일로 일을 쉬는 날이었다. 그날 아침과 다음 날 아침에 무엇을 했는지 기억이 나지 않는다. 그날 밤에 집에는 어떻게 갔을까? 어쩌면 어머니에게 전화를 걸었을 수도 있고 지나가는 차를 얻어 탔을 수도 있었겠다. 전혀 모르겠다. 하지만 어머니는 본능적으로 뭔가 잘못되었다는 것을 알았던 것 같다. 어머니가 나를 옷 입은 채 그대로 잠자리에 눕혔던 게 기억난다. 그리고 병원 수간호사에게 전화를 걸어 내가 아파서 며칠 출근하시 못한다고 말했나.

어머니는 내가 말하기 전에 그날 밤 있었던 일을 그때 이미 짐작하셨을까? 10년 후 암으로 죽어가던 어머니를 돌보면서 나는 마침내 그 질문을 할 수 있었다.

"난 네 엄마야, 무슨 일이 일어났다는 걸 알았단다." 어머니가 답했다. "하지만 네가 할 말을 받아들일 준비는 되어 있지 않았어." 내가 강간을 당했을 때, 어머니는 겨우 서른일곱 살이었다. 친척은 모두 크라이스트처치에 살고 있어서 아버지를 제외하곤 의지할 가족이 전혀 없는, 10대 두 딸을 둔 젊은 어머니였을 뿐이다.

그다음으로 기억나는 건 어머니가 나를 깨우면서 목욕하라고 했던 것이다. 그 장면이 생각난다. 욕실에 들어가 따뜻한 물에 몸을 담갔다. 그때 내 어깨와 팔, 다리에 멍이 든 것을 알았다.

"머리 감겨줄까?" 어머니가 말했다.

"아니요, 할 수 있어요"라고 바로 대답했지만, 어머니는 그냥 들어왔다. 어머니는 아무 말도 하지 않고 아주 부드럽게 나를 씻기기 시작했다.

너무 조용해서 물소리만 들렸다. 내가 울기 시작했고, 어머니는 나를 끌어안고서 함께 울었다. 나는 흐느껴 울었다. 숨이 막히고 온몸이 떨렸다.

우리 어머니는 작은 체구와 빨간 머리에 미소가 아름다운 분이었다. 어머니의 별명은 '프리드'로 '프리다'의 준말이었다. 정말로 훌륭한 어머니였다.

1963년

"루스, 우리 얘기를 해야 할 것 같아."

나는 고개를 끄덕였다. 어머니가 내 몸을 말리고 옷 입는 것을 도와주며 머리를 빗겨주었다. "괜찮을 거야, 괜찮아질 거야. 오늘은 그냥 넘기자꾸나."

몇 년이 지난 후 어머니가 내게 말했다. 아버지가 진정할 시간이 필요했다고 했다. 아버지가 그 개자식들을 '줄 세워 총으로 쏴버릴까 봐' 걱정하셨던 것이다.

월요일에 어머니가 나를 랜펄리에 있는 의사에게 데려갔다. 진찰이 끝나고 내가 간호사와 함께 대기실에 앉아 있는 동안 의사인 맥퀸 선생님이 어머니와 단둘이 이야기를 나눴다. 나는 다음 수순으로 경찰서에 갈 거라고 믿었지만 그러지 않았다.

그 사건 이후 아버지는 내게 거의 말을 하지 않았다. 아버지는 조용하고 침울해졌다. 아버지에 대한 한 가지 기억이 있다. 우리는 매일 아침 집 옆에 있는 정육점에서 아버지가 일하면서 휘파람을 불고 노래를 부르는 소리를 들을 수 있었다. 그러나 그 사건 이후 아버지는 휘파람도 노래도 더 이상 부르지 않았다. 집이 조용해졌다.

나는 다시 일터로 돌아갔고 곧 병원 전체 직원과 환자들을 위해 요리하는 일급 요리사가 되었다.

일주일 정도 후에 어머니가 말하길, 아버지가 워런의 아버지를 만나러 갔고 모든 게 다 '처리'되었다고 했다. 경찰은 관여하지 않았다. 정확히 무슨 일이 있었는지, 무슨 얘기가 오갔는지는 알 수 없었지만 결과는 끔찍했다. 워런의 아버지가 아버지에게 50파운드를 주었고, 그 돈이 나에게 전달되었나는 것이다. 그 빳빳한 지폐가 해결해준 것은 없었고 오히려 상처만 남겼다. 강간에 대한 대가였을까, 아니면 내가 침묵한 대가였을까? 극도로 화가 치밀어 올랐다. 나는 그 분노를 몇 년 동안 마음속에 품고 살았다.

생리를 두 번 거른 후 임신 사실을 알았다. 어머니와 내가 아버지에게 말하자 아버지는 집을 나가서 에인션트 브리튼 호텔로 걸어가 만취되도록 마셨다. 낙태는 전혀 논의되지 않았다. 나는 12월까지 일을 계속해야 했다. 임신한 열일곱 살 소녀에게는 장시간 노동과 막중한 책임감이 따르는 무겁고 힘든 일이었다.

가족 외에는 나의 임신 사실을 아무도 몰랐다. 당시에는 임신한 소녀들을 다른 지역으로 보내 출산하게 한 후 아무 일도 없었다는 듯이 다시 돌아오게 하는 것이 일반적이었다. 아기를 입양 보내는 것이 가장 확실하고 쉬운 해결책이라고 받아들여졌다. 아기가 태어니지미지 산모는 아기를 빼앗겼다. 아기와 만나지 않아야 정신적으로 더 빨리 회복할 수 있다는 이유였다.

나는 1월에 웰링턴으로 올라가야만 했다. 배가 불러와 더 이상 감출 수 없었다. 기차를 타고 리틀턴까지 간 다음 섬을 오가는 페리를 타고 쿡 해협을 건너 수도인 웰링턴으로 갔다. 웰링턴에서는 어머니의 오랜 친구인 조이스 이모네서 지내며 이모와 빌 아저씨의 보살핌을 받았다.

붉은 50파운드 지폐가 그들에게 건네졌다. 나는 아직도 그 지폐를 '피 묻은 돈'이라고 생각한다.

내 아들은 1964년 4월 10일에 태어났다. 나는 아들 얼굴도 볼 수 없었다.

4년 후인 1968년 4월 10일, 리틀턴과 웰링턴을 오가는 페리 와히네호가 웰링턴항에서 좌초했다. 52명이 사망한 끔찍한 해상 참사를 목격하면서도 나는 그날이 내 아들의 네 번째 생일이라는 생각밖에 들지 않았다.

6
해군으로 떠나다

아무 일도 없었다는 듯이 나는 내스비 집으로 돌아왔다. 이것이 내 거짓 인생의 시작이었다. 1960년대와 70년대에 많은 어린 소녀들이 이런 일을 겪었다. 당시 혼외 아기를 낳는 것은 도저히 용납할 수 없는 일이었기 때문이다. 우리 모두 그런 일을 받아들이며 사는 법을 배웠다. 정직하게 대답할 수 없는 질문을 받으면 어떻게 대답해야 할까. '어디 있었어? 웰링턴에서 일하며 지냈어? 좋은 시간을 보냈을 텐데 왜 내스비로 돌아왔어?' 내가 아기를 낳으러 떠났다는 소식을 사촌들이나 이모, 고모들이 들었는지조차 나는 몰랐고, 내 인생에서 그 부분은 완전히 지워진 것 같았다. 질 언니가 알고 있는지조차 몰랐.

이 모든 일이 일어나기 전에 나는 해군에 합격했었다. 당연히 입대를 연기해야만 했는데, 당시 첫 3년 근무 계약으로 1964년 8월에 의무실 승무원으로 입대할 수 있다는 통보를 받았다. 집에서 나는 항상 긴장된 상태로 지냈다. 편안하게 대화를 이어가지 못했고 내가 어머니에게 짐이 되고 있다는 것을 알았다. 해군에 입대하는 것이 가장 간단한 해결책이었다.

"북섬 해군 기지로 올라가면 루스도 괜찮아질 거야." 아버지가 어머니에게 하는 말이 들렸다.

왕립해군여자부대, 일명 렌WREN의 일원이 된다는 것에 끌리기도 했다. 하지만 그보다는 이곳을 떠나 오클랜드에서 새로운 삶을 시작하는 것이 내게 일어났던 일을 완전히 부정할 마지막 단계라는 생각이 더 컸다. 결국 나는 길을 나섰다. 랜펄리에서 더니든까지, 더니든에서 다시 픽턴까지 기차로 이동한 다음 페리를 타고 쿡 해협을 건너 웰링턴에서 야간열차를 타고 14시간을 더 간 끝에 마침내 오클랜드에 도착했다.

이제 내 삶은 규율과 체계로 채워졌다. 제복을 입고 정시에 출근하여 긴장을 늦추지 않고 차렷 자세로 경례를 붙이며 "네, 알겠습니다"라고 말해야 했다. 이해되지 않는 규정이 너무 많아 처음에는 모든 것에 의문을 품었지만, 조직에 이의를 제기하면 바로 처벌받는다는 사실을 알게 되었다. 내 해군 경력은 짧았지만, 그에 비해 추가 근무와 휴가 취소 등의 처벌 기록은 많았다. 나의 해군 기록지에는 이렇게 적혀 있다. '정착에 어려움을 겪음. 능력은 있지만 헌신적이지 않음… 상급자가 확신을 갖기까지 시간이 필요함.'

초기 훈련이 끝난 후 데번포트 기지의 킹 에드워드 퍼레이드에 있는 엘리자베스 하우스에 배정받았다. 원래 호텔로 지어진 이곳은 반짝이는 오클랜드 항구를 내려다보고 있었다. 그리고 실내에 널찍한 주방과 대형 식당, 큰 욕실, 아름다운 계단이 있는 최고의 숙소였다. 하지만 '캐빈'이라고 불리는 침실은 한 점 먼지 없이 깨끗하게 유지해야 했고 나는 "침대 옆 탁자 위에 책을 두지 마라, 제군!"이라는 명령을 숱하게 받았다.

열여덟 살이 되자 나는 그랜 할머니가 준 돈으로 운전 강습에 등록했다. 어떻게 관리했는지 모르겠지만 할머니는 우리가 태어날 때부터 학교를 졸업할 때까지 질 언니와 나를 위해 한 달에 1실링씩 저축하셨다. 질 언니는 그 돈으로 할머니에게 전기 토스터기를 사드렸고 나는 내 운전 교습비를 냈다. 운전 교관이 필로멜 기지 정문 앞으로 나를 데리러 왔다. 마침 아버지가 포드 프리펙트를 사서 오클랜드로 보내주셨다. 당시 차를 가지고 있는 렌 대원은 손에 꼽을 정도였기에 나는 매우 자랑스러웠다.

내가 해군에 있을 때 그랜 할머니가 돌아가셨다. 나는 그냥 병원 근무 면제는 받았지만, 가족의 질병이나 사망 때 받는 특별 휴가가 거부되어 크라이스트처치에서 열린 장례식에는 참석할 수 없었다. 그때 처음으로 내가 해군에서 지금 뭘 하고 있는지 스스로 물어보게 되었다. 강간 사건 이후 처음으로 데이트하는 것을 생각하기도 했다. 하지만 예방 차원에서 데번포트에서 열리는 호신술 강좌부터 등록했다. 강사가 "정확히 무슨 일로, 어떻게 여기 오셨나요?"라고 물었다.

"무서워하는 걸 그만두고 싶어요."

"뭐가 무섭지요?"

"남자들. 강간당하는 거요."

"강간당한 적 있어요?"

나는 그의 눈을 똑바로 바라보며 "네"라고 대답했다.

그 후로 그 이야기는 다시 나오지 않았다. 교육 과정에 참여한 다른 여성 중 일부도 비슷한 대답을 했을 것이라는 생각이 들었다. 강사가 우리를 돕고자 최선을 다하고 있었기 때문이다. 첫 수업부터 우리는 기본적인 생존 기술과 자기방어 기술을 종합적으로 훈련받았다.

"이제 여러분은 스스로 방어할 수 있는 능력이 생겼으니 다시는 두려워하지 않아도 됩니다." 그가 단호하게 말했다. 공격자의 힘을 이용해 상대의 균형을 깨트리는 법을 가르쳐주었다. "처음부터 도망가진 마세요. 그래봤자 잡히고 맙니다. 먼저 정확한 자세를 취하여 상대의 급소를 가격한 다음에 뛰어야 합니다."

그가 자신의 설명을 시범으로 보여주자 완전히 이해할 수 있었다. 자세를 잡고 균형을 유지하는 방법 몇 가지를 간단히 알려준 다음, 비장의 무기를 보여주었다. "급소인 고환을 움켜잡는다, 반쯤 비튼다, 확 당긴다!" 그가 소리쳤다. "나를 따라 반복! 움켜잡는다, 반쯤 비튼다, 당긴다!" 그가 허벅지에 양말을 달았고 우리는 그걸 당기는 연습을 했다. 양말 안에는 공 두 개가 들어 있었다. 사람 고환보다 조금 더 컸지만 우리는 바로 이해했다. 모두 그 동작을 하며 웃기 시작했다. 서서히 우리는 자신감을 되찾았다.

강습이 끝나자 나는 더 이상 두렵지 않았다. 이제 다시 남자 친구를 사귀는 것도 생각해볼 수 있게 되었다. 내겐 비장의 무기가 있으므로.

* * *

해군 병원에서 간호하는 일은 정말 즐거웠다. 첫해에는 매일 아침 강의를 들으며 1959년 런던에서 발간된 508페이지 분량의 왕립해군 병상 직원 안내서로 공부했다. 여기에는 각종 질환, 임종 간호, 외과, 치과, 정신과, 약리학, 독성학 등 많은 의학 과목이 포함되어 있었다. 우리는 여자 병동, 남자 병동, 외과 병동, 수술실, 격리 병동 등에서 실제 병동 실습을 수행했다. 실습 교육은 병상 승무원SBA이 바다로 파견되었을 때 익혀야 할 모든 것을 다루었다. 그럼에도 왜 우리는 3년 후 제대할 때 아무런 자격증도 취득하지 못했을까? 왜 우리는 오클랜드의 주요 병원과 연계되지 못하고 공인 간호사가 되기 위한 공부를 할 수 없었을까? 왜 우리는 남자들처럼 실제로 바다에 나가지 못했을까? 1986년에서야 마침내 여자들은 비전투용 선박에서, 이후에는 모든 종류의 선박에서 근무할 수 있게 되었다.

여자 해군 부대원을 이끄는 자리를 추천받았지만, 나는 관심이 없었다. 브라운 수간호사가 나를 병동 업무에서 빼고 수술실에 배치했다. 내게 훌륭한 수술실 간호사가 될 수 있는 능력이 있다고 믿었고 내가 수술실에 잘 적응하고 자리 잡기를 바랐다.

나는 정말 잘하려고, 좋은 사람이 되려고 노력했다. 하지만 오래전 그랜 할머니가 말씀하셨듯이 나는 도저히 그럴 수 없었다.

2년 반 동안 군 생활의 억압에 시달리던 어느 날 아침, 나는 내 포드 프리펙트에 짐을 챙겨 남쪽으로 향했다. 집으로 가는 길이었다. 해군 경찰이 아버지에게 전화를 걸어 내가 무단이탈 중이니, 내스비에 나타나면 즉시 연락하라고 말했다. 그 누구에게도 겁먹을 리가 없는 아버지가 답했다. "내 딸이 집에 오겠다면 와도 됩니다. 딸이 해군을 떠났다면 해군에 남고 싶지 않은 게 분명한 겁니다!"

운 좋게도 북섬 끝까지 아무 일 없이 잘 달렸으나 남섬으로 건너는 페리 터미널에서 그만 잡히고 말았다. 해군 정복을 입은 두 명의 해군 경찰이 나를 체포했다. 꽤 아찔한 장면이었다. 우리 셋은 내 작은 차에 올랐다. 나는 두 경찰과 함께 데번포트 기지까지 운전해 오라는 명령을 받았다.

도착과 함께 내 차는 사령관의 차고에 처박혔고 나는 공개 구금 상태가 되었다. 군 교도소에 갇히지는 않았지만, 밤에는 내 방문 앞에 해군 경찰이 배치되었고 매일 병원에 출근할 때도 동행했다. 또한 나는 해군 정복을 완벽히 갖춰 입고 매일 밤 23시 59분에 당직 장교에게 보고해야 했다. 그뿐 아니라 한동안 무급으로 이중 근무를 해야 했고, 6개월 동안 휴가가 취소되었다. 나는 무단이탈한 최초의 렌이었다. 어쩌면 해군을 통틀어 유일한 무단이탈 여성이었는지도 모른다. 변호를 맡은 하사관에게 나는 3년을 다 채울 생각이 전혀 없으므로 무단이탈이 아니라고 말했지만, 해서는 안 될 발언이었다. 이에 따라 즉시 탈영으로 기소될 수 있다는 통보를 받았고, 이는 훨씬 더 심각한 문제였다.

내가 기지에서 돌아다닐 때면 사람들이 대놓고 나를 '스케이트'라고 불렀다. 이는 기본적으로는 미끄러운 물고기를 뜻하는 단어지만 힘든 일을 이리저리 피하는 사람을 가리키는 말이기도 했다. 나는 내가 그 둘 다 아니라는 걸 잘 알고 있었다.

얼마 후 나는 제독에게 제대를 요청해도 좋다는 허락을 받았다. 변호를 맡은 콜린스 하사관을 따라 제독의 방으로 들어가 제독 앞에 있는 매트 위에 섰다. 그는 작은 책상 뒤에 서 있었다. 나는 경례를 하고 관등성명을 외친 다음 요청을 말했다. 처벌 중인 상태라 제대 요청이 받아들여질 가능성은 희박했다.

그런데 실제로는 그러지 않았다. 몇 번이나 제독 앞에 섰는지 기억나지 않지만 결국 제독은 포기했고 나는 제대했다. 제독은 나에게 얼마나 실망했는지, 그리고 내가 해군을, 특히 젠 부대원들에게 얼마나 큰 실망을 안겼는지 모른다고 말했다. 그는 내가 스스로 그 어떤 것도 이루어내지 못할 것이라고 못을 박았다. 그의 가시 돋친 말은 내게 아무런 상처도 되지 않았다. 그는 나를 전혀 몰랐다!

1966년 11월, 내 해군 경력은 끝이 났다. 가장 기억에 남는 것은 미국 잠수함 아처피시호에서 보낸 날이다. 하우라키 만에서 잠수를 한 덕분에 명예 잠수사가 된 것이 내 해군 경력의 가장 빛나는 순간이라 해야겠다.

제대한 다음 날 해군 친구가 '레와'라는 이름의 두 살배기 독일셰퍼드를 보내주었다. 그 친구는 집으로 돌아가는 긴 여정 동안 내게 동행자 겸 보호자가 필요하다고 생각했던 것 같다. 내 작은 차 뒷좌석에 짐을 싣고 앞 좌석에는 흥분한 채 앉아 있는 레와를 태우고 오클랜드를 떠났다. 우리는 먼 길을 나서 남쪽으로, 갈 수 있는 최대한의 남쪽 끝, 스튜어트 섬을 향해 달렸다. 그 섬에서는 부모님이 오반 호텔을 운영하고 있었다.

책방 이야기
초록색 책만 주세요

마나포우리에 있는 내 첫 번째 책방 '45 사우스 앤드 빌로우 45 South and Below'는 주변에 알려져 꽤 유명했어요. 벽면에는 점점 더 늘어나는 책들을 꽂기 위한 책장이 여러 개 늘어서 있었지요. 전문가가 만든 책장도 있었고 랜스가 직접 못을 박아 만든 책장도 있었어요.

어느 날 한 중년 여성이 책방에 들어와 인사도 없이 책장에서 책등이 초록색인 책들을 빼 모으기 시작했어요. 그가 책장을 훑고 지나가면서 점점 더 많은 초록색 책이 쌓였지요. 뭔가 이상했어요. 고른 책의 책등이 죄다 초록색인 게 우연일 수는 없다는 생각이 들었지요.

"흥미로운 책 수집이네요." 결국 말을 건넸어요. "그중 몇 권은 희귀본이고 또 꽤… 가격이 나가는데 알고 있나요?"

"아, 가격은 신경 쓰지 않아요." 부인이 대답했어요. "색깔이 중요해요. 새집으로 이사해서 서재를 색깔에 맞춰 꾸미고 싶거든요." 이렇게 말하며 미소를 지었어요.

색깔로 맞춘 서재라니, 들어본 적이 없었어요. 완전히 믿을 수 없다는 표정으로 내가 부인을 바라보고 서 있었어요. 20초 정도 멍하니 있다가 가까스로 말을 꺼냈지요. "글쎄요, 내 책은 사람이 읽어야 해요! 가짜 서재에 꽂힌 다음 잊히고 마는 책이라고요? 난 내 책이 그렇게 되는 건 원치 않아요. 팔지 않겠어요. 당신은 여기 어떤 책도 살 수 없어요!"

"책값 다 낼게요!" 깜짝 놀라며 부인이 대답했어요.

"아니요, 안 팔 거예요." 나는 단호하게 말하며 책을 다시 책장에 꽂기 시작했어요.

부인은 자기 소지품을 챙겨 책방 밖으로 뛰쳐나갔지요.

색깔로 맞춰 꾸미는 서재라고? 내 책으론 어림도 없지!

7
스튜어트 섬, 그리고 랜스를 만나다

아버지는 신문에서 스튜어트 섬 오반 호텔의 운영자를 구한다는 광고를 보자마자 지원하셨다. 오반 호텔의 전 매니저는 어느 날 갑자기 섬을 떠나버렸다고 한다. 그렇게 내 부모님은 파산 직전의 호텔을 운영하는 새로운 모험에 나섰다.

이미 아버지는 고양이 비스킷과 앵무새 플로이드를 데리고 남섬 끝 마을 블러프에서 페리로 포보 해협을 건넜다. 아버지가 도착해서 가장 먼저 한 일은 그 자리에서 모두를 해고하는 것이었다. 그때 아버지가 했던 말이 지금도 들리는 것 같다. "좋아, 휴가 끝! 죄다 짐 싸, 이 자식들아!"

대청소를 한 후 새로운 직원을 채용하고 앞마당에 꽃과 나무를 심어 작은 정원을 꾸미고 마침내 호텔을 다시 개장했다. 어머니는 객실과 레스토랑을, 아버지는 바를 담당했다. 아버지는 아주 물 만난 물고기처럼 바에서 맥주 서빙과 카드 게임을 즐겼다.

때로는 바에서 동시에 두세 개의 게임을 하기도 했다. 일 년 정도 멈췄던 아버지의 아침 휘파람 소리와 노래가 다시 들리기 시작했다.

나는 강아지 레와와 함께 스튜어트 섬에 도착한 즉시 호텔의 요리사로 일하게 되었다. 당시 섬에는 아직 전기가 들어오지 않아 집마다 발전기를 돌렸는데 밤에는 전원을 끄고 지냈다. 가스비가 너무 비쌌기 때문에 우리는 거의 모든 음식을 석탄 화덕으로 했다. 생필품을 포함한 모든 물자는 페리로 실어와야 했다. 가끔은 인버카길에서 수상 비행기로 수송하기도 했다.

호텔 주방에 있는 거대한 석탄 화덕은 요리하기엔 더할 나위 없이 훌륭했지만, 조식 시간에 맞추자면 아주 이른 시간부터 화덕 불을 지펴야만 했다. 본토에서 온 상인들은 주중에 호텔에 머물다 주말이면 집으로 돌아갔다. 우리는 당일치기 섬 여행을 온 관광객뿐만 아니라 이들을 위한 음식도 제공했다. 날씨가 좋지 않은 날에는 음식을 조금만 준비했다. 방문객 대부분 뱃멀미를 한 상태로 섬에 도착해서 섬에 머무르는 네 시간 동안 라운지에 앉아 다시 배를 타고 돌아갈 걱정만 했기 때문이었다.

호텔 레스토랑이 바빠지면 어머니도 종업원인 리타를 도와 음식 주문을 받고 서빙을 했다. 손님들로 붐비고 정신없이 바쁜 어느 날 어머니가 주방으로 달려들어왔다. 손에 든 건 윗니 틀니로, 정확히 두 조각이 나 있었다. 우리는 재빨리 접착제로 다시 붙인 다음 오븐에 넣고 말렸다. 뒤이어 아버지가 잔뜩 찌푸린 채 쿵쿵 뛰어들어왔다. 좋지 않은 징조였다. "손님들이 식사를 기다리고 있잖아, 뭐 하는 거야? 서두르라고 빨리!" 그러고 나서야 아버지는 어머니 윗니가 없다는 걸 알아차렸다. "걱정할 거 없어." 아버지가 말했다. "말을 안 하면 돼. 그냥 미소만 지으라고. 우리 일은 손님들을 먹이는 거야. 즐겁게 해주는 것이 아니라고!" 우리는 오븐에서 틀니를 꺼내 찬물에 식혔다. 어머니는 다시 이를 끼우고 아무 일 없다는 듯 음식을 들고 총총 걸어 나갔다.

매일 저녁 나는 다음 날 쓸 감자를 손질했다. 껍질을 벗겨 큰 냄비에 채우고 감자가 잠길 만큼 물을 부은 다음 숯 한 덩어리를 넣어두었다. 그렇게 하면 감자가 다음 날까지 갈변되지 않고 하얀 상태를 유지했다. 내 음식 솜씨는 점점 늘어 스콘, 사과 스펀지케이크, 팬케이크, 파운드케이크, 초콜릿케이크 등 온갖 디저트를 계량도 없이 척척 만들어냈다.

스튜어트 섬에서 나는 스물한 살을 맞았다. 어머니는 지역 사람들에게 격식을 갖춘 생일 파티 초대장을 보냈다.

> 루스의 스물한 번째 생일을 맞아… 귀하와 함께 오반 호텔에서 축하의 기쁨 나눌 수 있기를 정중히 요청드립니다…

부모님은 내게 트랜지스터라디오를 선물로 주셨다. 멀리 있는 친구들에게서 전보도 왔다. 초대된 지역 사람들 일부는 파티 후 저녁 식사도 함께했다. 어머니가 오반 호텔 이름과 주소가 인쇄된 편지지에 특식 메뉴까지 작성해놓았고 아버지는 고급 스파클링와인 두 병을 땄다.

이 무렵 아버지가 도맡아 운영하던 바는 사람들로 북적거렸고 활기가 넘쳤다. 덩달아 호텔은 이제 작은 어촌 마을의 중심지가 되었다.

1967년에는 큰 사건이 세 가지나 있었다. 그해 7월, 뉴질랜드가 십진제 통화를 채택했다. 그리고 투표자의 67퍼센트가 밤 10시까지 술집의 연장 영업을 지지함으로써 50년간 지속된 '6시 폭음 문화'|1917년 12월 뉴질랜드 정부는 오후 6시에 술집 문을 닫도록 강제하는 임시 전시 조치를 도입했다. 1918년에 모든 호텔 바의 6시 정각 폐점이 영구화되었는데, 이 규정은 50년 동안 지속되었다. 이로 인해 오후 5시 퇴근과 6시 술집 폐점 시간 사이에 과음하는 문화가 형성되기도 했다_옮긴이가 10월로 끝이 났다. 마지막으로 10월 블랙 프라이데이에 지역 신문에는 다음과 같은 짤막한 알림이 떴다.

최근 소식

L. 쇼와 R. 홉데이 약혼하다.

마침내 내 인생의 사랑을 만났다.

* * *

랜스 쇼는 로잘린드호의 어부로 미키 스콰이어 밑에서 일했다. 주로 로즈강 동쪽에서 가재잡이와 저인망어업을 했다. 그는 검은 머리에 턱수염을 하고 청바지 위로 허벅지까지 올라오는 고무장화를 신고 있었다. 가끔 호텔에 한잔하러 들르곤 했다. 리타와 나는 그가 호텔을 나가 부두까지 걸어 내려가거나 호텔 건너편 섬에 하나밖에 없는 상점으로 걸어 들어가는 걸 가만히 바라보곤 했다. 그는 섬에서 가장 멋진 남자였다.

어쩌다 한 번씩 작은 마을회관에서 댄스파티가 열렸다. 주로 어부 부부, 독신인 어부, 그리고 몇 명 되지 않는 마을 아가씨들이 참석했다. 댄스파티가 열린 어느 날 밤 나는 랜스가 바닥에 앉아 벽에 등을 대고 빨간 기타를 치고 있는 것을 보았다. 가슴이 풍만한 여자가 그의 곁에 앉아 있었다. 그날 밤 그는 나를 알아차리지도 못했을 것이다. 그의 관심을 끌 만한 그런 큰 가슴이 내겐 없었다!

랜스도 나도 우리의 첫 데이트를 정확히 기억하지 못하지만 우리는 곧 주기적으로 만나는 사이가 되었다. 마침내 내 인생에서 무언가가 비로소 진짜가 되었다고 느껴졌다. 사랑에 빠진 것이다. 어머니는 랜스를 아끼고 사랑했지만, 아버지는 딸을 보호하려는 마음에 경계했다. 랜스는 그 후 일 년 내내 번번이 아버지의 노여움과 맞닥뜨렸지만, 그이답게 항상 정중하고 온화한 태도로 아버지를 대했다.

* * *

1951년 3월 스튜어트 섬에 항공 노선이 들어왔다. 그해 10월에는 두 대의 항공기가 인버카길에서 와카티푸 호수와 테 아나우 호수를 비롯하여 피오르드랜드 곳곳까지 운항했다. 피오르드랜드에서 다섯 개의 호수가 새로 발견되었고 52개의 허가된 수로를 따라 120개가 넘는 착륙지가 선정되었다.

1968년 10월 유명한 진행자 셀윈 투굿이 스튜어트 섬을 방문하는 큰 행사가 있었다. 그는 〈잇츠 인 더 백It's In The Bag〉이라는 티브이 쇼 진행자로 뉴질랜드 전역에 널리 알려진 유명 인사였다. 그는 엄청난 유명세만큼이나 존재감도 큰 남자였다. 그를 태운 수상 비행기가 섬으로 날아 들어올 때 해변에는 수많은 군중이 모여 있었다. 그런데 우리는 비행기가 섬에 미처 닿기도 전에 바퀴가 내려오는 것을 목격했다. 뒤이어 비행기가 급강하하며 바닷속으로 곤두박질치는 장면을 우리는 공포에 질린 채 지켜보았다.

하얀 물보라가 곧장 비행기를 덮치며 앞 유리가 박살 나고 조종실 안으로 물이 밀려들더니 비행기가 우리 시야에서 사라지고 말았다. 소스라치게 놀라 소리를 지르는 순간 비행기가 완전히 뒤집힌 채로 다시 떠올랐고 우리는 안도의 한숨을 내쉬었다. 몇몇 어부들이 자신의 소형보트로 노를 저어 가기 시작했다. 그사이 승객들은 안전띠를 맨 채 머리만 몇 인치 정도 간신히 물 위로 내밀고 있었다.

조종사가 재빨리 탈출하여 승객들이 비행기 밖으로 빠져나와 소형보트에 오르도록 도왔으나 셀윈 투굿, 이 가엾은 남자는 몸집이 너무나 거대해서 출입문 밖으로 나올 수 없었다. 우리는 해변에 서서 마음을 졸여가며 비행기가 서서히 가라앉는 것을 지켜보았다. 두 사람이 어렵게 출입구 양옆으로 뛰어올라 전신 만고 끝에 그를 끌어당겨 밖으로 꺼냈다. 우리의 유명한 방문객은 그렇게 전혀 예상치 못한 모습으로 스튜어트 섬에 등장했다.

셀윈에게 지금 가장 필요한 것은 마른 옷이었지만, 섬에서는 그에게 맞을 만한 옷을 도저히 찾을 수가 없었다. 그날 밤 마을회관은 그의 쇼를 보기 위해 모인 사람들로 꽉 찼다. 모두 수상 비행기 사고에 대해 떠들고 있었지만 셀윈이 활짝 웃으며 무대에 오르자 우리는 즐겁게 그를 환호하며 박수갈채를 보냈다. 어머니가 안전핀을 줄줄이 꽂아 만든 널따란 담요 한 장에 싸인 채로 그가 안경도 없이 모두를 밝게 맞이했다. 마치 아무 일도 없었다는 듯이 우리를 들었다 놨다 웃기기까지 했다.

* * *

당시 나는 가톨릭 신자였던지라 결혼식을 성당에서 하고 싶었다. 그래서 가톨릭 신자가 아닌 랜스는 2주에 한 번씩 인버카길에서 오시는 신부님을 뵈었다. 다른 종교 간의 결혼에 대한 가르침은 가톨릭 법에 다음과 같이 기술되어 있다.

가톨릭 신자가 아닌 당사자에게는 적절한 사려 깊음과 분명한 용어로 혼인의 존엄성에 관한 가톨릭 교리, 특히 혼인의 주요 속성인 단일성 및 혼인불가해소성에 대해 알려야 한다. 가톨릭 신자가 아닌 당사자에게는 또한 가톨릭 배우자가 자신의 신앙을 보호, 보존, 실천하고, 같은 신앙으로 태어날 자녀에게 세례를 주고 교육해야 하는 중대한 의무에 대해 알려야 한다.

이 마지막 문장이 모든 걸 벼랑 끝으로 몰아넣었다. 랜스가 원하는 것은 오로지 나와 결혼하는 것이었으므로 가톨릭교도가 되는 것에는 마지못해 동의했다. 그러나 교리 강독 마지막 날 신부님께 향후 그의 자식들 역시 반드시 가톨릭 신자로 자라야 한다는 말을 듣게 되자, 그는 더 이상 가톨릭 신자가 되는 것에 동의하지 못했다. 랜스는 매사에 정직한 사람이니, 도저히 아무렇지도 않은 척 그 교리에 동의할 수는 없었을 것이다. 그는 아이들이 그들 자신의 길을 선택할 자유가 있어야 한다고 생각하는 사람이었다. 자신조차 믿지 않는 종교가 아이들의 운명을 결정지을 수는 없었다.

우리 어머니는 아버지와 결혼하면서 가톨릭 신자가 되었다. 질 언니와 나 역시 모태 신앙을 가진 가톨릭 신자로 자랐다. 내가 만일 신앙을 저버린다면 어머니가 실망하실 거라는 생각이 들었다. 당시 나는 가톨릭 방식에 맹목적으로 빠져 있었다. 랜스와 내가 이 문제를 두고 타협해볼 방도는 그 어디에도 없었다. 우리 결혼은 교착 상태에 빠지고 말았다. 약혼은 파혼으로 끝났다.

그때 이미 내 웨딩드레스는 완성이 되었고 청첩장도 인쇄가 끝났으며(아직 발송은 하지 않았다) 결혼반지는 아버지의 광산에서 나온 금으로 이미 제작했고 성당 예약도 마친 상태였다. 모든 게 순식간에 무너졌고 우리 둘 다 망연자실했다. 내 마음은 갈기갈기 찢어졌고 랜스는 충격 속에 산산이 부서져버린 마음을 안고 곧장 섬을 떠났다.

얼마 지나지 않아 나는 차에 짐을 다시 싣고 북쪽의 웰링턴으로 향했다. 재앙이 닥쳐 무너지고 나면 짐을 꾸려 떠나버리는 것이 어느새 내 젊은 날의 주제가 되어 가고 있었다.

랜스를 다시 만나기까지는 20년의 세월이 흘러야 할 터였다.

책방 이야기
책을 읽으면서도 읽지 않는 이상한 방법

책방에 나이 지긋한 부부가 들어왔어요. 간단한 인사를 나눈 후 자리를 잡고 바로 원하는 책을 찾아 차근차근 둘러보며 차례차례 살펴보는 모습이 늘 하는 일과처럼 보였어요. 남편은 바깥에서 머물면서 주로 탁자와 책 진열대 위에 펼쳐 있는 책을 꼼꼼히 훑었고, 반면 아내는 손가락으로 짚어가며 실내 책장에 꽂힌 책들을 하나하나 읽어보고 있었지요. 두 사람 다 조용히 책에 집중했어요. 잠시 후 그들이 카운터 옆으로 함께 와서 책을 가슴에 안고 기쁨에 찬 눈빛으로 서로를 바라보았어요.

"이거 어때요, 아서? 사랑 이야기 같지만 아주 강렬한 책이에요. 파울로 코엘료의 『11분』이에요."

남편 아서는 책을 훑어보고 표지에 적힌 문구를 읽은 후 책을 돌려주었어요. "평소 우리가 읽는 스타일은 아닌데. 마음에 들어요?"

"파울로 코엘료, 베스트셀러 작가잖아요."

그 사랑 이야기 속에는 사실 젊은 매춘부의 지극히 자극적인 이야기가 숨겨져 있다는 걸 부인이 알고 있을까요?

"좋아, 그 책으로 하지요. 그럼 내가 뭘 찾았는지 봐요, 조이스." 아서가 아내 조이스에게 자신이 들고 있던 책을 건네며 말했어요.

"또 전쟁 이야기네요." 조이스가 책을 살펴보더니 실망감을 간신히 감추며 말했어요.

"쉽게 읽을 수 있을 거 같은데, 어떻게 생각해요?"

"그래요, 이 두 권으로 하죠." 결정이 내려졌어요.

이쯤 되자 몇 가지 의문이 머릿속을 맴돌았어요. "그러니까 두 분이 사신 책은 두 분 다 같이 읽으시는 건가요?"

"아, 맞아요. 그래서 재미있죠. 책을 읽고 나면 꼭 책 토론을 하거든요." 조이스가 대답했어요.

"읽기 시작한 책을 도중에 중단한 적이 있나요?"

아서는 깜짝 놀라며 나를 쳐다보았어요. "아니요. 아뇨, 그런 적은 없어요. 우리는 모든 책을 다 읽는답니다."

"별로 좋아하지 않는 책은요?" 내가 물었어요. "이제 일흔이 넘으니 책이 몇 장 안에 마음을 사로잡지 못하면 옆으로 치워버리지요. 내가 읽고 싶은 책을 다 읽을 시간도 없고 또 좋아하지도 않는 책을 읽느라 시간을 낭비할 수는 없으니까요."

"우리에게는 시스템이 있지요. 전혀 문제가 되지 않아요"라고 아서가 말했어요. "조이스가 책의 앞부분 100쪽을 읽고 저는 마지막 100쪽을 읽지요. 그런 다음 책 토론을 하며 중간을 채우는 방식이지요."

아서의 말을 이해하는 데 시간이 좀 걸렸어요. 조이스도 그의 옆에 서서 고개를 끄덕이며 동의했어요.

"잘 돌아가는 시스템이지요." 조이스가 말했어요. "같은 시간에 더 많은 책을 읽을 수 있죠." 그들은 그렇게 일주일이면 다섯 권의 책을 읽는 것 같다고 덧붙였어요.

"하지만 그럼, 줄거리는 어떻게 되나요?" 내가 물었습니다. "새로운 등장인물이 나올 수도 있고 중간에 엄청난 반전이 있을 수도 있고 또 책 초반에 등장했던 인물이 중간에 죽어서 마지막에는 언급조차 되지 않을 수 있을 텐데…"

조이스가 내 말을 가로막았어요. "그건 중요하지 않아요. 정말요. 우리가 이야기를 채우면 되지요."

나는 8달러를 받아 시각장애인 재단 모금함에 넣으면서 말했어요. "두 분의 책 읽기 기술에 대해 생각해봐야겠네요. 효과가 있다니 다행이에요. 파울로 코엘료의 『11분』 그 중간 부분에 대해 조금 말씀드려도 될까요?"

"안 돼요!" 바로 두 사람이 외쳤어요. "이야기 전체를 망칠 거예요!"

8

사제관에서 일하다

웰링턴에 도착한 후, 조이스 이모 집에 며칠 머무르며 일자리를 찾았다. 1968년이었다. 4년 전 내가 임신 중일 때 함께 살았던 터라 두 분의 익숙하고도 편안한 보살핌을 받으며 내 삶을 회복할 수 있었다. 조이스 이모는 나의 처지를 안타깝게 여기며 따뜻하게 보듬어주었다. "오, 루시! 난 네가 자리 잡은 줄 알았어. 랜스도 정말 멋져 보였고." 빌 아저씨는 자신만의 방식으로 내 기운을 북돋아주었다. "그럼 다시 닻을 올려볼까, 우리 루시?"

나는 손던 길포드 테라스에 있는 가톨릭 성심 센터 사제관의 요리사 자리에 지원했다. 면접을 진행한 버나드 '토티' 토트먼 신부님은 자격은 충분한데 다만 스물둘 밖에 안 된 내 나이가 걱정이라고 말씀하셨다. 사제관에서 일하는 여성들은 대개 나보다 훨씬 나이가 많았고 젊은 신부 네 명이 상주하고 있어서 매키프리 대주교님과 상의해야 한다고 덧붙였다.

다음 날 토티 신부님이 내가 요리사로 채용되었음을 알려주셨다. 나는 곧바로 사제관 뒤편에 있는 독립된 숙소로 짐을 옮겼고 배고픈 여섯 명의 남자를 위해 요리를 시작했다. 캐스는 사제관의 나이 지긋한 가사도우미로 매일 아침 아주 일찍 출근해 미사에 참석한 후 일을 시작했다. 캐스는 열과 성의를 다해 일에 열중했고 신부님들을 지극히 보살폈다. 처음에는 젊은 여자가 주방에서 일하는 것을 불편해했지만, 결국 우리는 좋은 친구가 되었다. (내가 매일 미사에 참석하는 것이 아니었음에도!)

토티 신부님은 사제관에서 아버지 같은 존재였다. 너그러운 품성으로 차분히 사제관을 꾸려가며 모두에게 용기와 의욕을 북돋아주었다. 나는 부엌과 식당 대청소를 하고 식료품 저장실을 재정비했으며 몇 가지 실험적인 요리를 소개해보았는데 다들 좋아했다.

매키프리 대주교님은 다른 분들보다 늦게 혼자서 식사하길 원하셨기 때문에, 따로 아침을 차려드렸다. 종종 큰 식탁 끄트머리에 앉아 대주교님과 이런저런 얘기를 나누기도 했다. 대주교님은 내가 흥얼흥얼 혼자 노래하며 일하는 걸 좋아하셨고 또 내가 오고 나서 사제관에 햇살이 넘친다고 말씀하시기도 했다. 나는 대주교님께 랜스 이야기는 하지 못했다. 그러기엔 상처가 너무도 깊고 마음은 여전히 쓰라렸다. 대주교님이 내게 왜 남자 친구를 사귀지 않냐고 물으셨다. "왜 여기 와서 요리를 하고 있을까요, 루스? 어쩜 수녀가 될지도 모르겠군요. 그런 생각해본 적 있지 않나요?" 나도 생각 안 해본 건 아니었다. 아주 잠깐이 긴 했지만!

캐스가 쉬는 날에는 내가 대주교님 침상을 정돈하고 사무실을 청소하곤 했다. 그러던 어느 날, 대주교님 옷장에서 아름답게 수놓아진 제의 몇 벌을 보았다. 옷장 안에 딸린 서랍장 위에 사제 모자 하나가 길고 반듯하게 접혀 있었다. 망설이다 못 참고 얼른 내 머리에 사제모를 얹어보았다. 그리고 긴 거울 앞에 서보았다.

"전혀 어울리지 않는데요, 루스? 너무 큰 거 같지 않아요?" 대주교님이 활짝 웃으시며 문 앞에 계셨다. "어쩌면 그 모자를 쓰기에는 루스가 너무 작을지도?"

***

12월 초기 되자 나는 크리스마스 푸딩을 만들어 식품 저장실에 챙겨두고 며칠에 한 번씩 브랜디를 끼얹었다. 숙성 과정을 기다리며 맡는 냄새가 정말 좋았다. 크리스마스가 다가오니 신부님들은 정신없이 바빠졌다. 사람들이 선물을 들고 신부님과 수녀님께 인사를 드리러 오고, 미사도 추가되고 묵주기도, 합창 연습, 신도 방문 등도 늘어날 뿐만 아니라 고해성사를 보러 오는 교구 주민도 평소에 비해 훨씬 많아지기 때문이다.

크리스마스 만찬은 12시 30분에 열렸다. 아름답게 장식된 식탁 위에 신부님들을 위한 선물이 놓이고 4코스 식사로 진행되었다. 나는 대주교님께 드릴 선물로 무엇을 사야 할지 몰라 전전긍긍하고 있었다. 고심 끝에 큰 그릇에 수초와 돌멩이 몇 개를 깐 다음 금붕어 두 마리를 넣었다. 조이스 이모가 깜짝 놀라며 말했다. "루스, 크리스마스에 대주교님께 금붕어를 드리다니!"

"이모는 대주교님께 크리스마스 선물해본 적 있어요?"

크리스마스 만찬 내내 웃음꽃이 피었다. 모두 와인을 마시며 선물을 풀어보았다. 대주교님은 금붕어를 보고 무척 기뻐하셨고 다른 사람들은 모두 깜짝 놀랐다. 드디어 크리스마스 푸딩 시간이 되어 브랜디 소스, 크림과 함께 푸딩을 식탁에 올렸다. 나는 오목한 수프 국자에 브랜디를 담고 가스 불 위에 덥힌 다음 식당으로 가져와 푸딩 위에 끼얹었다. 대주교님이 성냥을 든 채 불을 붙이려고 기다리고 계셨다. 푸딩에 불이 붙자마자 작은 폭탄처럼 터지면서 푸딩 전체와 접시 위로 푸른 불길이 치솟았다. 토티 신부님이 당황한 나머지 리넨 냅킨을 불길 위로 냅다 던졌다. 토티 신부님의 냅킨은 검게 그을렸지만, 다행히 불은 꺼졌다. 충격이 가시자 우리는 모두 웃음을 터뜨렸다. 대주교님의 성스러운 손에 화상을 입지 않아 다행이라는 생각에 안도감이 들었다. 나도 자리에 앉아 한바탕 난리를 치른 그 푸딩을 신부님들과 함께 맛있게 먹었다.

12월 30일 대주교님께 편지 한 통을 받았다.

> 보통 매년 이맘때, 사제들에게 내년에 있을 인사이동을 발표합니다. 가사도우미를 전보하는 것은 일반적이지 않습니다. 그러

므로 나는 당신을 전보하지 않고, 당신께 일 년 더 성심 센터에 머무는 친절을 베풀어달라고 부탁드리는 것으로 결정했습니다. 나는 항상 사제님들, 특히 젊으신 사제님들에게 최상의 음식을 넉넉하게 제공해야 한다고 생각해왔습니다. 내년에는 이점을 특별히 유념하여 사제관 구성원과 때때로 우리를 방문하는 분들 모두 사제관이 제공하는 최고의 음식으로 대접받을 수 있도록 애써주시길 바랍니다.

나는 당신이 여기 온 이래로 위의 사항이 줄곧 당신의 방침이라는 것을 알고 있으며 앞으로도 그것을 유지하고 또 가능하면 능가하기를 바랍니다. 나는 나와 함께 일하는 사제님들의 높은 자질을 잘 알고 있습니다. 그러므로 그 훌륭한 동료들이 마땅히 받아야 할 매우 영예로운 대우를 당신이 그들에게 베풀어주실 것으로 믿습니다.

그리스도 안에 진심을 담아
대주교

나는 이듬해 4월까지 머물렀다. 그 무렵 대주교님은 뉴질랜드 최초의 추기경이 되셨고, 나는 다른 곳으로 떠나야겠다는 생각이 점점 커졌다. 역마살이 다시 도진 것이다. 토티 신부님의 극찬 가득한 추천서와 젊은 신부님들의 작별 인사를 안고 다음 여정을 떠났다. '태평양 항해'라는 새로운 모험이 나를 기다리고 있었다.

책방 이야기
트랙터 인생

조지는 우리 지역 약사예요. 아내 미셸과 함께 운영하는 그의 약국은 마나포우리에서 차로 20분 거리인 테 아나우에 있어요. 그는 취미로 비행기 운전을 즐기기도 했지만, 끔찍한 추락 사고 이후 요트를 타기 시작해서 랜스와 함께 자신의 요트 노엘렉스 22를 몰았어요.

조지와 미셸은 테 아나우 외곽의 1.5헥타르 부지에 집을 지었어요. 이를 계기로 조지는 퀸스타운에 사는 어떤 사람에게서 트랙터 한 대를 사들였어요. 세계 최초로 에베레스트산을 오른 뉴질랜드의 탐험가 에드먼드 힐러리 경이 남극으로 가져간 것과 비슷한 퍼거슨 티 트랙터였지요. 그런데 알고 보니 그 사람은 처박혀 있던 오래된 트랙터를 눈에 띄게 빨간색으로 칠해 판 것이었어요. 보통은 트랙터를 회색으로 칠하는데 말이지요.

조지는 주로 트랙터로 물건을 날라요. 덜컹거리며 달리는 트랙터의 엔진 소리를 즐기지요. 14년 후 은퇴할 날을 꿈꾸고 있기도 해요. 또한 채소를 대량으로 재배하는 것이 꿈인지라, 채소밭을 조성하기 위해 밭을 갈 때 쓰는 그루버를 구입했고 지금은 그에 맞는 장착형 디스크 세트를 찾고 있어요. '테 아나우의 브로콜리 남자 혹은 감자 남자'가 되는 것이 그의 목표랍니다.

그는 2011년 내셔널 트러스트The National Trust l 잉글랜드, 웨일스, 북아일랜드에서 역사적인 의미가 있거나 자연미가 뛰어난 곳을 소유, 관리하며 일반인들에게 개방하는 일을 하는 민간단체_옮긴이 올해의 야외 활동 도서로 선정된 『구름 속의 정원The Garden in the Clouds』이라는 책을 좋아해서 네 번도 넘게 읽었지요. 저자 앤서니 우드워드는 웨일스 블랙 마운틴의 4000미터 고지에 버려진 작은 농장 '테어 피넌'을 사들였어요. 그는 유명한 가이드 《잉글랜드와 웨일스의 자선단체를 위한 정원》에 일 년 안에 이름을 올리고 말겠다는 야심 찬 꿈 이야기를 자세히 들려주지요.

조지가 우드워드의 책을 좋아한 이유는 저자가 트랙터를 가지고 있을 뿐만 아니라 엉뚱한 일을 잘 벌였기 때문이에요. 아마 자신과 조금은 비슷하다고 여겼을 테지요. 유머가 넘치고 매우 흥미로운 사실과 이야기로 가득 차 있어서 나도 재밌게 읽었어요.

조지는 읽을 만한 다른 책을 찾고 있었어요. 다수의 수상 경력에 빛나는 마리나 레비츠카의 『아빠가 결혼했다』가 자연스럽게 눈에 띄었지요. 이 책은 여든넷의 우크라이나 남성 니콜라이가 같은 우크라이나 출신인 젊은 발렌티나와 사랑에 빠지는 이야기예요. 두 사람이 결혼에 이르렀지만 니콜라이의 신체적 능력이 둘의 성적 판타지를 따라가지 못하는 이야기가 전개되지요. 이야기가 진행되는 중간중간에 니콜라이가 집필 중인 트랙터의 역사에 대한 짧은 이야기가 계속 나온답니다. 조지가 이 책을 좋아할 줄 알았어요.

나는 사람마다 맞는 책이 있다고 확신해요. 그 완벽한 책을 1000권이 채 되지 않는 나의 이 작은 책방에서 얼마나 자주 찾아내는지 정말 놀라울 따름이에요.

9
항해를 떠나다

사제관에서 일하는 동안 나는 행복했지만, 한편으로는 암울했던 시절 내 영혼을 갉아먹으며 커진 절망감을 어떻게든 이겨내려고 애쓰고 있었다. 내가 할 수 있는 건 계속 앞으로 나아가는 것뿐이었다. 한곳에 가만히 오래 머물면 머릿속의 공포가 나를 압도할 것만 같았다. 내가 할 수 있는 건 그 공포의 소용돌이가 나를 덮치기 전에 한발 앞서 계속 움직이는 것뿐이었다.

랜스에게는 무슨 일이 일어났을까? 그리고 내 아들은 어떻게 되었을까? 1955년 입양법에 따라 아들이 스물한 살이 될 때까지 찾을 수 있는 합법적인 방법은 없었다. 앞으로도 너무 많은 세월을 기다려야 했다. 아들에 대한 간절함이 커지면서 이런 생각이 조금씩 나를 갉아먹고 있었다. 군중 속에서 낯선 아이의 얼굴을 볼 때면 그 아이가 내 아들일 것만 같았다. 훨씬 후에야 알게 된 사실이지만 내가 웰링턴에 있을 때 가톨릭 가정에 입양된 아들은 나와 불과 10분 거리에 살고 있었다. 하지만 당시에는 당연히 몰랐었다. 한곳에 오래 머물러 있으면 모든 것이 벽이 되어 점점 좁혀 오는 것만 같았다. 떠나야 했다. 전보다 더 멀리 떠나야 했다. 때마침 뉴질랜드를 떠날 기회가 찾아왔고 나는 절망감에서 벗어날 수 있는 이 절호의 기회를 놓치고 싶지 않았다.

19세기 범선의 이름 딴 커티사크호는 유명한 요트였다. 내가 태어난 해인 1946년 리틀턴에서 진수되었는데, 설계부터 진수까지는 수십 년이 걸렸다. 헨리 존스가 열아홉 살에 이 프로젝트의 개요를 종이에 작성한 것이 그 시작이었다. 길이 18미터, 대들보 3.8미터, 무게 48톤의 배를 계획했다. 1929년 영국에 8톤의 영국산 참나무를 주문했는데 1931년이 돼서야 도착했다. 그 후 크라이스트처치의 레드클리프에서 7년을 말린 참나무는 더욱 단단해졌다. 오리건 기둥 두 개를 미국에서 수입하여 주 돛대와 후미의 작은 돛을 갖춘 범선의 원형을 살렸다.

요트 내부도 화려했다. 라운지 바의 벽난로 옆에 헨리 존스의 아내를 위한 피아노가 있었고 선실 뒤편에는 욕조도 있었다. 총 23년이 걸렸고 3만 파운드의 비용이 들었다.

1969년 내가 승무원으로 합류했을 때 이 배에는 주 돛대에 마르코니 스타일|전통적인 가로돛 대신 세로돛으로 설계되어 바람을 더 효율적으로 이용할 수 있다_옮긴이|의 삼각형 돛이 달려 있었고 44마력의 포드슨 엔진이 장착되어 있었다. 돛 보관장에는 아마 천으로 된 세 개의 폭풍용 돛을 포함해 11개의 돛이 있었다. 주 돛은 186제곱미

터, 보조 돛은 116제곱미터였다. 커티사크호는 1953년 빌 브래들리에게 팔렸다. 빌은 커티사크호로 황거레이-누메아 레이스와 시드니-호바트 레이스에 출전했다. 시드니-호바트 레이스 초창기에는 모든 요트가 목재로 건조되었는데 다른 요트들은 경주보다는 항해용으로 설계되었기 때문에 커티사크호가 경주에 더 적합했다.

1966년 바질 플레밍이 커티사크호의 새 주인이 되었고 그의 꿈은 태평양을 항해하는 것이었다.

우리는 1969년 6월 29일, 웰링턴에서 출항했다. 나의 스물세 번째 생일 바로 전날이었다. 다음 날 배가 키드내퍼스곶과 네이피어 중간에 이르렀을 때 나는 심한 뱃멀미에 요란스러운 설사까지 더해져 그야말로 죽을 만큼 고통스러웠다. 힘겹게 안전띠를 매고 후미 난간에 몸을 붙인 다음 바지를 벗고 맨 엉덩이를 파도에 씻기 위해 옆으로 자세를 취하며 애를 썼다. 그러다 옆을 보지 중앙 출입구에서 연기가 피어오르는 것이 보였다. 번지는 불길에 엉덩이가 탈 수도 있었지만, 너무 아파서 "불이야!"라고 외칠 힘도 없었다. 나는 눈을 부릅뜨고 허리 아래까지 알몸인 채로 난간에 매달려 있었다. 벗겨진 전선에 기름이 흘러내린 것이 원인이었다. 생일 축하해, 루스!

네이피어에서 이틀간 기항한 뒤, 출항하고 24시간 만에 55노트 남풍의 돌풍을 맞았다. 네이피어에서 짧게나마 쉴 수 있어서 다행이었다. 이번에는 승무원 절반 이상이 나와 함께 난간을 붙들고 있었다. 그러나 출항 3일째가 되자 뱃멀미는 지나갔고 잔잔해진 바다 위로 해가 떠올랐다. 이 순간, 배 밖으로 몸을 던져버리고 싶다는 생각이 압도적인 희열로 바뀌었다. 이 광활하고 평화로운 푸른 바다 한가운데에 살아 있다니!

무거운 돛을 교체할 때는 무섭고 종종 위험하기도 했지만, 그래도 갑판 작업은 좋았다. 모든 것이 흥미진진했다. 별이 빛나는 밤에 보초를 서는 것이 좋았다. 바다가 내는 소리며 돛과 밧줄이 주고받는 편안한 재잘거림을 듣는 것도 좋았다. 어렸을 때 이후로 처음으로 자유를 느꼈다.

그 후 4개월 동안 우리는 무역풍을 타고 쿡 제도, 소사이어티 제도(타히티, 무아레아, 후아히네, 라이아테아, 타하, 보라보라 포함), 팔머스턴 환초를 지나 미국령 사모아와 서사모아로 항해했다. 해당 태평양 지역의 사이클론 시즌이 11월부터 4월까지이므로 10월 말까지는 수바(피지)에 도착할 계획이었다.

타히티섬 파페에테의 중심 도로를 따라 흐르는 강둑에 우리가 배 선미를 묶은 것은 그해 8월이었다. 당시 내 일기장에는 이렇게 써 있다. '15통의 편지를 받음. 돈 떨어짐, 뉴질랜드 달러 무가치, 미국 달러는 95프랑. 모든 게 너무 비싸고 영어를 할 줄 아는 사람이 거의 없음.'

돈 벌 방법을 찾아야 했다. 승무원은 무급이었고 우리 모두 식비를 마련해야 했다. 아버지는 평소 내게 문제 해결책은 항상 가까이 있으니, 기회를 찾기만 하면 된다고 하셨다. 배에서 걸어갈 수 있는 거리에 시장이 있었다. 섬에 도착한 이후 나는 매일 아침 신선한 과일, 채소, 생선을 사려고 시장에 갔다. 상인들이니를 알아보기 시작했지민 영어, 프링스어, 타히티어로 대화를 이어갈 수는 없었다. 그래도 나는 요령껏 시장 바닥 작은 공간의 하루 대여 비용을 알아낼 수 있었다. 이제 내게 있는 세 팩의 카드로 일을 시작할 때였다.

조개껍데기며, 조각품, 거북이 등딱지 같은 기념품을 팔고 있는 덩치 큰 타히티 폴리네시안 여자 옆에 자리를 차렸다. 한 젊은 남자의 도움을 받아 프랑스어로 표지판도 만들었다. '카드게임 퐁툰 게임 배우기' 도박은 불법이니 돈 이야기는 뺐다.

첫날 아침에는 일단 사람들에게 퐁툰 게임하는 법을 가르쳤다. 웃음이 넘쳐났고 사람들이 몰려들기 시작했다. 둘째 날 아침에는 한 무리의 남자들이 미리 와서 내가 카드 게임을 시작할 때까지 기다리고 있었다. 나를 둘러싸고 쪼그리고 앉아 각자 앞에 돈을 놓고는 느슨한 옷자락으로 슬쩍 덮었다. 이야기가 오갈 것도 없었다. 우리 모두 법을 어기고 있다는 것을 알고 있었다. 한 남자가 나를 부며 미소 짓더니 눈을 천천히 왼쪽에서 오른쪽으로 움직인 뒤 고개를 끄덕였다. 그가 우리 주변에 망보는 사람을 세워놓았고 나는 움직이지 않은 채 천천히 눈만 들어 확인했다. 그가 땅을 두드렸다. 자, 게임 시작!

그렇게 사흘 동안 아침엔 시장에서, 늦은 오후엔 해변에서 카드 게임을 했다. 그러고 나니 내 수중에는 5000프랑, 약 50달러가 들어왔다. 395프랑으로 샌들을, 250프랑으로 타히티 전통 의상인 파레오를 샀다.

나흘째 되는 날 아침, 잔뜩 기대하며 부리나케 시장에 도착했다. 하지만 바로 무엇인가 잘못되었다는 걸 알아차렸다. 내가 판을 벌이던 공간이 텅 비어 있고 기다리는 사람이 아무도 없었다. 망보는 사람도 없었다. 문제가 생겼다는 것을 직감했다. 자리를 뜨려고 돌아서는데 경찰관 두 명이 내 앞을 막아서며 경찰차를 가리켰다. 말을 알아들을 순 없었지만, 체포되는 것이 분명했다.

사실 도박 현행범이 아니었기 때문에 경찰은 나를 부랑죄로 체포했다. 당시 내 수중에는 200프랑뿐이었다. 타히티섬에 도착했을 때 입국심사를 통과하고 받은 도장이 여권에 찍혀 있으므로 나는 프랑스령 폴리네시아에 합법적으로 체류 중인 상태였다. 다만 여권이 배 안에 있다는 것이 문제였다. 나를 배로 데려가서 여권을 확인하면 간단할 텐데 그건 선택 사항이 아닌 것으로 보였다. 나를 심문하던 경찰관이 영어를 할 수 있어서 그에게 뉴질랜드에 수신자 부담 통화를 할 수 있게 해달라고, 그러면 내 신분을 확인할 수 있을 거라고 요청했다. 그의 동의를 얻은 후 시차를 확인하니 뉴질랜드는 아침 6시였다. 천만다행으로 아버지가 전화를 받았다.

"여기는 파페에테 경찰서입니다. 당신의 딸, 루스가 부랑죄로 체포되어 이곳 경찰서에 구류 중입니다."

간단히 설명한 후 경찰관이 아버지에게 물었다.

"당신은 당신 딸이 뉴질랜드로 돌아갈 항공편 비용을 낼 수 있습니까?"

잠시 말을 멈추더니 경찰관이 고개를 저으며 수화기를 내려놓고 놀랍다는 표정으로 나를 보았다. 아버지가 딸이 스스로 알아서 할 거라고 말하곤 바로 전화를 끊었다고 했다. 아버지다웠다. 내겐 전혀 놀라운 일이 아니었다.

"아버지 말이 맞아요. 내 일은 내가 알아서 할 거예요!" 내가 단호하게 말했다. "나를 배로 데려다주세요. 거기서 내 여권과 돈을 확인할 수 있을 겁니다."

그때쯤 마을 주민에게 내가 체포되었다는 소식을 들은 우리 배 승무원 몇 명이 경찰서에 나타났고, 그들의 증언으로 곧 풀려날 수 있었다. 하지만 우리는 타히티를 떠나라는 명령을 받았다. 세관과 이민국에서 출국 허가를 받은 후, 후아힌까지 가는 210킬로미터의 여정 동안 먹을 식료품을 사기 위해 시장으로 갔다. 사흘간 함께했던 도박 친구들이 보였다. 그들 중 한 명에게 슬그머니 다가가 카드 한 팩을 슬며시 찔러주며 재빨리 "안녕!"이라고 말했다.

보라보라 섬에서 아이두디기 섬까지 엿새의 긴 항해기 이어졌다. 바람이 약하게 불었고 날은 무척 뜨거웠다. 당시 내 일기장엔 이렇게 적혀 있다.

해안에 닿았을 때 우리는 아홉 살 어린아이가 막 바다에서 끌어올려졌다는 말을 들었다. 내가 한걸음에 달려가 보았으나 맥박이 짚어지지 않았다. 기도를 확보하고 인공호흡을 하기 시작했다. 계속 호흡을 불어넣었다. 의사가 도착하고 사망선고를 했다. 화가 치민다.

그다음 시작은 이렇다.

아침 8시 30분에 진술서를 써야 했다. 그리고 오후 1시에 사인 조사에 참석한 다음 2시 30분에 장례식에 갔다. 아이는 집 앞마당 작은 무덤에 묻혔다. 아이의 가족이 내게 친절히 대하며 선물을 주고 싶어 했다. 난 눈물을 멈출 수가 없다.

우리가 스웨덴의 대형 선박, 백조라는 뜻의 스바넨호와 아홉 명의 승무원을 만난 것은 미국령 사모아섬에 있을 때였다. 우리처럼 그들도 사이클론 시즌을 피해 사모아 섬과 통가 섬 최북단 나우아포우를 거쳐 수바(피지)로 향하는 중이었다.

스바넨호의 승무원 중에는 호주 출신 저널리스트 피터도 있었다. 알고 지낸 지 한 달이 넘어가면서 피터와는 무척 가까워졌다. 둘이 함께 사모아 섬을 탐험하고 기회가 있을 때마다 해변에서 함께 시간을 보냈다. 피지에 도착하자 스바넨호의 모든 승무원이 배에서 내렸는데 그때 피터가 짐을 꾸려 커티사크호 내 방으로 거처를 옮겨왔다.

커티사크호에 수리가 필요하게 되자 우리는 피지에서 '슬립'하기로 했다. 슬립은 수리 및 유지 보수를 위해 배를 완전히 물 밖으로 끌어내는 과정을 말한다. 피터와 나, 우리 둘 다 돈을 벌 수 있는 일자리가 필요했던 터라 커티사크호의 수리가 끝나면 함께 브리즈번으로 가기로 했다. 놀랍게도 피터가 나에게 청혼했다. "기다릴 거 뭐 있나?" 그가 말했다. "바로 결혼하자!"

이튿날 오후 우리는 바나로 향했다. 커티사크호의 선장 바질과 승무원 다섯 명과 함께였다. 간단한 의식이었다. 나는 가벼운 하얀 드레스를 입고 활짝 웃으며 서약을 주고받았다. 법적 구속력이 있는 것은 아니었다. 호주에 도착하면 정식으로 결혼식을 올릴 계획이었다.

집에 전화를 걸어 어머니에게 피터와 함께 피지를 떠나 브리즈번으로 간다고 말했다. 피터가 호주의 한 신문사에서 일자리를 제안받아 가는 것이고, 중요한 소식은 우리가 약혼했으며 곧 조촐하게 결혼식을 치를 것이라고, 결혼식 장소는 시청 등기사무소가 될 것 같다고 설명했다.

어머니의 목소리에 걱정이 묻어났다. "정말 확실한 거니? 그를 만난 지 얼마 안 됐는데… 먼저 집으로 오는 게 어떨까?"

집으로 돌아가는 것은 내 선택지에 전혀 없었다. 돌아가자마자 날마다 아들 생각에 매몰되고 말 것이 뻔했다. 집에서 멀리 떨어져 있어야만 정신없이 빠르게 돌아가는 이 강도 높은 생활 방식을 고수할 수 있었다. 지금까지 그래왔듯이 위험을 감수하고 나만의 길을 개척해나갈 것이다.

이 말을 어머니에게 할 수는 없었다.

이제 나는 커티사크호를 떠나 육지로 향하고 있으니 어쩌면, 어쩌면 나는 더 이상 도망치지 않을지도 모른다.

책방 이야기
소설보다 더 신기한

잉거는 평생을 마나포우리에서 살았어요. 가족이 마나포우리 호텔과 캠핑장을 소유하고 있어서 세 동생과 함께 조그마한 우리 마을이 커가는 것을 지켜봤지요.

몇 년 전, 잉거는 캠핑장의 너른 부지에 있는 많은 오두막 중 한 곳에서 오래된 책들이 가득 들어 있는 상자 몇 개를 발견했어요. 마나포우리 마을 도서관이 한때 소장했던 책들이었어요. 잉거가 활짝 웃으며 우리 책방으로 들어서더니 차에서 정말로 희귀한 책들을 내려놓았지요. 거기엔 프랭크 슬로터가 쓴 소설도 있었어요. 거의 옷을 걸치지 않은 커플이 열정적으로 부둥켜안고 있는 책 표지는 다시 봐도 너무 남사스러웠어요. 잉거가 그 책을 콕 집어서 꺼냈어요. 제목이 『루스의 노래The Song of Ruth』였으니 잉거는 또 얼마나 재밌어했을까요!

영국에서 온 우리 부부의 친구 제프 걸빈이 애덤 암스트롱이라는 필명으로 『사운드의 노래Song of the Sound』라는 책을 펴낸 적이 있어요. 피오르드랜드와 남극에 가까운 지역을 무대로 펼쳐지는 소설인데 실은 우리 부부 이야기지요. 나는 아주 조금 나오고 대부분 랜스에 관한 이야기이긴 하지만…

랜스가 존 코디 깁스라는 이름의 주인공으로 나오고 우리 보트 '브레이크시 걸'도 등장하지요. 그 책 소개 문구는 이랬어요. "이 세상 최후의 청정 야생을 배경으로 펼쳐지는 잊을 수 없는 사랑과 모험 이야기." 책에서 내 이름은 마히나인데 슬프게도 마히나는 별로 관심을 끌지 못하고 일찍 사라져요. 책 초반에서 퇴장하는 셈이에요. 마히나의 남편 존(랜스)은 강인하고 체격이 다부진 아주 매력적인 인물로 아내를 떠나보낸 후, 돌고래를 연구하기 위해 피오르드랜드를 찾아온 젊은 여성과 열정적인 사랑을 하게 되요.

제프는 우리 집에서 함께 살며, 정확히는 우리 집에 딸린 자그마한 숙소에서 지내며 그 소설책을 썼어요. 어느 날 아침 나를 보러 들어오면서 말하더군요. "안녕, 루스. 아무래도 말해야 할 것 같아서요. 책 초반에 마히나가 그만 죽게 될 거 같아요. 죄송해요."

"네?! 날 죽이려고요? 랜스, 아니 존은 어떻게 생각할까요?"

"아, 그는 괜찮아요. 새 사랑을 찾게 되죠."

"흠, 좋군요. 운도 좋군, 랜스!"

이 책은 2003년 네덜란드와 다른 유럽 지역에서 베스트셀러가 되었어요. 첫 번째 책방을 열고 있을 때였는데 책방에서『사운드의 노래』를 50권 넘게 팔았지요. 집에서 나와 책방에 들어서면 사람들이 나를 기다리고 있기도 했어요. 그들은『사운드의 노래』책을 꼭 안고서 내가 나타나면 활짝 웃었지요. 모두가 작가 애덤 암스트롱의 열렬한 팬이었어요. 애덤이 어디에서 잤는지 어디에서 책을 썼는지 보고 싶어 했지요. 책에도 등장하는 우리 뒷마당을 걸어보고 싶어 했고 책에 언급되는 욕실도 확인하고 싶어 했어요.

심지어 영화감독 한 분이 우리를 방문하기까지 했어요. 이 책을 영화로 만들고 싶다며 마나포우리, 우리 보트 브레이크시걸, 그리고 우리 집에서까지 영화를 찍으려 했지 뭐예요! 나는 우리에게 얼마 안 남은 사생활을 소중히 여겼기 때문에, 우리 보트와 집은 안 된다고 거절했어요. 다행스럽게도(우리에게는) 그들은 제작비를 조달하지 못했고 모든 계획은 무산되고 말았답니다.

10

잠시 도둑이 되어

 피지 섬 바닷가에서 우리만의 결혼식을 올린 지 3개월 만에 임신했다는 것을 알았다. 피터와 나는 혼인신고를 한 상태는 아니었다. 우리가 중요하게 생각하는 방식으로 결혼식을 치렀는데 혼인 증명 서류가 없다고 한들 누가 신경이나 쓸까?
 지금 생각하면 조금 이상한데 당시 나는 가족 누구에게도 내 임신 사실을 말하지 않았다. 떨쳐내려고 애를 쓰면 쓸수록 무엇인가 잘못될 것만 같은 두려움이 내 마음속에서 점점 커졌다. 아기가 태어나 건강해질 때까지 기다렸다가 가족에게 알리고 싶었다. 어머니와 아버지는 이미 내 인생으로 극적인 일을 충분히 아니, 넘치게 겪었다. 이젠 좋은 소식만 전해야 할 것 같았다.
 우리는 브리즈번에 정착했다. 당시 나는 스물세 살에 가진 돈은 거의 없었고 옷이라곤 지난 일 년간 태평양을 항해하며 입었던 몇 벌뿐이었다.

마을 남쪽 외곽에 작은 아파트를 찾았다. 깨끗하지는 않았지만, 월세가 저렴했다. 별다른 가구는 없었지만, 다행히 난로와 냉장고가 있었다. 아래층에 있는 공동 세탁기는 건물 내 다른 세 가구와 함께 사용했다. 여름이 다가오고 있었기 때문에 적어도 난방은 필요하지 않았다. 피터가 신문사 기자로 일하고 있어서 그 수입으로 집세, 식비, 전기세를 충당했고 낡은 폭스바겐 비틀의 계약금을 낼 수 있었다.

닷새 동안 아파트를 청소하고 정리한 뒤, 일자리를 찾아 나섰다. 하지만 면접에 적합한 옷이 없었고 옷을 살 여윳돈도 없었다. 그래서 나는 몇 벌 '빌릴' 계획을 세웠다. 그 첫 번째 단계는 주변 거리를 돌아다니며 각 숙소 마당의 빨랫줄 위치를 주의 깊게 살피는 것이었다. 들키지 않는 것이 매우 중요했기에 먼저 시도해볼 만한 건물을 찾아 자세히 메모했다.

어느 날 새벽 2시 30분쯤, 나는 한 손에 작은 손전등을 들고 주머니에 펜과 종이를 넣고 길을 나섰다. 열두 개의 주소를 꼼꼼히 메모한 후 집으로 돌아와 내가 작성한 질문지에 하나하나 적용해봤다. 빨랫줄은 접근성이 좋으면서도 창문에서 보이지 않을 만큼 멀리 떨어져 있는가? 조명이 너무 밝거나 주 통로 또는 도로와 너무 가깝진 않은가?

열두 개 주소 중 여덟 곳만 테스트를 통과했다. 다음으로 어떤 종류의 옷을 '빌릴 수 있는지' 알아볼 차례였다. 지도에 여덟 곳의 주소를 표시하고 가장 빨리 모두 돌아볼 수 있도록 도보 경로를 짰다. 피터는 야근 중이었으므로 나는 자정이 조금 지나서 피터 몰래 집을 빠져나올 수 있었다. 피터는 내가 무슨 일을 하는지 전혀 몰랐다.

처음 네 곳의 빨랫줄에서는 별 소득이 없었다. 남자 옷만 걸려 있거나 크기가 맞지 않는 옷뿐이었다. 마치 어른이 된 골디락스[19세기 영국 동화 『골디락스와 곰 세 마리』는 숲속을 걷던 소녀 골디락스가 곰 가족의 집에 들어가 이것저것 살피며 자신에게 맞는 걸 찾는다는 이야기다_옮긴이]처럼 계속 나아갔다. 다섯 번째 주소의 빨랫줄에서 스타킹 한 켤레, 치마와 블라우스 한 벌을 걷어내는 데 성공했다. 여섯 번째 주소의 빨랫줄에서는 꽃무늬 드레스와 브래지어를 챙겼다.

서둘러 집으로 돌아와 문을 닫으며 나는 흥분과 함께 안도감을 느꼈다. 정말 쉬웠다! 색이 바랜 낡은 청바지와 티셔츠를 벗고 드레스를 입어보았다. 마음에 들었다. 조금 크긴 했지만, 바늘과 실로 허리와 목둘레를 임시로 줄일 수 있었다. 브래지어는 스타킹과 마찬가지로 완벽하게 딱 맞았다.

다음 날 아침 나는 일자리를 구하려고 병원과 양로원에 전화를 돌렸다. 이튿날에는 집에서 걸어갈 수 있는 거리에 있는 작은 요양 병원에서 면접을 보게 되었다. 피터에게 사실을 털어놓자, 그가 웃으며 말했다. "그래서 나는 지금 절도범과 같이 사는 건가?" 나는 전에 도둑질을 해본 적도 없고 또 나 자신을 도둑이라고 생각하지도 않았다. 나는 나 자신을 선택의 여지가 거의 없는, 그저 일자리를 구하기 위해 필사적으로 노력하는 사람이라고 생각했다. 잠시 빌리는 것일 뿐이라고 애써 스스로에게 변명을 둘러댔다. 나는 가능한 한 빨리 옷을 돌려주겠다고 혼자 굳게 약속했다.

마침내 요양원의 야간 간호사로 취직이 됐다. 유니폼도 두 벌씩이나 받았다. 유일한 문제는 흰색 신발을 신어야 한다는 것인데 내겐 흰 신발이 없었다. 근무는 사흘 후에 시작하므로 이 문제를 해결할 시간은 아직 충분했다.

그날 밤 나는 치마와 블라우스를 다섯 번째 주소로 반납하면서 주머니에 쪽지를 써넣었다. "옷을 빌려서 미안했습니다. 면접에 입을 멋진 옷이 필요했습니다. 스타킹은 계속 신어야 하지만, 첫 월급을 받으면 새 스타킹을 사드리겠습니다"라고 적었다.

여섯 번째 주소지에서는 초록색 드레스를 다시 빨랫줄에 걸어놓았다. 임시로 줄여놓은 바느질은 미리 풀어놓았다. 주머니가 없어서 드레스 옆에 쪽지를 집게로 고정했다. "첫 월급을 받으면 브래지어를 새것으로 바꿔드릴게요."

흰색 신발은 피터에게 5달러를 받아 해결할 수 있었다. 이 지역에는 중고품 가게가 많았고, 낡았지만 내게 딱 맞는 흰색 신발 한 켤레를 찾을 수 있었다.

약속한 대로 첫 월급날에 새 브래지어와 스타킹을 사서 감사 메모와 함께 빨랫줄에 집게로 걸어두었다. '도둑질'이 순조롭게 진행되긴 했지만 그래도 나는 모든 게 끝났다는 사실에 긴장감이 풀리고 안도할 수 있었다. 계획을 세울 때의 흥분과 계획대로 실행에 옮길 때의 기대감, 그리고 혹시나 잡히면 어떡하나 했던 두려움은 이제 모두 사라졌다. 작업 완료!

✻ ✻ ✻

    3주간의 야간근무가 끝나고 근무 시간이 오후로 변경됐다. 야간근무 동안에는 요양원에 계신 분들을 화장실에 데려다주거나 젖은 침대를 갈아주고, 약을 투여하거나 수분을 보충하는 등 모니터링을 주로 담당했다. 오후 근무를 하게 되자 이제 그분들과 더 개인적인 대화를 나눌 수 있게 되었다. 내 근무는 오후 2시에 시작이었다. 면회도 같은 시간에 시작했는데 바로 이때 내 짧은 도둑 생활이 가져온 결과를 맞닥뜨리게 되었다.

    요양원을 자주 방문하던 한 젊은 여성이 복도를 따라 램 씨의 방이 있는 쪽으로 걸어왔다. 조용히 하라는 말이라도 들은 것처럼 가벼운 발걸음이었다. 세련된 금발 단발머리에 깔끔한 노란색 샌들은 드레스와 완벽하게 어울렸다. 나는 램 씨의 방에서 나오던 중 그 여자가 다가오는 것을 보았다.

    "오, 세상에!" 숨이 턱 막혔다. 그 드레스! 숨을 고르고 나서야 색이 다르다는 것을 깨달았다. 천만다행으로 초록색이 아니라 파란색이었다. 색은 달랐지만 같은 드레스였다. 1960년대 세계를 휩쓸었던 미니스커트와 핫팬츠가 한물가고, 밝은 색상의 허리가 잘록한 민소매 플레어스커트 스타일이 유행하는 요즘, 그에 딱 맞은 드레스였다.

    "안녕하세요, 루스. 할아버지는 좀 어떠세요?" 여자가 물었다.

    "평소처럼 장난기 넘치시네요. 손님 맞을 준비를 다 마치고 기다리고 계세요." 잠시 망설이다가 덧붙였다. "드레스 예쁘네요. 어디서 구하셨어요?"

"이 드레스요? 워델가의 작은 쇼핑센터에서 샀죠. 미용실 옆에 있는 가게요."

"아, 그 가게 알아요. 근처에 살거든요. 네, 그럼 가볼게요. 일이 많아서요." 옆방으로 후다닥 들어가는 내 심장은 여전히 쿵쿵 뛰었다.

월급날이 다가왔고 이제는 통장 잔고에 여유가 조금 생겼기에 나는 곧장 워델가 상점으로 향했다. 여윳돈이 생기면 그 옷가게에서 드레스 한 벌을 사야겠다고 마음먹고 있었다. 그냥 드레스가 아니라 내가 '빌렸던' 것과 똑같은 드레스여야 했다.

벽을 따라 길게 늘어선 선반에는 놀랍게도 같은 드레스가 색상별로 네 벌 이상 있었다.

"무엇을 도와드릴까요?" 직원이 물었다.

"이 드레스, 초록색 10 사이즈 있을까요? 입어보고 싶어요."

"네, 아주 인기 있는 드레스죠. 페티코트 위에 입으면 드레스의 예쁜 꽃무늬와 정말 잘 어울리거든요." 직원은 진열대를 뒤적여 보더니 한숨을 쉬었다.

"어떡하죠? 10 사이즈는 파란색만 남았네요. 한 손님이 최근에 초록색과 파란색을 한 벌씩 사 갔거든요. 처음 샀던 초록색 드레스를 빨랫줄에 널어두었다가 도둑맞았다고 한 거 같아요. 도대체 여기서 그런 일이 일어날지 누가 생각이라도 했겠어요? 그 도둑이 글쎄 브래지어까지 가져갔대요!"

"어떻게 그런 일이…"라며 작은 소리로 맞장구쳤지만, 정말이지 그대로 맥없이 주저앉을 것만 같았다. "그럼 파란 걸로 입어볼까요?" 내가 겨우 말했다.

입어보니 내게 딱 맞았다. 내 예산보다 조금 비쌌지만, 드레스에 어울리는 예쁜 흰색 레이스 페티코트도 같이 사기로 했다.

"그 손님이 너무 속상해했어요." 직원이 이야기를 이어갔다. "그런데 있죠, 두 번째 드레스인 파란색 드레스를 산 다음 날, 초록색 드레스가 빨랫줄에 다시 나타났다는 거예요. 편지도 함께 말이죠! 사정인즉슨 일자리 면접에 가야 하는데 드레스가 없었다나요? 그럴싸하죠? 가엾은 그 아가씨, 할아버지가 얼마 전에 요양원에 들어가셨는데 너무 안됐어요. 이제 누군가 집을 지켜보고 있다는 생각에 밤이 얼마나 무섭겠어요? 게다가 있죠…" 점원이 극적인 효과를 노리듯 잠시 멈췄다가 덧붙였다. "밤에 빨래를 널어둘 수 없어서 그게 제일 불편하대요."

"그건 왜 그렇죠?" 지나친 관심을 보이는 티를 내지 않으려고 에쓰며 물어보았다.

"혼자 살면서 일주일에 5일 일하고 쉬는 날엔 할아버지를 찾아뵈야 한대요. 할아버지가 심장에 문제가 있다나 봐요. 또 마을 북쪽에서 혼자 살고 계시는 할머니까지 돌봐야 한대요, 글쎄. 그렇게 시간에 쫓기는데 밤에 빨래를 널어둘 수 없으니 얼마나 불편하겠어요."

드레스와 페티코트가 들어 있는 쇼핑백을 받으며 나는 직원에게 미소를 지어 보였다. 그러고는 무거운 죄책감을 안은 채 천천히 집으로 걸어갔다. 나는 잠시 '빌리는' 것을 그저 내 문제를 해결하는 빠른 방법으로만 여겼다. 게다가 다시 돌려주니 큰 피해를 주는 게 아니라고 여겼다. 하지만 내가 저지른 '범죄'의 피해자는 표적이 되었다는 생각과 두려움을 떨치기 어려웠을 것이다.

이런저런 방법을 다 생각해봤지만, 아무래도 이 상황을 해결하고 가엾은 그 여자의 스트레스를 덜어주기 위해 내가 할 일은 단 하나뿐이었다. 아주 신중한 계획이 필요한 일이었다.

* * *

에드워드 램은 1881년생으로 89세였다. 방에 있는 가족사진에서 확인할 수 있듯이 젊은 시절 그는 키가 크고 호리호리한 미남이었다. 지금도 여전히 큰 키에 날씬한 몸이지만, 걸을 때면 이제 구부정한 자세였고 숱 없는 머리카락은 희끗희끗했다. 그는 이야기 나누길 좋아하는 신사였다. 나는 이 점이 좋았다. 특히 성장기를 보낸 브리즈번 시절 이야기를 그도 나도 아주 좋아했다. 그는 1897년 열여섯 살에 퀸즐랜드주 해양 방위군에 들어갔다. 나 역시 해군여자부대원, 즉 렌의 일원이었다. 우리는 배, 해군 역사, 그리고 바다에 관심이 많다는 공통점이 있어 이런저런 이야기를 많이 나눌 수 있었다.

쇼핑을 마치고 돌아온 다음 날 아침, 에드워드 할아버지는 창가 쪽 안락의자에 앉아 계셨고 나는 침대를 정리하고 있었다. 고개를 숙인 채, 침대 시트를 단단히 당기는 데 집중하면서 손녀가 언제 다시 찾아오는지 슬쩍 물어보았다.

"캐서린은 항상 일요일 오후 2시에 오지. 알잖아요, 루시."

"죄송해요. 오늘 좀 긴장되는군요. 있지요… 사실 드릴 말씀이 있어요. 제가 떳떳하지 못한 일을 저질렀어요."

불쑥 말이 나와버렸다. 이건 내 계획에 전혀 없었다. 원래는 캐서린의 얼굴을 보고 직접 말할 계획이었다. 그게 옳은 일이라고 생각했다.

"누구나 살면서 자랑스럽지 못한 일이 있기 마련이지." 에드워드가 친절하게 대답했다. "나도 누군가를 실망하게 했다고 느낀 적이 많아요. 하지만 그런 일에서 무엇인가를 배우는 게 중요하지요. 그래서 루시는 그 일에서 배운 것이 있나요?"

고개를 끄덕이며 나는 그의 의자 옆 침대 가장자리에 앉았다. 울고 싶지 않았지만, 눈물이 고이기 시작했다.

"우리 루시, 무슨 일인가요?"

조심스레 입을 열고 말을 시작하자 곧 봇물 터지듯 세세한 이야기까지 다 나와버렸다. 안도감이 들었지만, 한편으로는 내가 우리 우정을 망친 건 아닌지 걱정이 됐다.

"이런, 이런. 그런 일이 있었군요." 그가 조심스럽게 말했다. "일요일에 캐서린이 오면 함께 이 문제를 해결할 수 있을 것 같은데, 안 그래요?" 부드러운 회색 눈으로 나를 바라보며 내 손을 꼭 잡더니 놀랍게도 그가 웃음을 터뜨렸다. 나는 더 울컥해서 눈물이 쏟아졌다.

"자, 이렇게 하죠." 그가 말했다. 캐서린은 오후 2시에 도착할 거예요. 2시 반에 차 마시는 휴식 시간이 있죠, 루시? 그때 우리를 보러 오세요. 아, 한 가지 조건이 있어요. 그 '드레스'를 입고 와야만 해요, 꼭."

따뜻한 그의 두 눈은 무엇인가 알 수 없는 속셈이 있다는 듯 반짝반짝 빛이 났다.

* * *

일요일 오후, 약속 시간에 에드워드 방으로 들어서자 캐서린이 내 드레스를 보며 빙그레 미소 지었다. "아, 그 가게에서 샀군요! 정말 잘 어울리네요."

캐서린에게 감사 인사를 하고 자리에 앉았다. 에드워드가 내 잔에 차를 따른 다음 오렌지 케이크 조각이 담긴 작은 접시를 잔 옆에 놓았다.

에드워드 맞은 편에는 그의 친구 제임스가 앉아 있었다. 제임스도 내가 좋아하는 환자였다. 그는 스코틀랜드 출신으로 인생의 대부분을 변호사로 일했다. 그가 가볍게 기침하고는 천천히 고쳐 앉으며 말했다. "에드워드 램은 이 특이한 상황에서 손녀를 물심양면으로 지원하는 것이 조부의 의무라고 믿습니다. 우리에게 전해진 바에 따르면 루스 씨, 당신은 어둠을 틈타 빨랫줄에서 타인의 옷을 훔칠 계획을 하고 실행에 옮겼습니다. 맞습니까?"

깜짝 놀랐다. 그들은 이미 모든 걸 세세히 알고 있었고 곧

판결을 내릴 생각이었다! 그들 셋이 나를 똑바로 바라보았다.

"네." 기어들어 가는 소리로 내가 답했다.

"그리고 또 다른 날 밤, 당신은 손으로 쓴 쪽지와 함께 훔친 옷을 되돌려놓았습니다." 제임스가 내게 쪽지를 건네며 물었다. "이게 당신 필체인가요?"

"제가 잠시 한 말씀 드려도 될까요?" 내가 아주 부드럽고 공손하게 물었다.

"제 질문에 답변하세요."

나는 쪽지를 살펴보고 내 글씨임을 인정했다.

제임스가 캐서린과 에드워드를 흘깃 보며 "증인을 부를까요?"라고 물었다.

"무슨 증인이요, 매킨타이어 씨?" 내 목소리가 떨렸다.

에드워드가 고개를 저으며 제임스에게 말했다. "증인은 필요 없습니다."

입안이 바짝 다 들어갔다. 나는 미지근해진 차를 꿀꺽 삼켰다. 캐서린과 똑같은 드레스를 입고 거기 앉아 있는 내가 바보처럼 느껴졌다. 드레스야말로 내 유죄를 확정하는 명백한 증거 같았다.

"정말 죄송해요, 캐서린. 저는 훔친다는 생각 없이 잠시 빌린다고만 믿었어요. 일자리가 꼭 필요했고 면접을 봐야 하는데 입을 옷이 전혀 없었거든요. 제발 제 말을 믿어주세요."

내 말을 완전히 무시한 채 제임스가 이어 말했다. "제 고객들과 이 문제를 논의했고, 우리의 결정을 서면으로 전달하기로 했습니다."

제임스 토머스 매킨타이어가 내게 공문서처럼 보이는 봉투를 건네주었다. "이제 봉투를 열어 큰 소리로 읽으십시오."

나는 시키는 대로 했다.

교사 캐서린 램, 은퇴한 해군 사무관 에드워드 램, 은퇴한 변호사 제임스 토머스 매킨타이어는 이로써 루스에게 무죄를 선고하며 첨부된 문서를 수여합니다.

첨부된 문서를 확인하기 위해 페이지를 넘기던 나는 울음을 터뜨리고 말았다. 내 이름으로 발행된 수표에는 '훔친 드레스'와 페티코트의 정확한 가격이 적혀 있었다. 눈물에 이어 웃음이 터져 나왔다. 캐서린이 다가와 나를 꼭 안아주었다. 에드워드가 호출 벨을 누르더니 나에게 윙크를 보냈다.

에드워드 방으로 찾아온 수간호사가 그에게 무엇을 원하는지 물었다. "아, 수간호사님! 보시다시피 제 손녀가 드레스를 어떤 색으로 사야 할지 고민하고 있어서 여기 있는 루시에게 도움을 요청했어요. 수간호사님만 괜찮으시다면 루시에게 15분만 더 차 마시는 시간을 주고 싶네요." 에드워드의 환한 미소 앞에서 수간호사는 안 된다고 말할 수 없었다. 나는 오렌지 케이크를 먹고 새로 우려낸 차를 마시면서 에드워드가 환상적인 패를 선보였다는 걸 깨달았다. 내가 보여줄 수 있는 그 어떤 패보다 훌륭했다. 내 짧은 도둑 경력은 이렇게 아주 만족스러운 방식으로 끝이 났다.

책방 이야기

집안의 가보

　이 자그마한 책방은 공간이 극히 한정적이다 보니 책을 사들일 때는 매우 세심한 주의를 기울여야 해요. 주로 사람들이 팔려고 가져온 책에서 신중히 고르는 편이지요. 집 규모를 줄이거나 가족 중 누군가가 이사를 나가면서 처분하는 책이 대부분이죠. 그런가 하면 유품으로 들어오는 책도 있어요.

　그런 책에 관하여 내 나름의 엄격한 규정을 지키고 있어요. 고인이 된 지 최소 6개월이 되지 않은 분의 책은 사들이지 않는답니다. 나머지 가족에게 책을 직접 보관할 기회가 주어졌는지 그 여부를 반드시 물어 확인하지요. 또한 고인의 책을 계속 보관하는 것이 얼마나 중요한지도 설명해드려요. 놀랍게도 가족 중 누군가 세상을 떠나면 고인의 모든 책이 대부분 바로 상자에 담겨 자선단체의 중고품 가게로, 혹은 서적상에게로 건네진답니다. 희귀본이거나 고가의 책이 섞여 있다는 걸 전혀 알지 못한 채로 흔히들 그렇게 하지요.

    나는 상자당 얼마로 책값을 치르지는 않아요. 시간이 많이 들더라도 반드시 각각 한 권씩 값을 매기고 사들이지요. 만일 내가 고인의 서재를, 그러니까 그 안의 책들을 통째로 판다는 주문을 받았는데 거기서 특별한 책이나 희귀본을 발견하게 되면 그들에게 소장할 생각이 없더라도 그 사실을 꼭 설명해줍니다. 먼 훗날, 고인의 손자가 그 책들을 보물처럼 여기게 될 수도 있거든요. 모든 책은 그 책만의 이야기를 품고 있고, 또 소중하고 특별한 추억을 전해주는 책들도 있기 마련이에요.

    어머니가 남긴 책 중 한 권을 집어 들면 나는 어머니가 떠올라요. 어머니가 읽었던 글을 내가 읽지요. 어머니의 손길이 닿았던 페이지를 나도 만지는 거예요. 수년간 모은 책들은 가족의 일부가 된답니다. 이 책들은 읽히고 또 읽히면서 많은 사랑을 받아왔고 전 세계를 여행하기도 했지요. 그렇게 책들은 한 집에서 수년간 조용히 지내면서 특별한 날들을 낱낱이 지켜본답니다. 읽는 사람들에게 기쁨을, 때로는 눈물을 선사하지요.

    그러므로 나는 온 마음을 다해 신중히 책을 다룬답니다. 한 장씩 천천히 넘기며 누군가 여백에 손으로 쓴 메모를 읽고 곤충이나 잎사귀, 꽃을 그린 작은 그림을 보기도 하지요. 어떨 땐 말려서 꼭 누른 꽃, 엽서, 사진, 편지를 보게 돼요. 언젠가는 식물학책 한 권에서 나뭇잎 위에 쓴 편지를 발견한 적도 있어요.

어느 날 테 아나우에 사는 앨런 피트리가 은퇴 후에 책을 팔고 싶다며 내게 책 몇 권을 가져왔어요. 그중 한 권에 문제의 나뭇잎이 꽂혀 있었어요. 연녹색 나뭇잎은 책 속에서 깨끗하고 완벽한 상태로 보존되어 있었지요. 자세히 들여다보니 놀랍게도 나뭇잎 위에는 다음과 같은 글이 쓰여 있었어요.

안녕하세요! 프리저베이션 인렛|뉴질랜드 피오드랜드 국립공원 남서쪽 끝의 작은 만_옮긴이|에서 이 엽서를 쓰고 있어요. 방금 고래 두 마리를 봤어요. 배 가까이에 있어서 30분 동안 관찰했지요. 지금까지 여행은 좋아요. 날씨가 썩 좋진 않지만 그건 어쩔 수 없죠. 일요일 오후에 뵐게요.

사랑히는 윌리엄 드림

마오리 원주민은 랑기오라(브라이키글로티스 리판다) 잎으로 음식을 포장했어요. 그 잎은 크고 탄력이 좋아서 아기 포대기로도 사용했고 또 상처에 붙이는 습포제로도 사용했지요. 나중에 유럽 정착민들이 랑기오라 잎을 편지지와 화장지로 사용했어요. 그래서 이 잎은 '부시맨의 친구'라고 불렸답니다. 이와 같은 종류의 식물로 브라이키글로티스 로툰디폴리아(끈끈이주걱 종)가 있어요. 이 식물의 잎은 더 작고 두터워 종종 엽서로 사용되

었지요. 이 식물은 '쇠부리슴새 관목'이라고도 불리며 뉴질랜드 남섬 저지대와 스튜어트 섬 해안 지역에서만 발견되지요. 사람들이, 특히 관광객들이 이 무통버드 스크럽 나뭇잎에 편지를 쓰고 한쪽 귀퉁이에 우표를 붙여서는 스튜어트 섬에 있는 패터슨 인렛|뉴질랜드 스튜어트 섬 동부 해안에 있는 대규모 자연 항구로 대부분이 훼손되지 않은 숲_옮긴이| 우체국에서 뉴질랜드와 세계 전역의 주소지로 이 나뭇잎 엽서를 부쳤어요.

하지만 뉴질랜드 우체국은 대중들과는 다르게 이런 '기념품 엽서'를 긍정적으로 보지 않았어요. 1906년 뉴질랜드 우정국이 "통신문이 쓰인 나뭇잎을 영국이나 영국을 경유하는 국가로 발송하는 것을 금지한다"라는 공지문을 발표했어요. 1912년에는 발송대상지가 '그 어떤 주소로든'으로 확대되었지요. 결국 1915년 공고문은 다음과 같이 바뀌었어요. "나뭇잎 우편 발송을 금지한다. 나뭇잎 우편은 반송 불가 우편물 취급소로 전송되어 일괄 소각한다."

앨런에게 전화를 걸어 나뭇잎 편지를 찾았다는 이야기를 전했어요. 이 편지는 앨런의 아들이 썼지만 보내지는 못했던 걸로 밝혀졌지요. 책과 함께 나뭇잎 엽서를 그의 아버지에게 돌려주게 되어 나는 무척 기뻤어요. 앨런이 아들 윌리엄에게 나뭇잎 엽서가 나타났다고 말했고 이후 윌리엄의 어머니 실라에게 이메일을 받았어요. "고마워요, 루스. 윌리엄이 무척 기뻐합니다!"

최근에 자선 가게에서 책 한 권을 샀어요. 1966년 발간된 『뉴질랜드의 새에 관한 현장 안내서A Field Guide to the Birds of New Zealand』의 1972년판으로 보존 상태가 좋았지요. 페이지를 휙휙 넘겨보다가 연필로 쓴 종이쪽지를 발견했어요.

안녕 루크, 2일에 도와주러 가지 못한 점에 대해 사과하려고 이 글을 씁니다. 알리는 금요일만 쉬고 우리는 통가리로 크로싱으로 하이킹 갈 예정입니다. 바람이 당신을 친절하게 맞아주길 바랍니다. 이 책이 도움이 되길 바라며, 책은 언제든 알리에게 돌려주세요. 어젯밤 보트에서 환대해주셔서 감사합니다.

베라

쪽지를 책 안에 두었어요. 수년 동안 있던 그대로. 쪽지는 이 책이 팔릴 때까지 그대로 있을 거예요. 이런 보물을 발견할 때마다 그 사람들을 상상하게 되지요. 쪽지를 쓸 때 그들은 어디에 있었을까요? 베라는 누구일까요, 알리는 어떤 사람일까요? 그들은 통가리로 크로싱 하이킹을 무사히 마쳤을까요? 그들이 이 책을 읽게 된다면, 자신들의 쪽지가 지금까지 쭉 살아남아 왔다는 걸 알게 된다면, 그 얼마나 놀라운 일이 될까요…

11

다시 비극이

    기자인 피터는 취재차 호주 곳곳을 누비다 보니 집을 떠나 있는 시간이 점점 더 많아졌다. 1970년 중반 무렵, 피터는 노던 테리토리로 2주 동안 출장을 떠났다.
    어느 날 밤, 집에서 곤히 잠들어 있는데 문을 크게 두드리는 소리가 고요한 밤의 정적을 깨뜨렸다. 깜짝 놀라 문을 여니 경찰이 서 있었다. 그중 한 경찰관이 내 어깨를 조심스레 감싸며 의자로 나를 데려갔다. 내게 신원 확인을 위한 몇 가지 질문을 한 후 그들이 온 이유를 말했다. "당신의 남편이 사망했다는 통보를 받았습니다."
    경찰의 말이 믿기지 않았다. 경찰관이 교통사고에 대해 자세히 설명했으나 내 귀에는 들리지 않았다. 그들은 나와 같이 있어 줄 친구에게 연락했고, 진심으로 걱정하며 내 곁을 지켰다. 친구가 도착할 때까지 차를 끓여 마시며 이야기를 나눴다. 눈물도 나지 않았고 아무 감정도 들지 않았다. 나는 의사 끄트머리에 뻣뻣이 앉아 있었다. 그 어떤 반응도 없이.

* * *

피터의 부모님은 나와 그 어떤 식으로든 연결되고 싶지 않음을 분명히 밝히며 그의 시신을 가져가겠다고 했다. 자신들은 개신교 신자인데 나는 가톨릭 신자라는 이유에서였다. 그렇게 그들은 피터의 부인인 나를 인정하지 않았고 우리의 결혼 생활 또한 받아들이지 않았다.

나와 피터 사이에 남아 있는 것이라곤 배 속의 아이뿐이었다. 나는 아들을 간절히 원했다.

우울함이 내 삶을 집어삼켰다. 일도 할 수 없었고, 잠도 잘 수 없었다. 게다가 빈혈까지 생겨서 나는 그저 걸어 다니는 빈 껍데기에 불과했다. 하지만 부모님께 이 사실을 말할 수는 없었다. 집에 전화하지 않고 하루하루 버텼다. 상태가 정말 나빠진 어느 날 밤, '생명의 전화' 다이얼을 돌렸다. 전화 상담을 맡은 변호사 더그 커 씨가 자기 가족과 함께 살 수 있도록 조치해주었다. 그렇게 며칠 만에 온기에 둘러싸여 지내게 되었다. 그곳에서 지내며 평온해졌다. 그의 멋진 아내인 리즈는 네 명의 어린 딸을 키우고 있었고 임신 중이기도 했다. 이 가족이 바로 나를 도와주지 않았더라면 무슨 일이 일어났을지 상상도 할 수 없다.

분만실에서 한 생명을 세상에 내놓는 과정은 물론 고통스러웠지만 내 마음을 편안하게 해주었다. 나를 휘감던 우울함도 깨끗이 사라졌다. 그 누구도 이 소중한 순간을 내게서 빼앗아갈 수는 없었다. 나는 그토록 바라던 아들을 낳았다.

의사가 아기를 내 몸에 눕히자 나는 아기 머리를 만져보았다. 따뜻하고 촉촉했다. 마치 우리 사이의 특별한 유대감을 찾기라도 하듯 그 작은 손가락으로 내 손가락을 꼭 감쌌다. 아기가 입술을 삐죽 내밀고 찡그리거나 혀를 내밀며 꼼지락꼼지락 움직이는 모습을 나는 경이로운 눈으로 바라보았다.

"조슈아." 아기에게 속삭였다. "네 이름은 조슈아야."

우리의 행복한 순간은 단 몇 시간 만에 한낱 거품이 되어 사라지고 말았다. 의사가 내 침대로 다가왔고 리즈도 걱정스러운 표정으로 서 있었다. 의사가 조슈아에게 Rh 용혈성 질환이 있다고 설명하는 동안 리즈가 내 손을 꼭 잡아주었다. 임신 중에 어머니의 Rh 음성 항체가 태반으로 들어가 아기의 Rh 양성 세포와 싸우면서 아기를 아프게 하는 병이라고 했다. 조슈아는 상태가 좋지 않았고 전문적인 치료가 필요했다. 심장이 약해져 긴급 수혈이 필요했고 해안가에 있는 사우스포트 병원에서 당장 브리즈번으로 이송해야 했다. 나는 기력이 회복되는 다음 날에나 따라갈 수 있었다.

조슈아를 꼭 안은 채 아기의 자그맣고 창백한 얼굴을 바라보고 있을 때 간호사와 신부님이 굳은 얼굴로 내 침대 끝에 서 있었다. 리즈도 옆에 있었다. 나는 이 모든 순간을 다 머릿속에 새겨넣으려고 애를 썼다. 세례식은 간단했다. 가톨릭 교리에 따르면 조슈아는 이제 '하느님의 자녀'가 뇌었다. 내 마음 안에 증오와 분노가 끓어올랐다. 신부님을 바라보며 외쳤다. "아이는 잉태된 순간부터 하느님의 자녀였어요!"

신부님이 피곤한 미소를 지으며 고개를 끄덕였다. "이 아이에게 무슨 일이 생긴다 해도 천국에 갈 겁니다. 그게 중요한 거죠."

"나가!" 화가 치밀었다. "당장 나가! 내 아들은 살아날 거야!"

"하느님이 계획하신 일이 무엇이든 우리는 준비해야 합니다." 나는 조슈아를 더 가까이, 꼭 껴안았다. 할 수만 있다면 내 아기를 다시 배 속으로 넣어 숨기고, 지키고 싶었다.

일반적으로 첫 임신 중에는 Rh 질환의 위험이 없으며, 대부분 문제는 두 번째와 그 이후의 임신에서 발생한다. 공포로 깨달은 진실이다. 조슈아는 두 번째 아이였으니, 아이의 Rh 인자는 강간으로 인한 결과였다. 강간으로 내 피마저 오염되었구나!

내 뺨을 조슈아의 볼에 갖다 댔다. 부드럽고 따뜻했다. 몸을 앞뒤로 계속 흔들며 터져 나오는 울음을 삼켰다. 바람이 울부짖는 것만 같은 신음과 함께 극심한 고통이 마음을 파고들었다. 간호사가 내게 다가와 팔을 내밀었다. 여전히 자그마한 아기에게 꼭 달라붙은 채 간호사를 바라봤지만, 눈물에 가려 보이지 않았다. 하지만 간호사는 단호했다. 몸을 앞으로 기울여 조슈아를 조심스럽게 내게서 데려갔다.

그것이 마지막으로 조슈아를 본 순간이었다. 조슈아는 불과 몇 시간 후에 숨을 거뒀다. 나는 공동묘지의 한쪽 자리와 작은 나무 십자가밖에 마련할 수 없었다. 아기가 땅에 묻힐 때 나는 아직 입원 중이어서 장례식에 참석할 수 없었다. 조슈아가 짧은 생에 남기고 간 것은 사망 증명서뿐이었다.

조슈아 알렉산더. 생후 13시간 30분. 1970년 10월
로열 여성 병원

사망 원인
(1) 간질성 폐기종, 기흉 및 세로칸공기증 : 히알린 막 질환
(2) RH 감작으로 인한 용혈성 질환

몇 달간의 짧았던 행복이 끔찍한 일로 또다시 무너졌다.
1970년부터 72년까지 겪은 일을 다시 겪게 된다면 과연 견뎌낼 수 있을까. 돌이켜보면 그때는 내가 아직 어렸고, 어쩌면 1963년에 강간당하고 아들을 포기해야 했던 경험이 어떤 식으로든 일련의 참혹한 사건에 완충작용을 해주었는지도 모른다.
다른 사람에게 보이는 '루스'는 겉모습에 불과했고, 내면의 '루스'는 그야말로 엉망진창이었다. 그래도 생존 본능이 다시 나를 일깨웠고, 야생동물처럼 최대한 빨리 여기서 멀어질 준비를 하고 있었다. 피터에 이어 조슈아의 죽음까지, 여전히 충격에 빠져 있었지만 나는 알고 있었다. 멀리, 이 악몽에서 가능한 한 멀리 벗어나야 한다는 것을. 그러던 차에 파푸아뉴기니에서 한 달 후 시작되는 일자리를 제안받고 다시 길을 나서기로 결정했다.

떠나기 전에 조슈아의 무덤에 가서 하얀 나무 십자가 앞에 작은 장미꽃 나무를 심었다. 작고 붉은 꽃송이들은 죽음과 슬픔이 가득한 이곳에서도 화사함을 당당히 드러냈다.

발걸음을 돌리며 다짐했다. 다시는 돌아오지 않으리라.

12

라바울 도착

집에 전화를 걸어 뉴기니로 간다고 말씀드렸다. 부모님은 달가워하지 않았다. 거기에 가면 식인종에게 잡아먹혀 다신 못 볼 수도 있을 거라고도 하셨다. 나는 아버지가 아는 정보가 틀린 거라고 답해드렸다.

1971년 6월 25일, 라바울에 도착했다.

라바울은 뉴브리튼 섬 동쪽 끝에 자리한다. 독일의 식민지였던 라바울은 1914년 호주에 점령되어 호주령 뉴기니의 수도가 되었다. 심슨 만에서 깊숙이 들어가 있는 데다 가젤 반도의 보호를 받는 듯한 지형적 특성으로 남태평양에서 가장 안전한 항구에 속했다. 2차 세계대전 중에는 당시 일본 해군기지가 있던 일본령 캐롤라인 제도에서 가깝다는 이유로 전략적 요충지가 되기도 했다. 당시 태평양 전쟁의 이른바 '남부 전선'은 이곳을 중심으로 형성되었다. 우리는 자주 탐험에 나서 버려진 터널,

군사 작전실, 병영 등을 둘러보곤 했다. 녹슨 장비며 항공기, 상륙 바지선, 무기 등 전쟁 잔해물이 여전히 남아 있었다.

극적인 역사를 겪었지만, 라바울은 바로 그 지형적 특성 덕분에 전쟁 후에 다시 남태평양의 주요 항구 도시가 되었다.

우리 모두 파푸아뉴기니에서 사용되는 피진 영어를 배웠다. 파푸아뉴기니의 사회 시스템은 이해하려고 하면 할수록 더 당황스러웠다. '외국인 거주자'들이 자신의 하인들을 대하는 태도는 경멸을 넘어 잔혹할 정도였다. 그들 대부분은 거들먹거리는 주정뱅이로, 집안일 하는 아이들을 학대하고 심지어 현지인 정부를 두기도 했다. 게다가 이런 것들을 식민지 본국 사람으로서 당연히 누려야 한다고 생각했다.

라바울은 사회적·인종적으로 계층화되어 있었을 뿐만 아니라, 식민지 공동체 내에서조차 계급이 존재했고 서로를 배척했다. 라바울을 호주의 일부라고 여겼기 때문에 자신들에게 모든 소유권이 있다고 생각했다. 코먼웰스 은행, ANZ 은행과 텔레콤 등 사회 기반 시설 대부분은 호주 사람들이 구축한 것이었다. 우리는 호주 화폐를 사용했고 극장에서는 영화가 시작되기 전에 일어서서 영국 국가 〈신이여 여왕을 보호하소서〉를 불렀다. 또한 모두 하인을 두고 생활했다. 만일 그들이 호주나 뉴질랜드로 돌아간다면 라바울에서 누리던 허울 좋은 생활방식이 바로 끝날 테니 결코 살아남지 못했을 것이다.

내가 제안받은 일자리는 애스콧 호텔의 주방장으로 계약 기간은 6개월이었다. 애스콧 호텔은 앤셋 항공과 계약을 맺고 아침 일찍 출발하는 포트모르즈비행 항공편의 기내식을 제공하기로 했다. 우리는 기내식 외에도 항공 교통 관제사들과 독신자 숙소의 거주자들을 위한 식사 준비도 했기 때문에 내 하루는 아주 일찍 시작되어 밤늦게 끝났다. 낮에 아주 잠깐 쉴 수는 있었다.

독신자 숙소의 한 남성이 식사하러 들어왔다. 마권 업자라는 소문이 자자한 사람이었다. 그는 불법 경마 도박을 목적으로 라바울 내의 중국인 지역에 건물이 딸린 부지를 빌렸다고 했다. 그는 내가 카드 게임을 한다는 말을 듣고는 자기 '팀'에 합류해달라고 요청했다. 달리 할 일도 없었기에 그의 청을 받아들여 도박 기록원이 하는 일을 배웠다.

경마에서 기록원이 하는 일은 모든 경주마에 걸린 돈의 총액을 정리하는 것이었다. 나는 도박권을 작성하고 어느 경주마에 돈이 얼마나 걸렸는지 모두 기재했다. 또 특정 경주마가 출전 명단에서 제외되는 소식 등 최신 정보를 모두 알림판에 기록했고 경주 트랙의 상태도 보고했다. 사무실은 수신이 고르지 못해 잡음이 들끓는 라디오 소리며 호주 전역의 마권 업자들에게 걸려오는 전화 소리로 북새통이었다. 이곳에서 모든 업무가 진행되었다. 언제나 지극히 소란스럽고 정신없이 바쁜 흥미진진한 상황의 연속이었다. 그리고 이 모든 상황은 완전히 불법이었다. 이런 혼란스러움이 내게는 딱 맞았다. 이곳 뉴기니도, 이곳의 '일'도, 뉴기니 원주인 톨라이족 사람들도, 이곳의 생활도 점점 마음에 들었다. 무너졌던 내 삶을 그렇게 서서히 다시 일으키기 시작했다.

    라바울이 위치한 곳은 활화산에 속한다. 마을 남동쪽에 있는 타부르부르산은 활동 중인 성층화산이기도 하다. 우리는 다른 그 어떤 곳에서도 맡을 수 없는 라바울 특유의 냄새와 함께 살아가는 법을 배웠다. 빈랑나무 열매에도, 라바울 어디에나 피어 있는 프랜지파니 꽃향기에도 어김없이 유황 냄새가 더해졌다. 자잘한 지진도 일상이 되었고 우리는 그런 일상에 차츰 익숙해졌다. 하지만 내가 도착하고 한 달 후인 1971년 7월에 리히터 규모 8.3의 대지진이 발생했다. 섬 전체가 피해를 보고 여러 차례 해일까지 일었다. 파푸아뉴기니 역사상 손에 꼽을 정도로 심각한 지진이었다.

    지진이 나자 우리는 즉시 마을 위 고지대로 대피하여 참상을 지켜보았다. 거대한 쓰나미가 마을을 휩쓸고 지나가면서, 트래블로지 호텔과 주요 쇼핑 지역 전체를 침수시켰고 자동차와 보트가 바다로 빨려 들어갔다. 항구 한가운데 있던 작은 섬은 완전히 떠내려갔다. 놀랍게도 우리는 한순간 바다 밑바닥에 가라앉아 있던 난파선을 볼 수 있었다. (훨씬 후인 1994년 타부르부르 화산이 폭발했다. 항구의 서쪽에 있는 또 다른 활화산인 불칸 화산도 같이 폭발하면서 라바울은 완전히 파괴되었다.)

    내가 라바울에 머무를 당시 호주 정부는 자치 정부를 원하는 현지인들의 집단적인 반발에 직면하고 있었다. 가젤 지방의회는 원래 파푸아뉴기니 사람들로만 구성되어 있었다. 일련의 협의 과정을 통해 다른 인종도 의회 참여가 가능하도록 변경되었다. 이는 현지 주민들의 주장에 반하는 것이었다. 톨라이족이 조직한 마타웅간 협의회는 이에 반대하는 캠페인을 시작하며 변경 전으로 되돌릴 때까지 세금 납부를 거부한다고 밝혔다. 결국 폭력 사태가 발생했고 여러 명이 체포되었다.

 1971년 8월 19일 대지진에서 회복되어 가던 무렵, 라바울 지역의 식민지 행정부 책임자이자 호주 지구 행정관인 잭 이매뉴얼이 살해되었다. 그는 이 지역에서 오랫동안 봉직했으며 톨라이족 언어인 쿠아누아를 구사했으며 톨라이 공동체에서 특별한 위치를 차지하고 있었다. 톨라이 전통 머리와 얼굴 장식을 한 열 명의 마을 지도자들이 이매뉴얼, 그리고 경찰과 대치 중이었다. 이매뉴얼은 토지 분쟁을 중재하기 위해 그 자리에 나왔다. 지역 신문의 보도에 따르면 마을 지도자 중 한 명이 이매뉴얼과 잠시 이야기를 나눈 후 함께 숲속으로 들어갔다고 했다.

 얼마 후 이매뉴얼이 돌아오지 않자, 경찰 몇 명이 그를 찾기 위해 숲속으로 들어갔다. 그러나 그들이 발견한 건 이매뉴얼의 시신이었다. 그는 오래된 일본군의 총검에 찔려 숨져 있었다. 일부 사람들이 마타웅간 협회 회원들의 혐의를 제기했지만, 그들이 연루되었다는 주장은 입증되지 않았다.

 나는 그 사건이 일어났던 날을 생생히 기억한다. 마을 전역에 보호 장비를 착용한 경찰이 배치되었고 우리는 꼭 필요한 업무가 아니면 문을 잠그고 안에 있으라는 지시를 받았다. 우리는 누구를 믿어야 할지 몰랐다. 함께 일하는 현지인조차 마찬가지였다.

지치 정부의 수립 가능성이 커짐에 따라 지역 소녀들을 교육하는 일도 내 업무가 되었다. 독신자 숙소의 남자들을 위해 아침 식사를 준비하고 주요리를 만들 수 있도록 가르치는 일이었다. 정치적으로 혼란스러웠지만 나는 묵묵히 맡은 일을 했다. 이런 상황에서 맷이라는 남자를 만났다. 그는 검은 머리에 온화한 성격을 지닌 호주 사람으로, 파푸아뉴기니에서 3년 계약으로 일하고 있는 공항 관제사였다. 친절한 미소와 부드러운 갈색 눈을 지닌 맷은 조용하고 수줍은 편이었다. 여러 면에서 서로 많이 달랐으나 우리는 데이트를 시작했다.

나는 감정적으로 엉망인 상태라 관계가 쉽지 않을 거라고 그에게 경고했다. 그런데도 결국 그는 나와 사랑에 빠졌다. 그와 함께 있으면 편안했고 계속 웃을 수 있었다. 혼란스러운 내 삶도 변할 수 있겠다는 자신감도 생겼다. 그는 내가 필요로 하고 갈망했던 모든 것, 그 전부였다. 나 역시 그와 사랑에 빠졌다.

내 임시 비자는 곧 만료 예정이었다. 맷은 당연히 내가 머물기를 원했다. 더 많은 일자리를 제안받았고 또 딱히 떠날 이유가 전혀 없었지만, 다시 도망가야 한다는 것을 직감했다. 관계에 관한 한 나 자신을 형편없는 사람이라고 생각했기에 내겐 정착할 자신이 없었다. 내가 만지면 그 모든 게 다 무너져내릴 것만 같았고 앞으로 더 큰 고통이 어김없이 닥칠 거라는 생각이 들었다. 누군가와 미래를 함께 내다보는 것이 내게는 불가능한 일이었다.

여러모로 떠나고 싶지 않았지만 '아일랜더'라는 이름의 9미터 소형 범선이 항구에 들어오자, 나는 더 망설이지 않고 바로 승무원으로 등록했다. 선주인 마이크는 홀로 파푸아뉴기니의 해안 마을인 마당에서 뉴브리튼 섬 라바울까지 항해해왔다. 앞으로 파푸아뉴기니 북부를 거쳐 서이리안주(파푸아주의 옛 이름)와 자바로 향할 예정이어서 일손이 필요했다.

나는 미리 한 가지 조건을 분명히 내걸었다. 바로 그의 잠자리 파트너가 되지 않겠다는 조건이었다. "내가 아일랜더호의 승무원이 된 건 당신에게 엄청난 행운인 거예요." 내가 그에게 말했다. "그러니 그 행운을 망치지 마세요. 그랬다간 배가 어디에 있든 주저 없이 내려서 떠날 겁니다." 마이크는 약속했고 끝까지 자기 말을 지켰다. 우리는 손발이 척척 맞는 한 팀이자 좋은 친구가 되었다.

한편 맷에게는 싱가포르에 도착한 뒤 돌아오겠다고 말했다. 그는 내가 가야만 한다는 것을 받아들이며 기다리겠다고 했다. 그가 얼마나 놀라운 통찰력과 이해심을 지녔는지 지금에서야 알 것 같다. 맷은 마음이 아팠지만 나를 떠나보냈다.

책방 이야기

맞춤 경주마

어느 토요일이었어요. 자그마한 책방 둘 다 분주했지요. 사람들이 밖에서 책을 훑어보고 아이들은 햇볕 아래 앉아 책을 읽고 있었어요. 개도 한 마리 물통 옆 트레일러에 묶여 있고 아기는 유모차에 잠들어 있었지요.

호주에서 온 부부가 책방에 들어와 곧장 내게로 다가왔어요. "혹시 경마 관련 책이 있을까요? 정말 작은 서점인데, 바보 같은 질문이네요."

책방에는 경마에 관한 책이 한 권도 없지만 우리 집 서재에는 한 권이 있었지요. '파인 코튼'이라는 이름의 경주마에 관한 책이었어요. 라바울에서 잠시 도박 기록원으로 일한 뒤부터 경마에 작으나마 관심을 기울이게 되었지요. 특히 경주마 파인 코튼과 그와 관련된 일련의 사기 행각이 흥미로웠어요. 1984년에 킹스크로스에서 일할 때 그 사기에 연루된 사람들 몇몇에 대해

들은 적이 있기 때문이지요.

파인 코튼은 존 길레스피가 이끄는 조직이 소유한 경주마였어요. 그들은 파인 코튼과 거의 똑같이 생겼지만 경주력은 훨씬 뛰어난 경주마 한 마리를 사들였지요. 이름은 '대싱 솔리테어'로 파인 코튼 대신 경주에 투입하여 큰돈을 벌 생각이었어요.

하지만 운 없게도 대싱 솔리테어가 부상을 입고 말았어요. '바꿔치기' 계획은 물거품이 되었지요. 이미 큰돈을 투자했기에 그들은 다른 말을 찾으려고 애썼어요. 시간이 얼마 남지 않은 상황에서 그들은 파인 코튼보다 몇 등급 위의 정상급 경주마를 내보내기로 했어요.

다만 문제가 하나 있었어요. 말의 색깔이 달랐던 거죠. 파인 코튼은 여덟 살 된 갈색 거세마로 뒷다리에 하얀 반점이 있었지만 그들이 결정한 '볼드 퍼스널리티'는 일곱 살짜리 암갈색 거세마로 뒷다리에 하얀 반점이 없었어요.

간단했죠. 조직원이 클레롤 염색약 몇 병을 사서 최선을 다했어요. 하지만 막상 경주가 열리는 날, 볼드 퍼스널리티의 뒷다리에 하얀 반점을 만들어줄 과산화수소를 깜박하고 말았어요. 결국 그들은 흰색 페인트를 찾아서 작업을 진행했어요.

이 사기가 성공했다면 조직은 100만 달러 이상을 쓸어 담았을 거예요. 그러나 사기는 완전히 실패했지요. 연루된 여섯 명은 경마협회에서 평생 퇴출이라는 징계를 받았고 존 길레스피와 훈련사 헤이든 아이타나는 징역형을 선고받았답니다.

　호주 수집가에게 책을 보여줬더니 놀라워하며 무척 기뻐했어요. 소장 도서가 수백 권에 이르지만, 이 책은 없다고 했지요.

　"정말 신나네요. 들르길 잘했어요. 얼마죠?"

　내가 원하는 만큼 값을 부를 수도 있었고, 또 그도 기꺼이 돈을 낼 거라는 것을 알았어요. 하지만 그보다는 그 책이 딱 맞는 집에 안착하는 것이 내게는 더 중요했어요.

　"10달러, 어때요?"

　"좋아요, 작은 아가씨. 진짜 싸게 잘 샀네요!"

13

걱정하세요

아일랜더호를 타고 항해를 하며 몇 달 동안 일기를 계속 썼다. 하지만 몇 년 후 승선한 다른 요트 크루세이더호가 뱅골만에서 침몰하는 바람에 그만 그 일기를 잃어버리고 말았다. 승무원이 모두 사망한 대참사였다. 당시 나는 선장이자 선주였던 자의 능력을 믿을 수 없었고 고민 끝에 크루세이더호에서 내렸다. 사고 몇 달 전이었다.

다행히 아버지가 내 편지들을 일부 보관하고 계셨다. 부모님은 내 편지로 나의 '모험과 고난'을 지켜보셨다. 내가 부모된 지금에서야 당시 부모님이 얼마나 나를 걱정하셨을지 이해가 된다. 편지를 보내면 어떨 땐 뉴질랜드에 도착하기까지 한 달이 넘게 걸리기도 했다. 또 아예 도착하지 못하는 경우도 많았다. 내가 뉴질랜드를 떠나기 바로 전에 질 언니는 착하고 성실한 건축업자 콜린과 결혼했다. 그래도 우리 중 한 명은 혼란 없이 평온한 삶을 살았다.

라바울을 떠나 항해에 나설 무렵, 나는 계속 머물고 싶은 마음과 또 다른 관계를 망치기 전에 떠나야 한다는 절박감 사이에서 거의 정신을 잃을 지경이었다.

1971년 9월 16일

어머니, 아버지, 질 언니, 형부, 이모…
소금물로 얼룩진 편지를 너그러이 용서해주세요. 바다에서 이 글을 쓰고 있어요. 9월 12일 6시 30분 마침내 라바울을 떠났어요. 하루 종일 항해하여 그날 밤 작은 마을에 닻을 내렸어요…

편지 마지막에 이렇게 썼다.

네, 이제 자봐아 해요. 걱정하세요. 닌 괜찮이요.
사랑을 담아 루스

하지만 마지막에 결정적인 실수를 하고 말았다. '걱정하지 마세요'를 '걱정하세요'로 쓴 것이다 |Please don't worry에서 don't를 빠뜨리고 그냥 Please worry라고 썼던 것_옮긴이|. 지금은 웃을 수 있지만 당시 '걱정하세요'라는 말에 어머니는 무슨 생각을 하셨을까?

또 다른 모험이 시작되었다. 원하는 대로 보초를 서고 배가 고프면 먹는 선상의 단순한 일상에 적응해갔다. 그렇게 나는 고독과 평온이 서서히 내 마음 깊은 곳까지 스며드는 것을 느꼈다. 아일랜더호는 선실 높이가 낮은 작은 요트였다. 좁은 침대 두 개, 작은 화장실, 항해 지도를 펼쳐 보는 것 외에도 여러 작업을 할 수 있는 탁자, 배가 기울어도 수평이 유지되는 2구 화로, 그리고 닻 체인과 밧줄 가까이 있는 돛 보관함이 전부였다. 게다가 엔진에 접근하려면 조종실 바닥 판을 들어올려야 했는데 항해 시 결코 쉬운 작업이 아니었다.

우리는 웨와크에서 바니모를 향해 항해했다. 바니모는 파푸아뉴기니의 웨스트세픽주의 작은 주도이자 파푸아뉴기니의 최북서쪽 항구로 인도네시아 국경에서 불과 22킬로미터 밖에 떨어져 있지 않았다. 당시 바니모에 유럽인은 180명만 거주하고 있었다. 그 외에 1000명이 넘는 군인이 로열 태평양제도연대 군부대에 상주하며 웨스트이리안에서 끊임없이 밀려드는 파푸아 난민들에 맞서 국경을 지키고 있었다.

1971년 당시 파푸아뉴기니에서 웨스트이리안으로 항해하는 요트는 거의 없었다. 인도네시아 정부가 파푸아뉴기니와 맞닿은 국경을 이제 막 개방한 상태에서 엄격한 통제를 하고 있던 터라 생각지도 못한 문제가 생겼다. 웨스트이리안이 네덜란드령에서 인도네시아령이 된 후 항구마다 이름이 다 바뀌는 바람에 우리가 가진 해도의 지명과 일치하지 않게 된 것이다.

바니모에 도착하자 세관원들이 승선하여 배를 샅샅이 수색했다. 검사를 다 마친 후 그들 중 한 사람이 말했다. "이제 여러분에게는 위스키 한 병이 없는 겁니다. 이건 내 것이니까요." 우리는 항의하지 않았다. 무장한 인도네시아 군인 여섯 명이 부두에서 지켜보고 있었기 때문이다. 허리에 곤봉을 차고 등에는 소총을 메고 있었다. 우리는 마이크의 침대 아래 장전된 22구경 권총을 숨겨두고 있었으나 그들이 찾아내진 못했다.

세관원들이 우리를 입국심사부로 안내하여 웨스트이리안을 경유하는데 필요한 서류를 작성하게 한 다음 검역소로 데려갔다. 거기엔 더 많은 서류가 기다리고 있었다. 모두 작성한 후 마침내 해군부로 인계되어 입국심사를 마칠 수 있었다. 마을이 드문드문 있었고 파푸아인도 몇 명 볼 수 있었다. 우리는 시장으로 갔지만 음식이 대부분 썩어 있어서 아무것도 사지 않기로 했다. 바니모에는 50만이 넘는 인도네시아인이 살고 있었고 어디에서든 군대를 볼 수 있었다. 시장에서 만난 유엔 직원 두 명이 우리에게 웨스트이리안 물에는 모기 유충과 콜레라균이 득실득실하니 절대 물을 그대로 마시지 말고 물탱크도 채우지 말라고 말해주었다. 게다가 뇌물과 질도가 일상일 정도로 위험한 곳이니 가능한 한 빨리 이동하라고 권유했다.

환전을 마치고 필요한 서류를 챙긴 다음 곧장 자야푸라로 갔다. 자야푸라는 콜레라와 말라리아가 만연하고 우편 시스템조차 없는 가난한 마을이었다. 집으로 편지를 보낼 수 있는 유일한 방법은 자체 비행기를 띄우고 있던 유엔을 통하는 것뿐이었다. 나중에 알고 보니 당시 내가 보낸 편지 중 상당수가 유실됐다. 어머니 말에 따르면 도착한 편지 중에도 일부는 우표가 사라지고 없었다고 한다. '걱정하세요'라고 쓴 말은 실수이자 우연이었지만 결국 미리 앞을 내다본 셈이었다.

자야푸라에 있는 동안 인도네시아 고등판무관의 부인과 해군 고위 장교의 부인이 아일랜더호를 둘러보고 싶다고 우리를 찾아왔다. 아름다운 자수가 돋보이는 재킷과 그에 어울리는 바지, 우아한 샌들에 보석 장신구로 치장한 데다 깔끔하고 완벽하게 머리와 화장을 한 상태였다. 분명 그들에게는 성대한 행사였을 것이다. 부두에서 2.4미터 크기 소형보트까지 내려오는 계단은 매우 가파르고 미끄러웠다. 안전상의 이유로 내가 나서서 영어를 구사하는 무장 경비원에게 승선하는 방법을 세세히 설명해주었다. 첫 번째 손님이 무사히 보트에 자리 잡은 걸 확인하고 뒤를 돌아본 순간 그대로 얼어붙고 말았다. 다른 부인이 부두에서 바로 소형보트로 뛰어내리려 하고 있었기 때문이다.

내가 할 수 있는 일은 아무것도 없었다. 순식간에 보트가 뒤집혔다. 두 부인과 나, 우리 셋은 그대로 더러운 물에 빠져 허우적거렸다. 무장한 경비병들이 잔뜩 화가 나 소리를 지르며 나에게 총을 겨눴다. 내가 어떻게 그 두 부인을 다시 부두로 데려갔는지 기억나지 않는다. 다만 한 명을 보트 한쪽에 매달아놓고 다른 한 명과 같이 헤엄쳐 계단에 닿았던 것이 생각난다. 두 부인을 안전하게 부두에 데려다 놓고 난 뒤, 나는 다시 혼자 노를 저어 배로 돌아왔다. 긴장감 속에서도 참을 수 없는 웃음이 터져 나왔고 몸은 덜덜 떨고 있었다.

고등판무관이 분노하며 부두로 달려왔다. 내가 자기 아내와 아내 친구를 의도적으로 물에 빠트리려 했다고 따졌다. 마이크와 나는 매우 당황했지만 최대한 자연스럽게 아일랜디호 갑판에 가만히 서 있었다. "이런 제기랄." 마이크가 낮은 소리로 말했다. "하늘이 도와줘야만 이 난장판에서 빠져나갈 수 있을 텐데." 다행히 하늘은 우리 편이었다. 유엔 통역사가 개입하여 사태를 진정시켰다. 고등판무관이 사과하며 화해의 선물로 우리에게 형편없는 담배 두 갑과 끔찍할 정도로 맛없는 맥주 여섯 캔을 주었다. 우린 바다로 나가 그들의 시야에서 벗어나자마자 그것들을 바다에 던져버렸다.

자야푸라의 유엔 사무소에 고용된 한 영국인 농장 관리자가 자기 집이 있는 마노콰리까지 데려다줄 수 있냐고 우리에게 물었다. 마노콰리는 자야푸라에서 멀리 떨어져 있었고 믿을 만한 현지 해상 교통편이 없어서 거기까지 갈 기회가 거의 없었다고 했다. 그는 여기서 통하는 몇 가지 언어를 구사했다. 앞으로의 여정에 큰 도움이 되겠다는 생각에 더 비좁고 더운 잠자리를 감수하고, 우리는 새로운 동승자 피터 포스터 씨를 환영하며 기꺼이 맞아들였다.

비악 지역 바로 앞바다의 악천후로 인해 우리는 항로를 벗어나고 말았다. 밤새 거센 바람과 높은 파도와 싸운 끝에 눔푸르 섬을 보고 안도의 한숨을 내쉴 수 있었다. 눔푸르 섬은 마노콰리 해안 가까이에 있는 작은 섬으로 마노콰리 앞 바다에 피난처를 제공했다. 2차 세계대전 당시 일본군이 비행장 세 개 규모의 공군 기지를 건설한 곳이기도 했다.

눔푸르 섬에 도착해 닻을 내리자, 어디선가 카누가 수없이 몰려와 우리를 둘러쌌다. 가까이 다가가니 일부 사람들이 허리춤에 해골을 달고 있는 것이 보였다. 이런 성대한 환영 파티라니! 마이크는 공포에 질려 아무 말도 하지 못했다. 하지만 우리의 새로운 동승자 피터가 나서서 현지 말로 대화를 시작했고, 그 결과 우리는 신선한 음식과 물을 구할 수 있었다.

현지 주민이 우리를 해변으로 초대했다. 하지만 피터가 조용히 우리에게 충고했다. 이 부족은 아직도 인간 사냥을 하는 것으로 알려져 있으니 친절해 보이는 제안이라도 절대 받아들여선 안 된다고 설명했다. "뭐요?" 마이크가 더듬었다. "빌어먹을 농담인 거죠? 지금은 1870년이 아니라 1970년이라고요!" 피터가 답하길, 이 부족이 아직도 식인풍습을 행하는지는 정확히 알 순 없지만 그들이 인도네시아 군인 머리를 최고의 전리품으로 여긴다는 것은 잘 알고 있다고 답했다.

당연히 우리는 배에 머물렀다. 우리의 승객으로 함께해준 피터에게 더할 나위 없이 감사했다.

* * *

마노콰리에서 우리는 유엔 직원의 환대를 받았다. 커피, 설탕과 함께 음식과 연료를 공급받았다. 그들은 기꺼이 우리 우편물까지 맡아 발송해주었다. 그들에게 눔푸르에서 있었던 일을 이야기했더니 눔푸르에서 헤드헌팅, 즉 인간 사냥이 여전히 일어나고 있다고 알려주었다. 특히 인도네시아 군부대를 주기적으로 습격할 뿐만 아니라 적의 머리를 최고의 전리품으로 여기는 게 사실이라고 했다.

웨스트이리안/파푸아를 떠나기 전, 집에 보내는 편지에 다음과 같이 썼다. "아버지, 아버지가 말씀하신 것 중 하나가 사실인 걸 확인했어요. 이곳에 식인종이 있었어요!" (가엾은 부모님…)

우리는 피터에게 다시 한번 감사를 표하며 작별 인사를 나누고 소롱을 향한 항해에 나섰다. 소롱에서 스람해를 통해 암본으로 가서 자바해를 건넌 다음, 발리를 포함한 여러 작은 섬을 거쳐 수라바야에 도착할 예정이었다. 수라바야는 인도네시아 제2의 도시이고 수도 자카르타와 같은 섬에 있다. 그런데 불과 몇 주 전 이 지역에서 미국인의 요트 한 척이 해적의 공격을 받아 침몰했다고 당국이 경고했다. 요트 승무원들은 구명정을 타고 배를 빠져나올 수 있었고 이어 현지 어선에 의해 구조되었다고 했다. 인간 사냥을 하는 부족을 만나고 난 후라 더욱 불안해졌다. 이 사건을 시작으로 인도네시아 주변의 해적 습격 사건이 증가했고 이에 따라 인도네시아는 가장 위험한 항로에 속하게 되었다.

자카르타로 향하는 동안 안전을 위해 자바 해안선에 바짝 붙어 가기로 했다. 항해 조건이 완벽했으므로 우리는 바웨안 섬 바로 북쪽으로 향했다. 순풍을 타고 수라바야를 거치지 않고 자카르타로 직행할 생각이었다. 내가 앞 갑판에 있는데 키를 잡고 있던 마이크가 소리쳤다. "내려, 메인 돛 내려!" 순간 잘못 들었다고 생각했다. 메인 돛을 내릴 이유가 전혀 없었다. 오히려 속도만 늦출 뿐이었다. 그러자 마이크가 바람을 향해 아일랜더호를 돌렸다. 뱃머리 메인 돛 앞에 달렸던 작은 돛이 갑판으로 떨어졌다. 이제 그의 목소리가 다급해졌다. "망할 놈의 메인을 내리라고, 루스!"

내가 메인 돛의 밧줄을 풀었다. 그때야 알아차렸다. 우리 바로 옆에 선외 모터를 단 6미터 길이의 합판 보트 한 대가 멈춰 있었다. 남자 네 명이 탄 보트였다. 셋은 자동 소총으로 무장하고 있었고 나머지 한 사람은 바주카포로 보이는 로켓포 뒤에 서 있었다. '안전항로'로 생각했던 뱃길은 전혀 안전하지 않았다. 해적들이 우리를 찾아내고 말았다.

해적의 습격에 대해 당국의 주의를 받은 뒤, 마이크와 나는 혹시 모를 상황에 대비해 규칙을 정했다. 해적과 만나게 되면 절대 저항하지 말고 선상에서 그들을 친절히 환영하고, 무엇보다 얼굴 가득 미소를 짓기로 말이다. 만일을 대비해 여권과 돈, 그리고 중요한 서류는 따로 숨겨두었다.

"이런 젠장, 루스. 망할 미소를 계속 지으라고!" 마이크가 이를 악문 채 내게 말했다. "저 사람이 배에 오르게 도와줘, 루스." 그의 얼굴이 우거지상이 되었다. 내가 그들 중 한 명이 배에 오를 수 있도록 도왔고 마이크는 해적의 밧줄을 우리 배 우현에 묶었다. "셀라맛 다탕, 셀라맛 다탕(어서 오세요, 환영합니다)." 내가 인도네시아어로 인사를 반복하며 그 남자의 승선을 환영했다. 내가 아는 인도네시아어라곤 '셀라맛 다탕'뿐인지라 마이크가 닥치라고 할 때까지 몇 번이고 반복했다.

마이크가 우리 '손님들'에게 위스키 한 병을 권하자, 그들이 웃으며 받더니 병째로 단숨에 마셨다. 두 남자가 올라와 배를 뒤지기 시작했다. 옷, 밧줄, 음식, 침구 등 닥치는 대로 원하는 것을 챙겼다. 마이크의 마지막 위스키며 폭풍용 돛, 연료 한 통, 심지어 요리용 냄비와 양동이까지 훑어갔다. 다른 두 남자가 우리에게 총을 겨누고 있는 동안 우리는 조종석에 앉은 채로 꼼짝없이 지켜보았다. 소형보트에 모든 걸 다 싣고 난 다음 그들이 우리 손을 잡고 점잖게 악수하며 감사를 표했다. 내가 얼른 아래로 내려갔다. 기적적으로 탁자 뒤쪽에 둔 카메라가 그대로 있었다. 카메라를 들고 올라와 그들을 향해 손짓으로 사진을 찍어도 되는지 물어보았다.

"맙소사, 루스. 그냥 가게 내버려 둬!" 마이크가 화난 소리로 말했다. 그런데 그들 넷이 총을 거두고 나를 향해 자세를 취하고 있었다. 그들 중 한 남자는 카메라를 보고 씩 웃기까지 했다. 재빨리 셔티를 눌렀다.

"테르마 카시, 고맙습니다." 내가 그들에게 큰 소리로 말했다. 그러자 그들이 모터의 시동을 걸고 손을 흔들며 북쪽을 향해 사라져갔다.

"모르겠어요? 이제 우리에겐 저들 사진이 있어요. 이 사진을 당국에 갖다줄 수 있죠." 내가 마이크에게 설명했다.

우리는 배를 둘러보고 하나하나 확인했다. 괜찮았다. 무엇보다 우린 살아남았다. 게다가 자카르타까지 갈 수 있는 식량도 충분했다. 고정 나침판, 여권, 해도, 돈까지 있었다. 마이크는 술이 없다는 사실이 원통할 뿐이었다. "빌어먹을, 위스키 한 병 없다니!" 그래도 우리가 '빌어먹게' 운이 좋았다는 걸 그도 나도 잘 알고 있었다.

마침내 자카르타에 도착해서 요트 클럽 바로 앞에 닻을 내렸다. 자카르타 항구는 너무나 분주했고 전 세계에서 항해해온 대형 화물선으로 둘러싸여 있었다. 그곳에서 요트는 우리 아일랜더호가 유일했다. 97톤 모터보트의 미국인 선장이 우리를 환영했다. 그의 환대로 우리는 따뜻한 물로 샤워하고 식사를 즐길 수 있었다. 그동안 우리가 겪어온 일을 생각하면 그야말로 꿈만 같았다.

그러나 우리는 너무 순진했다. 요트 클럽 바로 앞이라고 안전할 것이라 생각하다니! 아일랜더호에 돌아와서야 알게 되었다. 이번엔 도둑이 들어 우리 배를 다 훑고 지나갔다. 마이크의 옷이 전부 사라졌고 속옷과 함께 내 옷도 조금 없어졌다. 쌍안경, 녹음기, 남아 있던 식기류, 거기다 지난번 해적들이 너그러이 남겨주었던 마지막 연료탱크까지 다 없어졌다. 천만다행으로 우리 여권, 서류, 카메라와 돈은 그대로 있었다.

이튿날 나는 필름을 현상하러 마을로 가서 해적과 도난 신고까지 마쳤다. 내가 찍은 해적들 사진은 꽤 선명했지만, 총과 보트 말고 얼굴을 식별할 수 있을 정도엔 미치지 못했다. 경찰은 내 진술을 다 듣고도 별 관심이 없는 게 분명했다. 내가 지도를 펼치고 해적이 우리를 붙잡은 지점을 정확히 짚었다. "바로 이곳이요. 대낮에 여기서 해적이 습격했어요!"

경찰관 한 명이 한숨을 쉬더니 손가락으로 지도에 표시하며 말했다. "그래요, 여기서 그놈들이 말레이시아로 갔을지 술라웨시로 갔을지 어떻게 압니까? 우리나라 해안선에는 섬들만 수백 개죠. 그중 하나로 숨어들었을 수도 있겠고. 자, 그럼 어디부터 수색하죠?" 그가 내 대답을 기다리며 나를 바라보았다.

"그들은 우리 배에서 내려 북쪽으로 향했어요."

"곧장 프로아ㅣ짐을 실을 수 있는 말레이 군도의 쾌속 범선_옮긴이ㅣ로 가서 짐을 부리고 대금을 받은 다음 바로 사라지는 게 그들입니다. 다음 쉬운 목표물이 나타날 때까지 말입니다."

프로아가 뭔지는 알고 있었다. 웨스트이리안을 떠나 항해에 나섰을 때부터 우리는 경찰관이 말한 프로아를 자주 볼 수 있었다. 그중 우리에게 접근한 프로아 중 몇 대는 꽤 우호적이기도 했다. 해적질이 아주 체계적인 시스템으로 돌아가고 있었다. 내가 할 수 있는 게 전혀 없다는 걸 깨닫고 나니 나 자신이 참 바보같이 느껴졌다.

"그럼, 도난 건은요? 요트 클럽 바로 앞에 정박했는데도 도둑이 들었단 말이에요."

이번에도 그들은 내 말에 관심을 보이지 않았다. "여기 사람만 500만입니다!" 한 경찰이 어깨를 으쓱하며 말할 뿐이었다. "당신 배는 아직 멀쩡하지 않습니까. 운이 좋다는 걸 아셔야죠." 내게 여권과 해적들 사진을 건네고 답답하다는 표정을 숨기지 않은 채 손을 흔들며 나를 내보냈다.

* * *

    1971년 12월 1일 드디어 싱가포르에 도착했다. 이곳은 혼잡했지만 적어도 안전했다. 세관과 입국심사를 마치고 서둘러 집에 전화를 걸었다. 6주 동안 편지를 전혀 받지 못해 집 소식이 궁금했다. 어머니가 아프긴 했지만 회복 중이라고 했다. 사실 어머니는 암 진단을 받았는데 당시의 나는 전혀 모르고 있었다.

    우체국에서 그동안 온 우편물을 챙기다가 라바울에서 맷이 보낸 편지를 발견했다. 라바울에도 내게 적합한 일이 많이 있으니 어서 돌아오길 기다리고 있다며, 라바울에서 결혼식을 올리고 싶다는 내용이었다. 맷에게 전화를 걸어 아일랜더호 수리를 위한 슬립을 준비하고 있다고 설명했다. 수중에 돈이 떨어진 나는 일자리를 찾아야만 했다. 맷에게 내 항공편 비용을 부담하게 할 수는 없었다. 그렇게 파푸아뉴기니로 돌아가는 것을 미루게 되었다.

    아일랜더호의 슬립을 마친 후 마이크는 3개월 계약의 일자리를 찾아 호주로 갔다. 나는 싱가포르의 한 에스코트 에이전시에서 일자리를 제안받았다. 새로 알게 된 호주 출신의 브론윈 소개로 알게 된 자리였다. 브론윈은 창이 요트 클럽 앞에 정박해 있는 한 요트의 승무원 출신으로 키가 크고 늘씬한 여성이었다. 브론윈은 자신이 일하고 있는 에이전시에서 더 많은 유럽 여성 구직자를 모집하고 있다고 했다. 그런데 보수가 이례적으로 높았다.

"그 에이전시에서 일하게 되면 남자들과 성관계도 해야 해?"

"그건 전적으로 너한테 달렸어. 저녁 행사에 파트너로 참석해서 저녁 먹고 춤만 추다 집에 돌아갈 수 있어. 하지만 잠자리까지 가면 엄청난 돈을 손에 쥘 수 있지. 그렇게 나쁘진 않아. 정말이야, 루스. 그까짓 돈, 쉽게 버는 거지!"

행사 동반까진 확실히 괜찮을 것 같았다. 무엇보다 땡전 한 푼 없는 신세였으므로 긴 고민 없이 서류에 사인했다. 그런데 담당 여자 직원이 나를 훑어보더니 "키도 작고 가슴도 절벽에 옷도 형편없네. 아무래도 잘못 찾아온 것 같은데?"라며 고개를 갸우뚱했다. 맞는 말이어서 가만히 있었다. 브론윈이 나를 위해 준비해둔 드레스 몇 벌을 입어보았다. 몇 달을 티셔츠와 반바지 차림으로 살았던지라 무척 낯설고 이상했다.

첫 업무는 브론윈과 함께 중국인 사업가 두 명을 맞이하는 더블데이트였다. 에이전시에서 불러준 택시를 타고 호텔로 갔다. 내가 너무도 긴장하고 있었는지 브론윈이 계속 속삭였다. "그냥 돈만 생각하는 거야!"

중국인 남자 두 명이 우리를 식사 자리로 데려갔다. 다행히도 둘 다 영어를 썼기에 우리는 무리 없이 대화를 이어갈 수 있었다. 브론윈이 나이가 더 많은 남자에게 대놓고 추파를 던졌다. 브론윈은 내게 숨죽인 소리로 얼른 속삭였다. "이 남자가 돈이 더 많을 것 같아."

식사가 끝난 후 그들이 춤을 추자고 했다. 브론윈의 상대 남자는 끝내주는 브론윈의 가슴골에 머리를 묻고 하체는 상대에게 밀착시키며 플로어를 천천히 돌았다. 반면 나는 내 파트너와 적당히 거리를 둔 채 춤을 추었다. 나보다 조금 큰 편인 그에게서 입 냄새가 났고 머리는 기름진 데다 자꾸만 여기저기 더듬는 게 손은 또 열 개쯤 되는 것만 같았다.

"나랑 잘 거야?" 그가 물었다.

"아뇨."

"그럼, 얼마면 나랑 자고 싶어지려나?"

"한 푼도 필요 없어요."

"우아, 정말 싸네!" 그가 웃으며 말했다. 곧 나는 그가 내 말을 잘못 받아들였다는 걸 알았다.

"내 말은 당신과 자지 않겠다는 거예요."

"글쎄, 돈 몇 푼 말고 다이아몬드를 준다면 마음이 바뀔 수도?" 그가 웃으며 말했다.

나는 바로 그를 떨쳐내고 브론윈의 팔을 잡고 플로어 밖으로 나온 다음 말했다.

"나 나갈래. 더 이상 못하겠어."

브론윈은 침착하게 택시 기사에게 줄 카드를 건네며 자기 숙소를 알려준 다음 아침에 보자고 덧붙였다.

에이전시에서 택시비를 낸다는 사실에 안도하며 나는 곧장 아일랜더호로 돌아왔다. 역겹기만 한 새 옷을 벗어 던진 후 반바지와 티셔츠로 갈아입고 갑판에 앉아 싱가포르 스카이라인의 밝은 불빛을 가만히 바라보았다.

이튿날 에이전시에서 전날의 일당을 받았다. 담당 여자가 돈을 주며 더 이상 안 나와도 된다고 말했다. "내가 말했지, 넌 안 될 거라고!" 신경질을 내며 책상에 돈을 던졌다. 적지 않은 돈이었다. 앞으로 며칠은 버틸 수 있을 터였다. 그렇게 내 에스코트 경력은 아주 짧게 끝나고 말았다.

책방 이야기
책방지기 보조 '렉스'

여섯 살 렉스는 우리 책방에 자주 온답니다. 가끔 동생 조가 그의 뒤를 따라오기도 하고 막내 플로시는 어머니 품에 안겨 찾아오지요. 길 아래 세 집만 지나면 렉스의 부모 사라와 딘 소유의 휴가용 집이 있어요.

어느 날 렉스는 우리 책방 직원이 되어야겠다고 마음먹었어요. 내가 도움이 필요한 게 분명하니까 큰 책방은 내가 담당하고 자신은 어린이 책방을 맡을 수 있을 거라고 말했어요.

렉스는 먼저 내가 밖에 책상을 펼치고 책을 놓는 걸 도와줬어요. 그다음에 '그의 책방' 문 가까이 있는 작은 의자에 자리 잡고 앉아 '내 책방'에서 일어나는 일을 관찰하기 시작했지요.

일을 시작한 첫날, 얼마 지나지 않아 렉스가 내게 와서 자기도 내 것과 같은 책상과 컴퓨터가 필요하다고 말했어요.

"어린이 책방에는 책상 놓을 공간이 없는데, 렉스." 내가 답했어요.

렉스가 아주 진지한 표정으로 말했어요. "음, 그래도 내가 쓸 수 있는 컴퓨터만큼은 꼭 있어야겠어요."

"내가 컴퓨터로 뭘 하는 것 같아, 렉스?"

"모르죠. 하지만 가르쳐주면 나도 할 수 있어요!" 밝게 대답했어요.

어느새 손님들이 들어왔어요. 렉스가 자기 책방으로 달려가더니 의자에 꼭 앉아서 책을 훑어보는 작은 여자아이 두 명을 유심히 지켜보았지요.

그 아이들이 책 두 권을 들고 내 책방으로 와서 사겠다고 했어요. 그러자 렉스가 따라 들어오며 말했어요.

"그 돈 내가 받아야 하는데요? 내 책방 책이잖아요."

장부에 팔린 책을 기록해야 하니 내가 수납하는 것이 더 나을 것 같다고 설명했어요.

손님이 잠시 끊기자, 렉스에게 돈에 대해 알고 있는지 물어보았지요.

"아니요. 루스가 나한테 알려주면 되지요."

"그럼 책을 읽는 건? 렉스?"

"글자는 잘 읽지 못하지만 그림은 볼 수 있어요. 그리고 엄마와 아빠가 내게 책을 읽어줘요. 엄마가 매일 밤 책을 가져오라고 해요."

"렉스, 그냥 책방에 오는 모두에게 인사하고 네 책방에서 아이들과 이야기하는 건 어때?"

렉스는 바뀐 업무에 동의한 후 다음 손님을 기다리며 두 책방 사이를 서성거렸어요. 두 명의 남자가 책방에 도착하자 렉스가 그들에게 다가가 자신 있는 목소리로 "안녕하세요!"라고 외쳤어요. 그러고 나선 얼른 어린이 책방으로 달려가 자기 의자에 앉아 자리를 잡았어요.

한 여자아이가 장난감을 반납하러 책방에 들어왔어요. 분홍색 토끼 핑키, 낙타 카모, 고양이 모닝턴, 이렇게 셋이었지요. 렉스가 당당하게 장난감을 건네받은 뒤 아이에게 이 애들은 이제 목욕해야 한다고 말하고 내게 그들 셋을 데려왔어요.

둘째 날 아침. 렉스가 산뜻한 파랑 체크무늬 셔츠에 맨발이 아닌 양말과 구두를 신고 책방에 나타났어요. 자기가 입은 게 우리 책방 유니폼이라고 내게 알려주었어요. "정말 멋지네." 내가 답했어요. 렉스와 함께 책방 열 준비를 마친 뒤 내가 설명했어요. "코로나 때문에 모든 사람이 반드시 '체크인'해야 해."

"알아요! 알아요! 안 그러면 사람들이 아프고 나도 학교에 못 가요."

"맞아. 그러니 오늘부터는 손님들에게 '안녕하세요, 체크인하세요'라고 말하는 거야."

한 커플이 차를 세웠어요. 그들이 차 문을 열고 나오기도 전에 렉스가 나타나 두 사람 눈을 딱 올려다보며 "안녕하세요. 체크인하세요"라고 말했지요. 그러고 나선 휙 몸을 돌려 자기 책방으로 달려갔어요. 얼굴에 환한 웃음꽃이 만발한 채로요.

가끔 렉스는 자기 영역을 잠깐 벗어나 내 책방이 어떻게 돌아가는지 보러오곤 했어요. 한 손님이 농업 관련 책을 들여다보고 있었어요. 렉스가 그 손님에게 쭈뼛쭈뼛 다가가더니 "저, 그 책 읽어봤어요"라고 말했지요. 어떤 내용이냐고 묻자, 한 페이지에서 양 사진을 발견한 렉스가 아주 진지한 표정으로 즉시 대답했어요. "양 이야기요."

렉스는 집에서 할 일이 없을 때면 아침에 한 시간 반 동안 책방에서 일했어요. 이모, 삼촌, 할아버지, 그 외 여러 사람에게 자신이 책방지기 보조로 일하며 월급을 받고 있다고 알렸지요. 누군가 다른 일을 좀 해달라고 부탁하면 렉스는 고개를 저으며 말하곤 했답니다. "안 돼요, 루스에겐 내가 필요하거든요."

14
집에서 온 편지

크리스마스 시즌이 다가왔다. 나는 연말연시를 보내려고 영국, 호주, 미국으로 떠나는 선주와 승무원들을 위해 선박을 관리하는 일을 맡기로 했다. 소형 요트들의 슬립을 배정하고 인도양을 건너 아프리카 혹은 태국까지 가는 그다음 항해 준비도 해야 하는 일이었다. 마이크는 내가 다시 아일랜더호 승무원으로 돌아와 내년 아프리카행에 함께하길 바랐다.

하지만 맷과 긴 이야기를 나눈 끝에 나는 라바울로 돌아가 결혼하기로 마음먹었다. 호주를 경유하기 때문에 항공권 가격이 만만치 않았지만, 당연히 내가 부담해야 했다. 싱가포르에서 멜버른까지 385뉴질랜드달러, 거기서 브리즈번까지 일반 항공편으로, 그리고 포트모르즈비와 라바울까지는 프로펠러 여객기를 타야 해서 추가로 475뉴질랜드달러를 더 내야 했다. 그런데 파푸아뉴기니로 가는 비행편은 1월 중순께나 가능했다. 나는 고민 끝에 남은 시간에 히치하이킹으로 쿠알라룸푸르, 가능하면 방콕까지 가보기로 했다. 결국 비행편은 하나도 예약하지 않았다. 또다시 예상치 못한 비극이 닥쳐와 행복해질 기회를 날려버릴 것만 같아 두려웠기 때문이었다.

싱가포르 벼룩시장에서 새 옷을 장만하고 남은 돈이 1500달러 조금 넘었다. 선원용 가방에 짐을 꾸려 야간열차를 타고 국경을 건너 쿠알라룸푸르로 갔다. 쿠알라룸푸르에서는 1박에 33센트인 유스호스텔에 묵었다.

쿠알라룸푸르에서 방콕으로 가기 위해 히치하이킹을 시도했다. 얼마 지나지 않아 메르세데스를 모는 한 말레이시아 사업가의 차를 얻어 타게 되었다. 이렇게 운이 좋을 수가! 베트남전쟁이 12년째에 접어들던 해였다. 뉴질랜드 군대는 1970년과 71년에 베트남에서 철수했지만, 전쟁은 끝나지 않았다. 결국 1975년 남베트남을 지원하던 미국이 패하면서 비로소 전쟁이 막을 내렸다. 베트남전쟁은 뉴질랜드가 전통적인 동맹국인 영국과 별개로 참전한 최초의 전쟁이었다. 뉴질랜드의 참전은 영국보다 미국, 호주와의 국방 관계가 점점 더 강화되고 있음을 시사했다.

뉴질랜드의 베트남전 개입은 많은 논란을 일으켰고 국내외에서 비난과 항의 시위에 불을 지폈다. 1971년 뉴질랜드 전역에서 약 3만 명의 시민이 시위에 나서자, 당국은 외교정책을 전면 재검토했고 결국 철수를 결정했다.

방콕으로 향하는 도중 말레이시아 페낭에 있는 호주 공군기지 버터워스에 도착했다. 그곳에는 수많은 미군이 휴식과 재충전을 목적으로 주둔하고 있었다. 전쟁 이면에 숨겨진 정치 역학 관계를 이해하고 싶던 차에 전쟁터 가까이 왔으니 일단 캄보디아로 들어가 봐야겠다고 마음먹었다. 버터워스를 떠나기 전에 집에 전화를 걸어, 다음 목적지는 방콕임을 알렸다. 방콕에서 우편물을 챙기고 캄보디아 입국을 위한 비자를 신청할 예정이라고 말씀드렸다.

방콕은 2차 세계대전 후 미국의 원조와 정부 투자에 힘입어 빠르게 성장한 도시였다. 그 후, 베트남전쟁 동안 미군이 방콕에서 100킬로미터 남짓 떨어진 파타야 해변을 군 휴양지로 사용했고, 이 작은 어촌 마을은 순식간에 지상 최대 규모의 홍등가로 변하고 말았다. 군인들이 파타야에서의 쉬는 것을 '음주와 성관계 시간'이라고 부를 정도로 파타야는 성 관광지의 대명사로 확고히 자리를 잡았다. 파타야에 사흘을 머물렀는데 정말 혼란스러웠다. 남자, 여자 할 것 없이 수많은 젊은이가 술집이나 길거리에서 호객하는 것을 지켜보았다. 게다가 마약을 너무도 쉽게 구할 수 있었다. 나도 여기서 처음으로 대마초를 피워보았다. 다행히도 내게는 불쾌한 경험이었다.

방콕에 도착하자 곧장 우체국으로 가서 내게 온 우편물을 챙겼다. 우편물 더미 맨 위에 전보 한 장이 놓여 있었다. 일주일 전에 도착한 것이었다.

어머니 몹시 아프니 집으로 돌아오길.

이모가

바로 집에 전화했다. 어머니가 말기 암이었다.

닷새 후 싱가포르를 떠나 집으로 향했다. 3년 만에 가는 집이었다.

* * *

크라이스트처치 공항에 도착하자 아버지가 기다리고 있었다. 항상 쓰는 빵떡모자에 얼굴이 조금 창백했고 푸른 눈은 붉게 충혈되어 있었다. 내 짐이라곤 해군용 긴 가방 하나가 전부였다. 아버지가 가방을 받아 가볍게 어깨에 메고 공항 밖으로 나갔다. 아버지도 나도 아무 말도 하지 않았다. 어머니는 아버지의 첫사랑이자 유일한 사랑이었다. 두 분은 아주 어린 나이에 결혼했지만, 완벽한 짝으로 서로에게 충실하게 살아왔다. 어머니는 고작 마흔여섯이었다.

부모님은 이제 그리이스트처치 근교 리카턴에 살고 있었다. 아버지는 크라운 린 도자기회사에서 밤 근무로 일하며 매일 어머니 곁을 지켰다. 집으로 향하는 차에서 아버지는 아무 말도 하지 않았다. 휘파람 소리도 물론 없었다. 그렇게 무거운 침묵만 흐른 채 차가 저절로 가는 것만 같았다.

춤추듯 두리번거리는 눈과 아름다운 빨간 머리를 지닌 우리 어머니는 체구가 자그마했지만, 항상 에너지 넘치는 사람이었다. 내가 집에 들어서자, 소파에 앉아 나를 기다리던 어머니가 눈물을 글썽였다. 어머니와 내가 함께 보낸 4개월의 첫날이 시작되는 순간이었다.

    부모님이 살고 있는 집은 볕이 잘 드는 침실 두 개짜리 단층집이었다. 길에서 조금 떨어진 곳에 다른 네 집과 함께 자리하고 있었다. 그동안 아버지는 밤에 일하면서도 낮에 거의 잠을 못 자고 계셨다. 내가 돌아와 일상에 적응하게 되자 아버지가 주간근무로 변경했다. 부모님의 서로를 향한 사랑은 실로 지극했다. 어머니에게 꽃을 전하고 시를 읽어주며 정성스레 어머니 머리를 빗겨주던 아버지… 가끔 침대 위에 두 분이 나란히 누어 서로 감싸 안고 있는 모습을 보기도 했다. 내가 어머니에게 모르핀 주사를 놓으면 어머니는 이내 깊은 잠에 빠졌다. 어머니를 감싸고 있던 아버지의 눈에서 소리 없이 떨어지는 눈물이 베개를 타고 흘렀다.

    이모와 이모부는 크라이스트처치 반대편에 살고 계셨다. 저녁때면 나는 종종 차를 몰아 이모 집을 찾아갔다. 집에서 나를 삼키던 슬픔을 뒤로 하고 어머니의 유일한 자매인 이모의 더 큰 슬픔을 함께 보듬었다. 그 몇 달 동안 사촌 켄과 데이비드, 그리고 이반 이모부도 따뜻한 사랑으로 나를 감싸며 내가 흔들림 없이 나아가도록 도와주었다. 그러다 알게 되었다. 어머니와 아버지는 내 고통을 함께 짊어지고 끊임없이 나를 걱정해주셨다. 열여섯 살 이래로 겪었던 그 모든 일에도 나는 이 죄책감을 감당할 수 없었다.

    "네 편지는 거의 다 '내 걱정은 하지 말아요'라고 끝났지." 이모가 내게 말했다. "네 편지가 도착하면 네 어머니가 바로 내게 전화해서 읽어주었단다. 네 편지를 받을 때마다 언니가 얼마나 마음을 놓았나 몰라. 우리는 지도를 펴고 네 삶을 따라갔단다. 우리에겐 너무도 낯설었어. 넌 네 언니 질과는 참 달랐지. 켄과 데이비드와도 달랐고. 네 어머니는 자신을 탓했단다. 루티, 어머니랑 꼭 이야기를 나누렴."

이모의 말에 힘을 얻었을까? 어머니와 나, 우리는 날마다 이야기를 나누었다. 서로 웃고 울길 거듭했고 마침내 나는 어머니의 깊은 사랑을 진정으로 이해하게 되었다. 어머니가 어릴 적 이야기를 들려주었다. 크라이스트처치 남동쪽 항구마을 리틀턴에서 자랐고 외할아버지는 어부였다. 할머니는 밤이면 창가에 앉아 촛불이 꺼질 것을 걱정하면서도 작은 레이스 손수건을 꼬아 매듭을 지으며 고깃배의 환한 불빛이 나타나길 기다리곤 했었다. 나는 어머니가 아버지를 처음 만나 사랑을 키워가던 때와 두 분의 신혼 시절, 그리고 질 언니와 내가 차례로 태어난 무렵의 이야기도 들었다. 어릴 때부터 나는 늘 이런저런 소란을 일으켰음이 분명했다. 자꾸 일을 벌이는 내 성향이 아버지와 비슷하니 아버지와 내가 잘 맞을 수밖에.

극심한 통증과 모르핀 주사가 반복되면서 어머니의 몸은 서서히 쇠약해졌다. 그래도 어머니의 정신은 맑은 상태를 유지했다. 내가 어머니의 손을 잡고 책을 읽어드리면 편안히 지어 보이던 어머니의 따뜻한 미소, 그 미소가 내 마음속에 오롯이 새겨져 있다. 기억이란 의도하지 않더라도 세월이 흐르다 보면 세세한 부분이 달라지기 마련이다. 어떤 사실은 더해지기도, 잊히기도 하며 다시 쓰이기도 한다. 하지만 서서히 진행되던 어머니의 죽음을 곁에서 지켜본 증인으로서 어머니와 함께 보낸 시간을 떠올리면 어머니의 용기와 내면의 강인함이 선명히 떠오른다. 부드러운 손으로 내 눈물을 닦아주던 어머니, 사랑 가득한 눈으로 손을 뻗어 내 얼굴을 어루만지던 어머니… 어머니는 내가 왜 그렇게 위험천만한 삶을 살아가는지 그 누구보다도 잘 알고 있었다. 어머니는 내게 멀리 떠나갈 자유를 주었다.

부모님의 침실과 거실의 커튼을 젖히면 아침 햇살이 방 전체에 따스하게 퍼졌다. 아버지는 항상 이렇게 말문을 열었다. "태양이 다시 모자를 썼네. 새로이 멋진 날이 밝았어, 내 사랑!" 어머니가 편안한지 확인한 다음 부드럽게 입맞춤하고 아버지는 내게도 아침 인사를 건넸다. "나 출근한다, 루티. 저녁에 보자꾸나." 그러곤 도시락을 겨드랑이에 끼운 채 조용히 문을 닫고 일터로 향하곤 했다. 아버지가 다시 휘파람을 불기 시작했지만, 우리 모두 알고 있었다. 어머니를 위해 매일 길을 나서는 아버지의 휘파람은 그 미어지는 가슴을 조금 달래줄 뿐이라는 것을.

* * *

한편으로 나는 맷과의 결혼을 계속 생각하고 있었지만, 구체적인 날짜는 정하지 않았다. 어머니의 도움으로 아주 작은 꽃들로 덮인 연노란색 웨딩드레스를 만들 수 있었다. 어머니는 침대 머리맡에 앉아 드레스 목선을 따라 아주 촘촘하고 정교한 손바

느질로 레이스를 달았다. 허리선이 몸에 딱 맞고 찰랑찰랑 자락을 길게 드리우던 그 드레스는 그때까지 내가 가져보았던 드레스 중 가장 아름다웠다.

부모님 집에서 두 집 정도 떨어진 곳에 구역 내에 하나뿐인 호랑가시나무 한 그루가 서 있었다. 호랑가시나무는 세 개의 울타리로 둘러싸인 작은 모퉁이에 심겨 있었다. 오래전, 이 지역이 푸르고 생기 넘치는 나무들로 가득하던 시절에 심어졌다. 그런데 재개발 명목으로 오래된 널빤지 집들이 점점 철거되었고 집과 함께 넓은 뒤뜰도 불도저로 밀어버리는 바람에 잘 조성되었던 정원도 하루아침에 사라져버렸다. 집 소유자들은 고분고분하게 돈을 받고 집을 포기했다. 받은 돈으로 연금 수급자 아파트에 들어가 대부분 외롭게 남은 인생을 보냈다.

이 호랑가시나무는 그 불도저에서 살아남은 몇 안 되는 나무였다. 이제는 끝없이 늘어선 단조로운 아파트와 벽돌, 콘크리트, 돌, 그리고 그 차갑고 생기 없는 '새로운 삶의 방식'을 묵묵히 지켜보고 있었다. 각 소유자에게 허용된 약간의 사생활을 보호하기 위해 높은 울타리가 세워졌다. 울타리를 나무줄기에 최대한 바짝 붙이기 위해 아래쪽 가지들이 모두 잘려 나갔다. 다시 자랄 수 있는 공간이 거의 남아 있지 않았다.

어머니는 매일 아침 침대에서 몸을 일으켜 건너편에 조용히 서 있는 호랑가시나무를 바라보며 이렇게 말하곤 했다. "좋은 아침, 호랑가시나무. 우리 모두 또 한 밤을 살아냈구나." 어머니는 새들이 나무에 오가는 것이며 해의 움직임에 따라 나뭇잎

집에서 온 편지

색깔이 달라지는 모습을 지켜보는 걸 좋아했다. 그렇게 호랑가시나무는 어머니에게 등대가 되어주었다.

늦은 오후, 아버지의 휘파람 소리가 들리면 어머니의 얼굴에는 기쁨이 넘치고 생기가 돌았다. 나는 어머니를 소파에 앉혀 머리를 빗기고 얼굴과 손, 그 얇아진 피부에 크림을 골고루 발라드리곤 했다.

"오늘 어때, 내 사랑?" 아버지는 문을 열고 들어오면서 어머니에게 이렇게 물었다. 매 순간 어머니의 생명이 조금씩 사그라들어가고 있음을 잘 알고 있는 아버지지만 늘 그렇게 밝은 목소리로 어머니를 찾았다.

그러던 어느 날 저녁, 아버지가 말을 꺼냈다. "이웃에게 들었는데 곧 호랑가시나무를 베어낼 거라는군. 그 나무가 무슨 해가 된다고…"

어머니가 깜짝 놀라며 눈물을 흘렸다. "아냐, 절대 안 돼!" 지난 몇 달 동안 호랑가시나무는 어머니에게 큰 힘이 되어주었다. 이제 나무마저 죽는다는 생각에 어머니는 큰 충격을 받았다.

"루시, 네가 가서 어떻게 된 일인지 좀 알아보렴." 어머니가 애원하다시피 내게 말했다.

그 집은 마지막으로 남은 목조주택이었다. 내가 찾아가 문을 똑똑 두드렸다. 앞치마를 두르고 안경을 콧등에 낮게 걸친 노부인이 나를 맞았다. "무슨 일인가요?"

"호랑가시나무 때문에 왔어요. 나무를 벤다고 들었거든요."

"그래요, 정말 슬프지요? 그런데 나무를 베고 나면 새 주인이 집을 하나 더 지을 수 있나 봅니다. 내가 땅을 다 팔았거든요. 이제 난 집도 정원도 더 이상 돌볼 수 없어서요."

노부인은 이미 체념한 듯한 표정이었다.

"나무를 살릴 방도가 없을까요?" 내가 물었다.

"네, 안타깝게도 없어요. 너무 오래돼서 옮겨 심을 수도 없고 어쨌든 베어내는 게 더 싸게 먹힌다고 하더군요. 그래도 내가 떠날 때까지는 베지 않을 거예요. 그 약속만큼은 받아냈어요."

나는 그 노부인께 자초지종을 말씀드렸다. 어머니에 대해서, 그리고 그 호랑가시나무가 어머니에게 얼마나 중요한 의미인지 이야기를 다 해드린 다음, 나는 노부인이 내 눈물을 보기 전에 얼른 자리를 떴다.

집에 돌아와 아버지에게 말씀드리자, 아버지는 고개를 절레절레 흔들며 말했다. "네 어머니에겐 아직 말하지 말렴."

어머니 생의 마지막 몇 주 동안 아버지가 어머니와 단둘이 있고 싶어 했다. 나는 파푸아뉴기니행 항공편을 예약했다. 그 소식에 10개월 동안 참을성 있게 기다렸던 맷은 뛸 듯이 기뻐했다. 우리는 내가 라바울에 도착하면 며칠 후 바로 결혼식을 올리기로 했다.

떠나기 전 아버지에게 모르핀 주사 놓는 법을 알려드렸다. 그 외에도 어떻게 어머니 베개를 정리하고 또 어떻게 어머니 손발을 마사지해야 하는지 하나하나 설명했다. 마지막으로 의사에게 알려줄 수 있도록 모든 걸 기록하는 방법까지 세세히 알려드렸다. 아버지는 그 기간에 맞추어 직장에 휴가를 냈다.

부모님 집을 떠나던 날, 공허함이 밀려오고 기진맥진하여 무너져내릴 것만 같았다. 어머니가 내 등을 어루만지며 아버지와 작별할 시간이 필요하니 이것이 부모님이 원하는 바라고 했다. 또 내가 맷과 같은 특별한 남자를 만나 마침내 정착하게 되어 무척 기쁘다고 덧붙이셨다. "그렇게 오래 기다리는 남자가 얼마나 되겠니, 루시? 맷이 널 사랑하잖아. 어서 가서 그에게 네 사랑을 보여주렴."

이모와 이모부가 날 공항에 데려다주기 위해 오셨고 아버지는 문 앞에 초췌한 모습으로 구부정하니 서 계셨다. 아버지가 포옹하며 내게 고맙다고 하시더니 평소처럼 무뚝뚝하게, 하지만 분명하게 덧붙이셨다. "자, 네 길을 가렴!" 아버지는 엷은 미소 지으며 슬픈 눈으로 돌아서서 문을 닫았다.

15
사라지다

하루하루 시간이 줄고 있는 어머니를 뒤로 한 채, 그렇게 다시 뉴질랜드를 떠났다. 내 마음속 문이 닫히고 모든 감정이 암흑 속에 지워지는 것만 같았다. 이런 어둠이 내 고통스러운 기억을 떨쳐내고 앞으로 나아갈 수 있게 했다. 그래서 나는 어둠을 반겼다.

내가 슬픔을 이겨내는 방식은 더 많은 위험을 무릅쓰고 더 많은 모험에 자신을 던지는 것이었다. 최악의 경우라 해보았자 죽는 것밖에 없으니 나는 그 어떤 것도 두렵지 않았다.

이제 내 일상은 항상 혼란스러울 수밖에 없다는 것을 익히 잘 알고 있었다. 과거를 잊고 온전히 미래에 집중하여 계속 움직이는 것이야말로 내가 앞으로 나아갈 수 있는 유일한 길이었다.

맷은 라바울 공항에서 기다리고 있었다. 그의 미소는 너무나 진솔하고 사랑이 넘쳤다. 그의 품에 안겨 행복과 부끄러움,

그리고 혼란의 눈물을 흘렸다. 우리는 너무나도 달랐다. 그는 나보다 세 살 어린데도 일 년 가까이 나를 기다리면서 우리 관계에 대해 그 어떤 의문도 품지 않았다. 사흘 만에 필요한 모든 준비를 마치고 1972년 6월 1일 마침내 우리는 친구들의 축하를 받으며 결혼식을 올렸다. 그렇게 나는 그의 아내가 되었다.

그리고 나흘 후인 6월 5일에 어머니가 돌아가셨다. 하지만 나는 그 사실을 이틀 후에 전보를 받고 나서야 알게 되었다.

어머니는 월요일 오전 5시 평온히 세상을 떠남.
오늘 장례식 치름.
사랑을 담아 아버지 질 콜린 & 이모

어떤 기억은 마음속에 오롯이 새겨져 있어 언제나 생생히 떠올릴 수 있다. 어지러운 거미줄도, 뿌연 구름도 없이 맑고 선명하다. 맷과 나란히 침대 한쪽에 앉아 전보를 손에 든 채로 눈을 감고 어머니의 얼굴과 목소리, 어머니의 손길과 어머니의 냄새까지 뚜렷하게 떠올렸다.

어머니와 작별 인사를 충분히 나누었지만, 막상 전보를 받고 나니 마음이 무너져내렸다. 무엇보다 어머니가 평온히 돌아가시지 못했을 것임을 알고 있었다. 떠나오기 직전, 지독한 통증으로 고통받던 어머니를 곁에서 지켜보지 않았던가. 가슴이 저렸다.

죽음은 내 인생에 너무 자주 찾아오는 손님만 같았다. 그러다 보니 이제 나는, 살 에이는 고통이 나를 집어삼키고 우울 속에 빠뜨리기 전에 그 고통을 막아내는 법을 익히게 되었다.

우리는 항공청이 제공한 사택에서 살았다. 가젤 반도의 원주민인 톨라이족의 '피터'라는 하우스 보이도 함께였다. '보이boi'는 원래 영국 식민지 개척자들이 원주민 남자를 일컫는 단어였는데 이주민들도 그대로 받아들여 사용하다가 1950년 금지되고 영어 철자 'boy'로 대체되었다. 나는 하인을 두는 것에 반대했지만, 지역 주민에게 일감을 주고 임금과 숙소를 제공하는 것이라고 받아들여야만 했다. 하우스 보이 피터는 집 밖에서 요리했고 뒷마당에 있는 콘크리트 움막의 흙바닥에서 지내면서 움막 뒤편의 양동이로 몸을 씻었다. 반면 우리는 모든 걸 갖춘 침실 두 개짜리 집에서 안락하게 살고 있으니 뭔가 단단히 잘못된 거만 같았다.

현지인 중 많은 사람이 아레카 야자수의 일종인 빈랑나무 열매를 즐겨 씹었는데 거기엔 각성제 역할을 하는 성분이 들어 있었다. 빈랑나무 열매는 '부아이'로 불렸다. 현지인들은 겨자 줄기를 소석회 가루(물과 혼합된 산화칼슘)에 담가 부아이와 함께 씹는 것을 좋아했다. 부아이가 그들의 입을 빨갛게 물들이고 이를 썩게 할 뿐만 아니라 구강암을 유발하기도 했다. 아직도 현지에서는 부아이를 즐겨 씹는다. 세계보건기구에 따르면 전 세계 구강암과 구인두암 신규 환자 500명 중 한 명은 파푸아뉴기니에서 발생한다.

라바울은 애초부터 톨라이족 마을이 아니었다. 어디까지나 식민지 지배를 위해 건설된 외국인 거주자, 즉 이주민 도시였다.

파푸아뉴기니 사람들과 중국인들은 도시 외곽에 있는 자신들의 가게와 허름한 건물에서 살았다. 처음 라바울에 머물렀을 때 나는 중국인 커뮤니티에서 친구를 많이 사귀었던지라 돌아와서도 곧바로 환영받을 수 있었다. 일부 사람들은 내가 다시 도박 기록원 역할을 맡아 저녁 카드 모임에도 합류하기를 바랐다. 하지만 이제 나는 결혼한 몸이라 맷의 평판도 생각해야만 했다. 불법 마권 업자를 위해 다시 일하는 건 아무래도 위험하다고 판단했다.

우리가 결혼하고 얼마 지나지 않아 항공 교통 관제사 로드 토머스와 그의 부인 팸이 라바울로 오게 되었다. 팸과 나는 급속도로 친해져 우정을 쌓았고 지금까지도 가까이 지낸다. 당시 우리는 서로 많이 달랐지만 팸은 내게 큰 힘이 되었다. '도통 까다로운 데다가 일절 타협하지 않는' 나의 성격을 마음에 들어 했다. 팸은 나와 달리 긴 금발에 멋진 몸매, 환상적인 옷차림(라바울의 작은 옷 가게에서 일하기도 했다)으로 매력이 넘치는 사람이었다. 늘 내 곁에 있었고 또 우린 아주 가까웠으나, 팸에게 내 지난 이야기는 단 한 번도 하지 않았다. 그러기엔 풀어내야 할 게 너무 많은 데다가 나는 무엇보다 앞으로, 오로지 앞으로 나아가고만 싶었다.

라바울에 정착하고 처음엔 코스모폴리탄 호텔에서 일하다가 정형외과 의사인 마리온 래드클리프 테일러 박사('매티')의 간호조무사 겸 운전기사로 일하게 됐다. 매티는 20년 넘게 라바울에서 살아온 뉴질랜드 여성으로 1922년 의과대학을 졸업했다. 언젠가 매티가 내게 말한 적이 있는데 당시는 '여자 의사는 믿음직스럽지 못하게 여겨지던 시절'이었다고 한다. 매티는 더니든 병원에서 숙식 외과의로 일하다가 왕립외과대학의 전임의 과정을 밟기 위해 런던으로 떠났다. 하지만 런던에서 여성에게는 기회가 주어지지 않는다는 것을 알고 에든버러로 향했다. 이후 자격을 취득한 다음 잠시 뉴질랜드로 돌아왔다가 호주로 갔다. 그 뒤 결혼 생활에 실패하고 1954년 파푸아뉴기니로 오게 됐다. 열렬한 페미니스트였던 매티는 여성이 동일 노동에 동일 임금을 받지 못한다는 사실에 분노하여 라바울에 직접 정형외과 전문 병원을 열었다.

매티와 나는 마음이 척척 맞는 동료가 되었다. 우리 모두 사회가 강요하는 '보편적인 기준'을 받아들이지 않았고 그 한계를 뛰어넘으려는 의지가 있었기 때문이다. 매티와 일하면서 내가 페미니스트라는 사실을 깨달았다. 당시 많은 여성이 우르르 일어나 동일 임금을 요구하고 남성 중심의 직업에 도전하며 브래지어를 벗어 던지겠다고 선언하고 있었다. 매티의 병원에서 일하기 시작하고 몇 주 지났을 때 매티가 내게 물었다. "도대체 브래지어를 왜 하고 있어요, 루시? 그냥 없애버려요!" 결국 나는 속이 비치는 가벼운 옷을 입거나 운동할 때 말고는 브래지어를 하지 않았다. 내 가슴이 작아서 다행이었다.

우리는 차를 타고 뉴브리튼 섬 전역을 돌며 마을에 진료소를 열었다. 골절 환자들을 치료하고 가끔 분만을 맡아 아기를 받기도 했다. 매티는 간단한 수술을 집도하고 약을 나누어주었다. 그리고 세계보건기구의 의뢰를 받아 뎅기열과 말라리아를 옮기는 모기 두 종의 연구를 위해 물을 채취했다. 우리는 말라리아 예방을 위해 황산 퀴닌 정제를 미리 복용했다. 하지만 뎅기열 예방약은 따로 없었다. 우리는 현지 주민들이 물을 깨끗하게 유지하고 스스로 보호할 수 있도록 교육하는 것을 중점으로 뒀다.

시간이 지나면서 매티는 '굿펠라 투마스 독타'(최고 훌륭한 의사)로, 나는 '릭릭 메리 독타'(작은 여자 의사)로 알려졌다. 그렇게 사람들 모두 매티를 알고 있었지만 만일 운전 중 누군가를 치더라도 절대로 멈추지 말라는 경고를 받았었다. 현지의 보복 관습 때문에 우리가 살해당할 수 있기 때문이었다. 그래서 우리는 항상 차 문을 잠근 상태로 다녔다.

1972년 파푸아뉴기니 총선 이후 마이클 소마레가 연립정부를 구성했다. 그는 자치 정부를 수립하고 나아가 독립을 이루겠다고 약속했다. 라바울에 거주하던 외국인들 상당수가 '식민지 독재자'를 지지하는 벽보에 두려움을 느낀 나머지 라바울을 떠나기로 결심했다. 하지만 몇 차례의 작은 시위 말고는 우리 일상에 별다른 변화는 없었다. 우리가 위협받는 일도 전혀 일어나지 않았다. 매티는 자신이 사랑하는 사람들의 독립을 직접 목격한다는 사실에 무척 기뻐했다.

매티는 일주일에 5일이나 수술을 집도하며 일에 매달렸다. 사람들을 도우려는 의지와 에너지가 넘쳐나는 여성이었다. 종종 돈을 받지 않기도 했다. 매티와 함께 일하는 것은 언제나 즐거웠다. 하지만 갑자기 매티가 뇌염에 걸려 치료를 위해 급히 호주로 떠나게 됐다. 매티는 파푸아뉴기니로 다시 돌아오지 못했다. 이는 매티에게 엄청난 충격이고 좌절이었을 것이다.

나는 영원히 매티를 잊을 수 없을 것이다. 훗날 살아가면서 내가 내린 많은 결정은 매티와 함께 일하던 경험을 바탕으로 했기 때문이다.

매티가 라바울을 떠난 후, 나는 트래블로지 호텔 옆에 작은 카페를 열어야겠다고 마음먹었다. 나의 첫 번째 지출 항목은 변호사 수임료였다.

> 귀하를 대신하여 트래블말 빌딩 내 커피숍 매입 및 양도 증서 작성과 관련된 업무를 수행하고, 모든 당사자의 서명에 참석하며 사업자 명칭 신청을 처리하고 그에 대해 보고하는 데 드는 전문 비용에 대해 말씀드립니다.

총 38.54뉴질랜드달러가 나왔고 인지세는 1달러였다.

1974년 7월 8일, 주식회사 라바울 모텔의 공동 직인이 찍힌 세 쪽 분량의 공식 양도 증서에 서명했다.

'애플타이저' 영업 시작! 첫 12주 동안 매출이 7000달러를 넘었고 순이익은 1080달러였다. 1970년대 중반 호주의 연평균 임금이 7000달러 정도였으니 기분이 좋을 수밖에! 하루에 여섯 시간만 문을 열었고 모든 베이킹은 내가 직접 다했다. 카페는 금세 바빠졌고 사람들로 테이블이 꽉 차는 날도 늘어났다.

캣 스티븐스, 다이애나 로스, 비틀스, 엘비스 프레슬리의 음악을 틀고, 두 사람이 겨우 들어갈 정도의 작은 주방에서 쉴 새 없이 계속 음식을 만들어냈다. 점심시간에는 너무 정신없을 정도로 바빴다. 결국 현지 여자아이 두 명을 보조로 고용해 일을 가르쳤다. 카페가 한창 붐비는 와중에 내가 팸에게 카페 문을 닫고 영업이 종료되었다고 모두에게 말하라고 한 날을 팸은 아직도 기억한다. 내 일을 도와주던 아이가 시장에서 식료품 사는 걸 깜빡 잊어버려 음식 재료가 일찍 바닥나버렸던 날이 몇 번 있었는데 바로 그런 날이었을 것이다.

당시 카페를 운영하던 시기에 아버지께 좋은 소식을 받았다. 어머니가 돌아가신 후 아버지는 여자 친구를 두어 명 만났다. 진정한 로맨티스트였던 아버지는 만나는 여자 친구에게 헌신을 다해 애정을 쏟았다. 하지만 아버지는 자신의 나이를 슬쩍 줄여 말하곤 했다. 아버지의 첫 여자 친구인 브렌다를 처음 만났을 때, 내가 자신보다 몇 살 어릴 뿐이라는 걸 알고 브렌다가 깜짝 놀랐다. 그때부터 브렌다는 아버지를 '녹슨 갑옷을 입은 나의 기사!'라고 불렀다. 브렌다는 마라톤을 즐겼고 멋진 독일셰퍼드를 키웠다. 브렌다가 달리는 동안 아버지는 개와 함께 결승선에서 기다렸다. 그렇게 아버지는 자신이 같이 달리지 않아도 되는 한, 브렌다의 충실한 지원군이 되겠다는 약속을 지켰다.

브렌다와 헤어진 후, 아버지는 내스비 시절 친구 기비의 소개로 그의 여동생 조앤을 만났다. 그리고 즉시 본격적인 구애 모드로 들어가 조앤의 환심을 사기 위해 갖은 애를 썼다. 일요일이면 완벽한 코스를 짜 드라이브를 나갔고 조앤의 우편함에 꽃

다발과 초콜릿 상자를 넣어두곤 했다. 소앤은 수년 전에 남편을 여의고 혼자 지내왔기 때문에 기비는 아버지를 소개함으로써 두 사람이 새 출발할 수 있을 것으로 생각했다. 결과는 효과 만점이었다!

라바울에서 카페 운영에 열중하던 시기에 청첩장을 받고 나는 무척 놀랐다. 그도 그럴 것이 나는 아버지가 누군가와 진지한 관계에 있으리라곤 생각하지 못했다. 맷과 나는 아버지의 결혼식에 참석하기 위해 크라이스트처치로 향하는 비행기에 올랐다. 맷은 뉴질랜드에 처음 방문하는 것이었고 동시에 아내의 가족도 처음 만나는 것이었다. 조앤이 신실한 가톨릭 신자였기에 결혼식은 성당에서 치러졌다. 아버지는 아주 빛이 났다. 얼굴 가득 웃음이 넘쳤고 유머로 좌중을 웃게 했으며 집 안을 돌며 춤을 췄다. 오랜만에 뵌 아버지는 정말 행복해 보였다. 조앤이 요리에는 서툴렀지만, 아버지가 잘 도와주니 두 사람은 멋진 한 팀이 되었다.

한편 맷과 나, 우리 사랑도 잘 풀려나갔다. 우리가 속한 공동체 안에서 평온히 살아가며 우리 관계는 더욱 단단해졌다. 운동을 좋아하는 나는 스쿼시를 즐겼고 남태평양 라거 하키팀에 합류했으며 청소년을 돕는 '걸 가이드'의 라바울 지부인 '라바울 레인저스' 활동도 시작했다. 또한 나는 지역 신문인 아일랜드 트레이더에 어린이를 위한 동화를 쓰는 일도 했다. 이렇게 멋진 사회생활을 즐기며 우리는 솔로몬제도와 태즈메이니아로 휴가를 다녀오기도 했다.

나는 젊은 여성이 원할 만한 모든 것을 다 가진 상태였다. 특히 내 곁에는 이해심 넓고 속 깊은 남편이 있었다.

1분도 허투루 보내지 않는 꽉 찬 삶이 이어졌다. 카페는 크게 성장하여 베이킹과 카페 운영 전반에 걸쳐 나를 도와줄 이주민 직원까지 고용하게 되었다. 하지만 나는 이 완벽히 행복한 일상에서도 서서히 무너지고 있었다. 어느 날부터 갑자기 잠드는 것이 힘들어졌다. 이유를 도무지 알 수 없었다. 결국은 술을 마시기 시작했다. 바카디와 콜라, 골든 드림 칵테일, 값싼 와인 등 가리지 않고 마셨다. 맷의 직장 계약이 끝나감에 따라 우리가 호주에서의 삶을 계획했기 때문이었을까? 아니면 우리가 가족을 이루는 이야기를 하고 있었기 때문이었을까? 라바울의 평온한 일상에 처음으로 두려움이 몰려왔다.

그러다 보니 내 삶은 완전히 바뀌고 말았다. 얼기설기 쌓아 올린 카드가 한순간 무너지듯 어두운 내 과거 위에 차근차근 일구어가던 행복한 삶이 일시에 붕괴되었다. 친구들과 이야기를 나누고 맷과 함께 문제를 해결하는 대신 나는 카페를 판 뒤 나무로 만든 차 궤짝 네 개에 짐을 챙겨 야반도주하듯 라바울을 떠났다.

또다시 도망치고 말았다.

책방 이야기
표지판을 참고해주세요

마나포우리 홈스트리트와 힐사이드 로드 모퉁이에 '책방 열림' 표지판이 자리 잡고 있어요. 책방 밖에 걸린 칠판에도 책방이 열려 있다고 분명히 적혀 있지요.

그날 아침 나는 책방 안 작은 책상 앞에 앉아 있었어요. 책방 안에도, 밖에도 책장마다 책이 꽉 차 있었고 두 책방 문도 활짝 열려 있었지요.

중년의 미국 여성 한 분이 문으로 다가왔어요. 들어오지는 않고 문 앞 계단에 서서 앞으로 몸을 기울였어요. 내가 뭐라고 말하기 전에 묻더군요. "문 열었나요?"

문이 열려 있었고 또 분명히 책방 안에 있는 나를 보았을 텐데 이상하다 싶어 잠깐 머뭇거리다 내가 미소 지으며 답했지요. "네."

"아!" 그는 놀란 표정이었어요. 그 표정에 내가 더 놀랐답니다. 바로 다음 질문이 이어졌어요. "책도 파나요?"

책들로 둘러싸여 있는 책방에서, 그 책방을 지키는 책방지기가 이 질문에 어떻게 답해야 할까요? 갑자기 머릿속이 뒤죽박죽되어 불쑥 이렇게 답하고 싶어졌어요. "아니요, 여긴 정육점이랍니다." 하지만 나는 그냥 그를 바라보기만 했고, 결국 그는 돌아서 나갔어요.

16

순순히 가지 마오

브리즈번의 한 호텔에 체크인했다. 하룻밤 묵고 시드니나 멜버른으로 가서 일자리를 찾아볼 생각이었다. 한편 내 짐이 들어 있는 나무 궤짝은 시드니로 배송되고 있었다. 그곳 수화물 창고에 계속 보관되도록 처리했다. 귀중품 몇 개와 옷으로 꽉 찬 여행 가방 하나만 들고서 곧게 마음을 먹었다. '이걸로 충분하고말고, 자, 이제 다시 시작이야.' 내 나이 스물여덟이었다.

하지만 아무런 계획도 구체적으로 세우지 못했다. 4년 전의 가슴 찢기는 슬픔이 너무도 생생히 떠올랐다. 내 아들 조슈아, 내가 분명히 품에 안아보았던 조슈아. 그리고 조슈아의 작은 시신이 안치된 공동묘지. 다신 돌아오지 않겠다고 떠난 브리즈번에 이렇게 와 있다. 어떻게 내 아들을 찾아가지 않을 수 있겠는가?

묘지로 향하는 버스에 올랐다. 앞자리에 앉은 유일한 승객이 운전기사와 즐겁게 이야기를 나누고 있었다. 나는 버스 중간쯤에 앉았다. 화창한 날씨가 일상인 도시에 폭우가 쏟아지고 있어서 휴일임에도 사람들이 많지 않았다. 내 손은 엷은 파란색 손수건을 계속 꼬아가며 매듭짓는 걸 반복하고 있었다. 불안감이 커지고 있다는 증거였다.

젖은 도로에 브레이크가 끼익 소리를 내며 버스가 멈췄다. "이 정류장입니다, 부인." 운전기사가 나를 불렀다.

버스 계단을 내려와 우산을 펼쳐 들었다. 아침부터 쏟아지는 비가 도시 외곽의 우울한 풍경을 빚어내고 있는 탓일까. 가을날에 맞게 옷을 입고 있는데도 몸이 으스스 떨렸다. 거센 비가 가죽 부츠 주위로 마구 튀었고 긴 레인코트의 아랫단은 비에 젖어 칙칙해졌다.

버스 안에서 평정심을 잃지 않으려 기를 쓰고 버텼지만, 버스에서 내리자마자 감정이 북받쳐 올라 숨을 헐떡이며 흐느끼기 시작했다. 들고 있던 우산을 내던졌다. 우산은 바람에 날려 길 건너편으로 사라졌다. 절박한 마음에 묘지를 향해 달려갔다. 발걸음이 점점 빨라졌다. 하지만 언덕 꼭대기에 다다르자, 불현듯 망설임이 들었고 발걸음이 무거워졌다. 빗물과 눈물로 범벅된 얼굴을 훔치며 힘겹게 고개를 들었다. 가톨릭 공동묘지가 어렴풋이 눈앞에 나타났다.

걸어 들어가는 길가에서부터 이곳이 상류층을 위한 묘지라는 인상을 짙게 풍겼다. 길 바로 뒤편에 허영심으로 가득 찬 거대한 무덤이 신전처럼 위풍당당하게 서 있었다. 굳게 잠긴 문은 두꺼운 유리로 되어 있었다. 혹시 모를 침입자는 막으면서 여기

묻힌 이탈리아 가문의 부는 자랑하겠다는 의지로 읽혔다. 길고 차가운 대리석 석판에 이곳이 브루노, 마리아, 안나 등 조반니 가족의 안식처임이 표기되어 있었다.

푸른 잔디밭이 경건히 펼쳐진 곳을 지나면 보통 사람들의 평범한 묘비가 이어졌다. 거대한 신전보다 조용하게 애도를 표하고 있었다. 가톨릭 묘지답게 곳곳에 돌로 빚은 천사와 십자가가 보였고 고개를 숙인 성모 마리아상도 볼 수 있었다.

공동묘지는 실로 어마어마하게 넓었지만, 나는 조슈아가 어디 묻혀 있는지 정확히 알고 있었다. 값비싼 장례식장과 신전 같은 무덤, 그리고 웅장한 기념비를 차례로 지나 하얀 돌길을 걷고 있자니 점점 분노가 치밀어 올랐다. 길에서는 보이지 않는 언덕 아래 경사면을 따라 작은 묘들이 가지런히 줄지어 있었다. 언덕 맨 아래에는 공용 구역이 있어 따로 묘지를 마련하지 못한 사람들의 무덤이 함께 자리했다. 두 줄의 작은 십자가들이 구름이 뒤덮인 하늘을 배경으로 쓸쓸히 서 있었다.

이제 나는 비에 흠뻑 젖었고 머리카락이 뭉쳐 얼굴과 목에 달라붙었다. 등에 무거운 짐이라도 진 듯 몸을 잔뜩 구부린 채 천천히 언덕 아래로 내려갔다. 내려갈수록 땅이 부드러워져 바닥에 이르러선 물이 흠뻑 배어 있는 상태였다. 내가 발을 옮길 때마다 질퍽질퍽 소리가 났고 부츠는 이제 진흙 범벅이 되었다.

마침내 조슈아 앞에 다다랐다. 걸음을 멈추고 고개를 들어 눈을 감았다. 눈물이 그치자 분노가 씻겨 내려갔다. 눈을 뜨고 바라보았다. 진흙탕 속에 조금 기울어진 채 서 있는 나무 십자

가. 그 곁에 내가 심어둔 작은 장미 꽃나무가 힘겹게 버티며 살아 있었다.

손을 뻗어 십자가를 어루만졌다. 작은 놋쇠 판에 새겨진 몇 글자.

조슈아 생후 13시간 반

아들의 삶처럼 간결했다.

고개를 젖히고 하늘을 향해 비명을 지르는 나. 늙은 주정뱅이처럼 무릎을 꿇고 흐느꼈다. 그토록 이겨내려 몸부림쳤던 고통과 슬픔, 그리고 죽음이 한꺼번에 온몸을 덮쳐오고 나는 통곡했다. 나를 둘러싸고 누워 있는 망자들을 향해 소리쳤다. 고요한 아침의 적막을 뚫고 울부짖었다. 그 누구와도 나눌 수 없는 이 아픔, 이 고통. 그리고 외로움이 뼛속까지 사무쳤다.

그곳에서 비를 맞으며 웅크리고 앉아 얼마나 오랫동안 울었는지 기억나지는 않지만 결국 나는 몸을 벌벌 떨기 시작했다. 진흙투성이가 된 내 손은 하얗게 질렸고 손톱이 파랗게 변했다. 이 세상과 완전히 단절된 것만 같았다.

절망의 늪에 빠졌고 이내 걷잡을 수 없는 충동이 몰려왔다. 나무 십자가, 내 아들 조슈아의 십자가를 두 팔로 감싸며 손으로 아랫부분을 잡고 힘껏 당겼다. "나랑 함께 가는 거야. 이 빌어먹을 진흙탕은 아니야."

몇 번을 힘껏 당겼을까. 두꺼운 진흙이 마침내 십자가를 내주었다. 장미도 땅에서 떨어져 나왔다. 십자가를 품에 안고 비틀비틀 언덕길을 걸어 올라가는 엉망진창인 내 모습을 지켜보는 사람은 아무도 없었다.

언덕 꼭대기까지 올라와 뒤돌아 내려다보았다. 조슈아의 무덤이 있던 곳이 텅 비어 있는 것 같았다. 그곳에는 오직 내 아들의 작은 몸만이 진흙탕 속에 '평화로이' 숨겨져 있었다.

비틀거리며 길가로 나왔다. 그런 내 모습은 몸서리치도록 끔찍한 광경이었을 것이다. 하지만 누군가 쳐다본다 해도 나는 알아차리지 못했을 것이다. 어차피 신경을 쓰지도 않았다. 나는 그저 나와 조슈아를 이어줄 손에 잡히는 무언가를 찾았다는 생각뿐이었다.

발을 헛디뎌 넘어졌고 십자가가 내 몸을 짓눌렀다. 두 손으로 십자가를 꽉 잡고 힘겹게 몸을 일으켰다. 지나가던 차 한 대가 멈춰 섰다. 차창이 내려지더니 차 안의 여자가 눈을 크게 뜨고 나를 바라봤다. "도와드릴까요?"

바로 운전자가 밖으로 나와 내가 서 있는 곳으로 다가왔다. 흠뻑 젖은 내 옷, 진흙으로 범벅된 얼굴과 손을 가만히 바라보더니 고개를 저었다. 나는 몸을 떨며 걷잡을 수 없이 울고 있었다.

"자, 우리가 도와줄게요. 아가씨."

내가 초점을 잃은 휑한 눈으로 그를 쳐다보았다.

"품에 안은 건 뭐죠?" 그가 친절하게 물어보았다. "들고 다니기엔 뭔가 이상한 것 같은데요."

그의 도움을 마다하지 않고 나는 그가 이끄는 대로 차의 뒷좌석으로 들어가 앉았다. 아픈 아이를 안듯이 나무 십자가를 꼭 붙잡고 있었다. 그가 내 무릎 위에 십자가를 절반쯤 걸친 다음 나머지 부분을 차 안으로 넣으려고 애썼다.

"어디로 데려다주지?" 그의 아내가 물었다. 당황한 데다 조금 겁에 질린 목소리였다.

"병원? 아니면 경찰서로 가야겠지. 말을 걸어봐, 뭔가 얘기해 줄 수도 있잖아."

"당신은 왜 멈춘 거야. 난 불편해. 아무래도 이 사람 제정신이 아닌 것 같아. 십자가는 또 뭐야?"

빗길을 조심스럽게 운전해 가면서도 그는 계속 시선을 올려 백미러를 쳐다보았다. 뒷좌석에 구부정하니 앉아 있는 내가 보이도록 거울 각도가 맞춰져 있었다.

"스탠, 저 명판에 뭐라고 쓰여 있는지 알아?" 그의 아내가 마치 내가 듣지 못하기라도 하는 듯 물었다. "'조슈아, 생후 13시간 반.' 저 여자 아들일까?"

"아마도… 자기가 물어봐봐."

"아니. 나는 이 상황이 싫은데. 그냥 저 사람 내려주자." 속삭이는 것치곤 너무 큰 목소리였다. "우리가 관여할 일이 아니잖아, 스탠! 차 세워!" 여자의 감정이 격해졌다.

마지못해 그가 차를 세우고 고개를 돌려 나를 바라보았다. "당신을 돕고 싶어요." 그가 아주 천천히 또박또박 내게 말했다. "내 말 이해하겠어요? 차에서 내리고 싶어요?" 그가 진심으로 걱정하는 눈길로 나를 바라보더니 좌석 뒤쪽으로 손을 뻗어 내 손을 잡았다. 나는 본능적으로 손길이 닿는 것을 피하려고 움츠렸다. 하지만 이내 그의 손을 꽉 잡았다.

"당신이 가고 싶은 곳에 데려다줄 테니 내게 말해봐요."

그의 손에서 따스함과 강인한 힘이 느껴졌다. 머리가 맑아지기 시작했고 곧 내가 무슨 짓을 저질렀는지 깨달았다. 이어 평온함이 안개처럼 나를 감싸 안았다.

"저를 넛지로드까지 데려다주실 수 있을까요?" 내가 부탁했다.

내 차분한 목소리에 놀란 여자가 뒤돌아 겁먹은 표정으로 나를 바라보았다. 하지만 남자는 친절하게도 미소를 지으며 고개를 끄덕였다. "잘했어요, 아가씨."

내가 여자를 똑바로 바라봤다. 눈이 마주쳤다. "괜찮아요." 여자에게 조용히 속삭였다. "나는 미치지 않았어요. 어쨌든 지금은요."

모텔에 도착하여 스탠이 십자가를 들고 차 문 옆에 서서 내가 나올 수 있도록 도와주었다.

"이건 내가 옮겨줄게요. 이상해 보이지 않을 거예요." 그가 반쯤 속삭이듯 내게 말했다. 그의 아내가 우리를 빤히 쳐다보고 있었다.

1층에 있는 내 방으로 함께 걸어갔다. 그는 마치 매일 하는 일인 것처럼 자연스럽게 십자가를 지고 내 옆에서 성큼성큼 걸었다.

"내가 더 도와드릴 게 없을까요?" 그가 십자가를 작은 테이블에 걸쳐 세워놓으며 물었다. "괜찮겠어요?"

"네, 괜찮아요. 내 아들이 맞아요, 조슈아예요."

"그런 것 같았어요. 이제 무엇을 할 거죠?"

"생각할 시간이 필요하겠지요"라고 말하며 그를 안아주었다. "정말 고마워요, 스탠."

그도 나를 안아주었다. 덩치만큼이나 큰 포옹이었다. "이름이 어떻게 되지요?"

"루스."

"루스, 특별한 경험이었어요. 잊지 못할 거예요. 잘 지내요, 아가씨."

그리고 나는 침대에 쓰러져 바로 잠에 곯아떨어졌다.

그렇게 내리 몇 시간을 자고, 일어나자마자 나가서 튼튼한 갈색 자루 하나를 사 왔다. 자루 안에 십자가를 잘 넣고 밧줄로 단단히 묶은 다음, 여행 가방과 함께 들고 공항으로 가서 멜버른행 비행기를 탔다. 멜버른 공항에 내린 후 다시 캔버라로 가는 비행기에 올랐다. 바로 출발하는 항공편 중 유일하게 좌석이 남아 있었다는 것 말고 다른 이유는 없었다.

* * *

낯선 곳에 정착하여 새로운 삶을 일구어가는 것이 이제 내겐 자연스러운 일이 되었다. 이런 생활을 여러 번 반복해왔기에 나만의 방법이 있었다. 캔버라에 숙소를 잡고 신문을 샀다. 몇 시간이 지나지 않아 퀸비얀의 한 호텔에서 면접을 봤다. 퀸비얀 호텔은 도시 중심에서 벗어나 뉴사우스웨일스의 주 경계 바로 건너편에 있었다.

수석 셰프가 내게 새벽 주방 보조 및 조식 요리 담당자 자리를 제안했다. 새벽 4시부터 아침 7시 반까지 페이스트리 셰프와 함께 일한 다음 오전 9시 30분까지 아침 식사를 요리하고 점심용 샐러드와 디저트 준비를 돕는 업무였다. 오후 2시에야 근무가 끝나는 고된 일이었지만, 정신없을 정도로 바쁘게 일해야만 앞으로 나아갈 수 있다는 건 내가 제일 잘 알았다. 내게 완벽히 딱 맞는 일이었으니 주저 없이 받아들였다.

그렇게 일을 구한 다음 저렴한 숙소를 찾았다. 주차장 뒤편에 지어진 작은 독립형 숙소였다. 조용하고 또 무엇보다 나 혼자 지낼 수 있다는 점이 아주 마음에 들었다. 일자리와 숙소 다음으로 출퇴근 문제를 해결해야 했다. 이른 출근 시간대에는 버스가 운행하지 않아서 다른 방법을 궁리하던 차에 중고 오토바이 가게를 보게 되었다. '오토바이? 안 될 거 뭐 있어'라는 생각이 들었다. 한 번도 타본 적은 없었지만, 가격이 괜찮았다.

결국 혼다 멍키를 구매했고 가게 주인이 직접 오토바이 타는 법을 내게 가르쳐주었다. 한 시간 정도의 교육을 마친 뒤, 내가 오토바이를 타고 집으로 향하는 걸 그가 아주 흐뭇하게 바라보았다. 난생처음 오토바이를 타본다는 생각에 너무도 흥분하여 나는 그만 가속기를 너무 세게 돌려버렸다. 그 바람에 앞바퀴가 땅에서 들리더니 오토바이와 함께 쏜살같이 앞으로 나가버렸다. 간신히 뒷바퀴로 균형을 잡으면서 마당을 빠져나왔다. 그렇게 가속기를 세게 당기면 안 된다는 교훈을, 오토바이를 처음 타자마자 얻을 수 있었다.

나와 함께 일하는 제빵사 마레크는 폴란드인이었다. 그의 영어는 나의 오토바이 실력과 비슷한 수준이었다. 의사소통이 원활하진 않았지만, 마레크와 나는 함께 도와가며 차근차근 일을 해나갔다. 케이크와 비스킷을 굽고 파이용 생지와 차가운 푸딩도 만들었다. 하루에 100개나 되는 파이에 들어갈 소를 만들었는데 반은 고기로, 나머지 반은 사과로 채웠다.

믹서, 소스 팬, 쟁반 할 것 없이 모두 크고 무거웠던지라 마레크는 내가 다루기 힘들 것이라고 생각했지만 나는 그의 생각이 틀렸다는 걸 확실히 보여주었다. 셋째 날 아침에 그가 내게 나무로 된 45센티미터짜리 밀대를 건넸다. 손잡이를 포함하면 무려 66센티미터인데다 볼 베어링까지 장착되어 있어 무게가 1킬로그램이 넘었다. 그래도 나는 그걸 쓰기로 결심했다.

서로를 알아가면서 마레크와 나는 더 빠르게, 그리고 조용히 일을 척척 해나갔다. 마레크가 가끔 내게 장난치듯 밀가루를 던지는 것 말고는 끊김이 없이 작업을 이어갔다. 각자 자기 생각에 파묻힌 채로 일하다 보니 우린 말을 거의 하지 않았다. 가끔 마레크의 사연이 궁금하기도 했다. 그도 나만큼이나 고통스러운 과거를 지닌 것만 같았다. 새벽 4시에 파이를 만들고 있는 상처받은 두 영혼…

하루는 마레크가 벨기에 비스킷 반죽을 섞으면서 내게 말을 걸었다. 그는 날 언제나 루스Ruth나 루티Ruthie가 아닌 루트Root 라고 불렀다. "루트, 당신은 향신료 같아요. 어느 아침엔 칠리, 생강, 후추나 카레 같고 또 다른 아침엔 계피나 카다멈 같죠."

"그럼 오늘 아침은 어떤데요?" 내가 물었다.

그가 나를 똑바로 바라보았다. "당신도 나처럼 양파를 먹었죠." 그가 답했다. "즐거움은 없고 눈물만 가득하죠."

그의 말이 옳았다. 수없이 많은 날 아침, 나는 그저 눈물이 마르도록 울고만 싶었다. 조슈아의 죽음, 어머니의 죽음과 입양 간 아들은 어디에서 살고 있는지, 내가 떠나온 남편 맷은 어떻게 지내고 있는지 생각하면 그저 눈물만 나왔다. 나는 죄책감에 휩싸였고 부정적인 생각밖에 할 수 없었다. 호텔에서 쉽게 구할 수 있는 것들이지만, 나는 술도 담배도 마약도 하지 않았다. 그리고 식사는 그저 배고플 때만 간단히 해결했다.

일상을 최대한 간결히 유지했다. 오토바이로 직장을 오가고 도서관에 가서 오랫동안 책을 읽으며 시간을 보내는 것이 전부였다. 도서관에서는 고전을 파고들었다. 오 헨리, 조지 엘리엇, 오스카 와일드, 제프리 초서 그리고 딜런 토머스의 어두우면서도 감동적인 시를 읽었다.

그 어둠 속으로 순순히 걸어가지 마오,
저물수록 불타오르고 포효하리니 황혼이여,
꺼져가는 빛을 향해 분노하고 또 분노하라

딜런 토머스는 30대에 이 유명한 시 「순순히 어두운 밤을 받아들이지 마오 Do Not Go Gentle into that Good Night」를 썼다. 이 시는 폐렴으로 사망하기 불과 2년 전인 1951년 처음 출판되었다. 그의 시는 정말 암울했던 시기에 나를 살아 있게 한 원동력이었다. 당시 나는 기계처럼 일하면서도 시도 때도 없이 자살 충동에 시달렸다. 심각한 우울증 상태였다. 매일 매일 절망하며 내 마음은 분노로 가득 찼다.

어느 날 아침, 마레크가 이제 호텔을 떠나 작은 빵집을 시작한다고 내게 말했다. 화가 난 나는 밀가루가 가득 담긴 대야를 그대로 그에게 던져버렸다. 머리와 어깨에 하얀 가루를 뒤집어 쓴 채 그가 눈사람, 아니 눈부엉이가 되어 눈을 크게 뜨고 나를 바라보았다.

"루트! 매운 고추! 날 위해 기뻐해야지."

고개를 저으며 내가 낮게 속삭였다. "마레크, 당신은 나의 닻이란 말이야." 마레크는 내 말을 전혀 이해하지 못했지만 나는 마저 말했다. "나도 떠날 거예요."

마레크가 커다란 나무 테이블 옆으로 다가와 나를 끌어안았다. 그날 아침까지 우리가 손을 잡거나 포옹을 한 적은 한 번도 없었다. 그렇게 우리는 부둥켜안고 한참을 울었다. 서로의 사연은 알지 못했지만 우리는 둘 다 비슷한 길을 지나왔으리라 공감하고 있었다.

2주 동안 파이 1000개를 만든 뒤, 나는 오토바이를 팔고 나서 멜버른으로 향하는 버스에 올랐다. 여행 가방 하나와 밧줄로 단단히 묶은 큼직한 자루가 전부였나. 두둑해진 은행 계좌는 덤이었다.

이번에는 떠나기 전에 미리 일자리를 마련해두었다. 애시버턴 교외에 있는 가톨릭 사제관의 가정부 자리였다. 이제 나는 다른 숨을 곳을 찾아 다시 한번 길을 나섰다.

책방 이야기
책방지기 개 '코브'

마나포우리의 젊은 가재잡이 어부 리건은 코브라는 개와 함께 살고 있어요. 검은색 믹스견인 코브는 가슴과 꼬리 끝부분이 하얗고 발은 멋진 흰 양말을 신은 듯 보이지요. 이제 열네 살이에요. 동물병원을 주기적으로 찾는 까닭에 우리는 코브를 '100만 달러짜리 개'라고 부르지요. 동물병원의 절반은 코브가 세웠다고 봐야 할 거예요!

리건이 가재를 잡으러 나가면 우리가 코브를 돌보곤 했어요. 코브는 책방 종이 울리면 누군가 문이 열리기를 기다리고 있다는 것을 재빨리 알아차렸어요. 물론 더 중요한 건 그 누군가가 자기를 쓰다듬어주고 또 자신이 얼마나 멋진지 말해준다는 것이었지요. 그래서 코브가 종종 나보다도 더 빨리 책방에 도착하기도 해요. 내가 책방에 가보면 이미 코브가 느긋이 누워 새 친구의 다정한 손길을 받곤 했어요.

책방을 찾는 사람들이면 모두 코브 사진을 찍는답니다. 한번은 혼자 여행하던 여성이 아무래도 코브가 자신과 사랑에 빠진 것 같다며 코브를 하루만 데려가고 싶어 했어요. 그에게 차마 말할 수 없었지요. 코브는 누구에게나 그렇다는 것을 말이에요.

내가 처음 책방을 열었을 때는 책방 이름이 '45 사우스 앤드 빌로우'였는데 어느 날 코브 앞으로 편지 한 통이 도착했어요. '마나포우리 사서함 40, 45 사우스 앤드 빌로우 책방, 코브 귀하'라고 쓰여 있었지요. 팬레터를 받을 정도로 인기가 높은 코브, 정말이지 책방의 주인공이 따로 없어요.

편지뿐만이 아니지요. 코브는 소포도 받았어요. '루스와 코브에게. 마나포우리 홈스트리트 1번지.' 애견인 고객 켄이 보낸 소포였어요. 켄은 어린 잉글리시포인터 아서와 보지 못하고 듣지 못하는 검은색 래브라도 노건 나니, 두 마리 개를 키우고 있었어요. 켄은 『콜링 마이 블러프Calling My Bluff』라는 제목으로 '머리 플린'에 대한 회고록을 썼습니다. 머리 플린은 플린 클럽 호텔의 소유주이자 뉴질랜드 남단의 항구 도시 블러프에서는 유명 인사였어요. 책은 소량만 인쇄되었고 마지막 두 권은 인버카길 도서관에 기증되었지요. 인버카길에서 켄이 책을 사러 우리 책방에 왔다가 코브를 보고 그만 홀딱 반해버렸어요. 그래서 집으로 돌아가 코브에게 돼지껍질 간식을 소포로 보냈지요.

또 다른 편지도 있어요. 해블록에 살고 있는 알레이다와 그랜트가 코브에게 보낸 편지예요. "저희는 귀하의 서점을 방문하고 책을 둘러보며 즐거운 시간을 보냈습니다. 그리고 코브! 사랑스런 코브를 무척 좋아했습니다. 앞으로도 오랫동안 코브가 서점을 찾는 사람들을 반기고, 또 손님들의 손길과 사랑을 듬뿍 받길 바랍니다."

코브에게 온 모든 편지에 우리는 답장을 했어요. 알레이다에게는 사진을 넣어 답장을 보냈고 코브는 간식을 받았지요.

안타깝게도 코브는 이제 관절염을 앓고 있고 청각에 문제가 있어 종소리를 듣지 못해요. 그래도 내가 책방에 있을 때면 항상 내 바로 옆에서 자리를 지키고 있지요. 햇볕이 좋은 날에는 풀밭에서 낮잠을 자는 코브를 볼 수 있답니다.

17
매드해터 맨션

성 미카엘 성당은 멜버른 상업지역에서 남동쪽으로 12킬로미터 떨어진 애시버턴에 있다. 성당은 1932년 지어졌고 사제관은 성당 바로 옆에 자리했다. 나는 이 사제관에서 교구 신부님들과 함께 살았다. 필립 스미스 신부님은 온화하며 진실한 분이었고 마이클 신부님은 짧고 열정이 넘치며 노래를 잘 부르는 분이었다.

하루 종일 일하고 밤이면 작은 숙소에 숨어 지내는 수도승 같은 삶이 이어졌다. 스미스 신부님이 내게 나가서 지역 체스 동호회나 스쿼시 동호회에 가입하라고 권유했다. 하지만 사회 활동을 하다 보면 사람들이 내가 답하기 곤란한 질문을 하기 마련이니 나는 일절 관심을 보이지 않았다. 그렇게 겉으론 멀쩡하게 보이고자 했지만, 나의 내면은 지독한 어둠으로 덮여 있었다. 매일 바쁜 일과를 마치고 외로이 밤을 맞아 잠을 청하노라면 밤새 악몽에 시달렸다.

그러다가 존이라는 남자를 만나게 되었다. 우리는 조금 이상한 친구 사이가 되었다. 모든 결정은 내가 내렸다. 그는 여자 친구를 원했지만 나는 그저 친구면 족했다. 육체관계를 맺는 것에 두려움을 느꼈지만, 누군가와 함께 있다는 것에서 오는 안정감을 간절히 원했다. 일요일이면 우리는 멜버른 교외로 나가 구석구석 탐험에 나섰다. 그가 운전하는 동안 음악을 들었기에 굳이 대화를 이어가지 않아도 됐다. 공원을 산책하고 해변을 거닐고 미술관과 박물관을 찾아다녔다. 그러면서도 우리의 관계는 손을 잡는 것 이상으로 진행되지 않았다. 존은 내가 마지못해 자신을 받아들이는 걸 원하지 않았다. 내가 흔쾌히 깊은 관계를 받아들이길 인내심을 가지고 기다리며 기꺼이 내 조용한 친구가 되어주었다.

존에겐 심한 습진이 있어서 그의 약장은 이런저런 로션과 알약으로 꽉 차 있었다. 그중에는 수면을 돕는 약도 한 병 있었다.

그날은 내가 쉬는 일요일이었다. 존이 친구들과 주말을 보내기 위해 집을 비운 날이었다. 일련의 사건이 어떻게 시작되었는지 지금은 정확히 기억할 수 없지만, 그날 버스를 타고 존의 집으로 갔다. 여분의 열쇠로 집에 들어가서는 바로 약장 문을 열고 수면제 병을 꺼냈다.

문을 잠그고 나와 역으로 걸어가서 멜버른으로 가는 첫 기차를 탔다. 아무런 계획도 없이 세인트 폴 대성당으로 올라가는 계단에 앉았다. 구름 한 점 없이 맑은 날씨에 산책을 즐기는 사람들을 가만히 바라보았다. 주머니 속 내 이름과 주소가 써진 편지 한 통은 툭 던져버리고 지갑에서 내 신분을 알 수 있는 것은 죄다 없애버렸다. 현금 몇 푼과 수면제 한 병만 남았다.

대성당 건너편 플린더스 역 가까이 버스 한 대가 멈추었다. 아무 생각 없이 그 버스에 올라 종점으로 가는 표를 샀다. 그렇게 남쪽 프랭크스턴으로 갔고 거기서 다시 로즈버드라는 자그마한 해변마을로 가는 작은 버스에 올랐다.

회전목마를 타고 있는 것만 같았다. 멈추지 않고 점점 빨리 돌아 결국 통제 불능 상태가 될 것 같았다. 버스 여행이 끝나갈 즈음 수면제를 꺼내 천천히 마시기 시작했다. 그 누구도 날 찾지 못할 곳으로 갈 생각이었다. 쓴맛이 났다. 작은 상점에 들러 페퍼민트 껌을 사서 씹으며 수면제를 계속 마셨다.

로즈버드 해변에 있는 작은 모래 언덕은 부분부분 풀로 덮여 있었다. 내가 기억하는 마지막은 이렇다. 도로에서 멀리 떨어져 눈에 띄지 않는 곳에 모래 언덕이 있고 기기 옴 푹 피인 데에 내가 누워 있다. 다리에 와 닿는 모래의 따스한 기운, 위로 넘실대는 창백한 물빛 하늘. 해가 막 지기 시작한다.

얼마나 지났을까 갑자기 정신이 들었다.

"내 말 들려요?" 누군가 나를 흔들고 있었다. "내 말 들려요?"

목소리가 멀리서 들리는 것 같았고 누군가 내 눈꺼풀을 들어 올리는 게 느껴졌다. 한 사람이 내게 말을 걸고 있는 것 같았지만 나는 어떤 소리도 낼 수 없었다. 다시 의식을 잃을 것만 같았다. 그래도 목소리가 계속해서 울렸다. "이름이 뭔가요?" 이 말에 눈을 떠 나를 둘러싸고 있는 사람들을 바라보았다. 모두 흰색 가운을 입고 있었다. 이곳이 병원이고 내가 의료기기에 연결되어 있다는 사실을 깨닫는 데에는 시간이 좀 걸렸다.

"이름이 뭐예요?" 간호사가 내 손을 잡고 천천히, 또박또박 물었다.

"루스."

그 외 다른 것은 더 기억나지 않는다. 정신을 차렸을 땐 링거를 맞은 채로 작은 침실에 누워 있었다. 간호사가 내게 미소 지으며 인사했다. "안녕 루스. 여기는 멜버른 병원이고 오늘은 월요일이에요. 배가 고프진 않나요?"

눈물이 터져 나왔다. 그렇게나 발견되지 않기를 바랐는데, 병원이라니… 또 다른 간호사가 들어와 주사를 놓자, 나는 바로 무의식으로 빠져들었다.

그 후 며칠 동안의 기억은 거의 없다. 다만 멜버른 중심 시내가 훤히 내려다보이는 건물 높은 곳에 창문 가까이 앉아 있었던 것은 기억난다. 무릎에 스케치북을 올려놓고 연필로 고층 건물의 스카이라인을 그리고 있었다. 나는 그 그림을 흑백 잉크로 복사하여 아직도 보관하고 있다. 그림 뒷면에는 내 글씨로 이렇게 적혀 있다. '자살 시도 2주 후 멜버른 병원에서 그린 그림.' 그렇다면 그사이, 2주는 어떻게 된 것일까?

정신과 병동 4인실 입원실. 나 말고 세 명의 여자와 함께 있었다. 맞은 편 마리아, 이탈리아 여성으로 일주일에 두 번 이상 두개전기요법을 받았다. 마리아의 차분한 겉모습 이면에는 분노와 폭력이 부글부글 끓고 있었다. 전기 치료를 연속해서 받고 난 후 멍한 눈과 기름진 머리를 한 채 늙은 고양이처럼 평온한 모습으로 마리아는 집에 돌아갔다.

마리아 옆 침대의 앤지. 앤지는 날마다 신문을 작은 조각으로 갈기갈기 찢었다. 마약중독자이고 매춘부이자 두 아이의 어머니로, 아이들은 지금 정부의 보호를 받고 있다.

옆자리 페기는 중년의 영국 여성으로 알코올의존증과 약물의존증을 이유로 주기적으로 입원했다. 친절하며 뻔뻔할 정도로 거침없이 말하고 성질도 급하지만 내가 들어왔을 때 나를 반겨준 사람이다. "걱정하지 마, 애야. 여기 그렇게 나쁘진 않아. 그들이 우리를 여기 함께 모아줬잖아? 우리 나가서 다시 시작할 수 있어!"

며칠 후 내가 말없이 걸어 다닌다고 페기가 나를 '고스티(유령)'라 불렀다. 나는 연필과 종이를 받아 모든 걸 기록하기 시작했다. 내가 처음으로 발을 담근 이 낯설고 이상한 신세계에 대해 몇 장씩 계속 써 내려갔다.

복도를 왔다 갔다 할 수는 있었지만, 다른 병동으로 들어가는 건 허용되지 않았다. 일부 병동은 남자 환자들을 위한 곳이었다. 그룹 치료 외에도 그림 치료, 퍼즐, 체스, 뜨개질, 나무줄기로 바구니 만들기 등의 다양한 활동에 의무적으로 참석해야 했다. 무엇보다 나는 책을 읽고 싶었으나 유감스럽게도 성경 말고는 책이 거의 없었다.

그룹 치료 중에 우리는 각자의 상황을 이야기하도록 권유받았다. 정신 병동 입원자들 대부분이 만성 우울증과 자살 시도 때문에 들어와 있었다. 한 젊은 커플이 은밀한 장소를 찾아 모래 언덕으로 내려갔다가 의식을 잃은 나를 발견하고 도움을 청했다는 이야기를 듣게 되었다. 그들이 누구인지, 어떻게 나를 병원에 데려다주었는지는 전혀 알 수 없었다. 처음엔 그들에게 불같이 화가 났다. 하지만 이제 와 돌이켜보면 당시 그들에게 감사 인사를 할 수 있었다면 얼마나 좋았을까 생각한다.

매일 아침 간호사 수녀님이 좁은 복도를 힘차게 걸으며 단조롭지만 날카로운 목소리로 외쳤다. "운동 시간입니다! 활기차게 움직입시다!" 전혀 맞지 않는 소리였다. 죽고 싶어 하는 사람들에게 활기차게 움직이라니. 우리 인생 계획엔 전혀 없는 소리 아닌가.

복도 끝 문 앞에는 어깨가 떡 벌어진 교도관이 하얀 제복을 입고 서 있었다. 그의 허리춤에는 열쇠 뭉치가 무겁게 매달려 있었다.

복도는 느릿느릿 걸어 나오는 시체들로 채워지기 시작했다. 우리는 그룹 치료실로 떠밀리듯 들어가, 병동 직원의 지도에 따라 마지못해 아침 운동을 했다. 머리를 계속 벽에 찧는 사람도 있었고 볼트로 고정된 의자를 들어 올리려 기를 쓰고 덤비는 사람, 발가락에 피가 날 때까지 테이블의 강철 다리를 차대는 사람도 있었다. 모두 절망에 빠진 상처받은 영혼들이었다.

우리의 옷차림도 가지각색이었다. 아직 잠옷 차림인 사람들도, 옷을 아예 벗고 있는 사람들도 있었고 어쩔 땐 바지 지퍼를 내리고 입을 벌리고 있는 남자들도 있었다. 멍하니 단추를 계속 비틀어대는 바람에 사람들 옷은 단추가 많이 뜯긴 상태였다. 한 여자는 총리라도 만나러 나온 것처럼 잘 차려입은 상태였다. 핸드백까지 갖춰 들고서 얼굴에는 진지함이 가득했다.

"여러분, 오늘 아침 심호흡 준비되었나요? 햇볕이 밝게 비추고 있으니 웃어봅시다. 네, 활짝 웃어요. 자 그럼 얼굴 근육 스트레칭부터 시작."

우리 중 아침 운동을 제대로 하는 사람은 몇 명 안 됐다. 대부분은 웃으면서 하릴없이 빈둥거렸고 어떤 사람들은 입을 벌리고 머리를 한쪽으로 기울인 채 그냥 서 있기도 했다. 그래도 직원들은 씩씩하게 체조 운동을 계속하며 동작을 바꿀 때마다 큰 소리로 외쳤다. "네, 좋아요. 참 잘했어요. 정말 재밌네요!"

우리는 정신과 의사의 진료도 정기적으로 받았다. 당시 나 자신에게 쓴 편지를 아직도 보관하고 있다.

어쩌면, 정말 어쩌면 정상이 아닌 사람은 환자가 아니라 정신과 의사일지도 몰라. 그런데 정상이 뭘까? 기준을 따르는 것? 그렇다면 무엇이 기준일까? 그 기준은 누가 정하지? 그럼 이렇게 물어볼게. 정신과 의사야말로 진짜 환자일 수도 있지 않을까?

의사에게도 너나 나처럼 비밀스러운 잠재의식이 있겠지. 단지 우리와 다르게 의사라는 점이 유리할 뿐. 파티는 항상 그의 집에서 열리고 키를 잡고 파티라는 배를 조종하는 사람도 의사지.

그 누구도 주인에게 무례하게 굴지는 않는 법. 환자가 횡설수설 말을 이어가는 동안 자신도 그런 생각이 든다고 마음속으로 여긴 적이 얼마나 많았을까? 의사 역시 똑같은 두려움을 갖고 있지 않을까? 그렇다면 이 의자에 앉아 눈물을 훔치며 책상 니스칠을 벗겨내고 종이 휴지를 갈기갈기 찢어내고 있는 사람은 바로 의사여야 하지 않을까? 그의 악몽도 너무나 생생해서 땀이 비 오듯 쏟아질 테지. 긴긴 불면의 밤은 또 얼마나 고통스러울까. 그것 또한 그의 몫일 수밖에.

그렇다면 누가 환자일까? 난 괜찮아, 하지만 의사, 당신은?

이제 와 다시 읽어보니 당시 내가 괜찮지 않았다는 걸 분명히 알 것 같다. 그때 나는 어떻게든 다시 한번 스스로를 추슬러보려고 애쓰고 있었다. 그럼에도 그때부터 내가 먹는 약이 늘어났다.

존이 병문안 오려 했지만 나는 그를 보고 싶지 않았다. 죄책감에서 그랬을 것이다. 내가 일했던 애시버턴 사제관의 미카엘 신부님이 매주 나를 만나러 오셨다. 마저리 윌리엄스의 『벨벳 토끼』에서 인용한 구절을 카드에 손 글씨로 써서 내게 주셨다. 『벨벳 토끼』는 그 이후로 내가 가장 좋아하게 된 책이다. 나는 지금도 미카엘 신부님이 써주신 카드를 소중히 간직하고 있고 그동안 여러 번 꺼내 읽었다. 그때마다 어김없이 눈물이 흘렀다.

그 카드에 적힌 구절 일부를 가져와 본다.

한순간에 이루어지는 것이 아니란다. 오랜 시간에 걸쳐 '진짜'가 되어가는 거지. 그렇기에 쉽게 망가지는 것은 '진짜'가 되기 어렵단다. 모서리가 날카롭거나 늘 조심히 다뤄야만 하는 것도 그렇지. 보통 '진짜'가 될 때쯤이면, 오랫동안 사랑받은 털이 해지고 눈도 빠져버리고 관절은 낡아 헐렁해지지. 하지만 이런 것들은 하나도 중요하지 않아. 왜냐하면 일단 네가 '진짜'가 되면 그걸 이해하지 못하는 사람들 말고는 그 누구도 너를 못생겼다 하지 않을 거야.

얼마 지나지 않아 내가 말없이 지내는 것을 모두가 알게 되었다. 하루는 페기가 그 정도면 됐다고 말해주었다. "고스티, 오늘은 네게 정말 중요한 날이야. 네가 이제껏 적어온 것을 우리에게 다 말해주는 거야." 페기가 웃으며 그룹 치료실로 나를 끌고 갔다.

이사가 그날 오전 기록을 마친 후 고개를 들어 우리를 둘러보더니 물었다. "함께 이야기 나누고 싶은 사람이 또 있나요?"

그때 페기가 나를 똑바로 바라보더니 말했다. "얘기해봐. 도움이 된다니까."

"나는 여기 있으면 안 돼요." 속삭이듯 페기에게 답했다.

모두가 고개를 돌려 나를 쳐다보았다. 정신 병동에 도착한 이래 내가 가장 길게 말한 순간이었다.

"여기 있을 순 없어요. 나, 미친 거 아니에요. 내가 무엇을 하는지 알고 있었어요." 이해를 구하려 사람들을 둘러보았지만,

눈물을 흘리거나 웃고 있는 텅 빈 얼굴들만 보였다. 그때 분명히 알았다. 이 모든 게 미친 짓이라는 걸.

"그래서 루스, 당신은 자살을 시도하는 것이 정상이라는 건가요?" 의사가 물었다.

"네, 어떤 상황에서는 그렇죠."

"스스로 살인을 계획하고 있었다는 것을 모르겠습니까?"

"아니요, 알아요."

"그럼, 살인이 괜찮다는 건가요?"

"그건 다르지요." 나는 소리를 높이며 답했다. "당신이야말로 지금 무슨 짓을 하는지 모르겠어요? 내가 스스로 미쳤다고 생각하게 만들려는 거잖아요."

그 말을 끝으로 일어났다. 막 방을 나가려는데 누군가의 말이 들려 그대로 멈췄다.

"루스의 말에 동의합니다."

목소리의 주인공은 애덤이었다. 그는 나보다 한참 어렸고 그의 삶은 나보다 훨씬 더 엉망진창이었다. 아주 어렸을 때부터 계부에게 당한 성적 학대, 사랑받지 못하고 또 사랑하지도 않았던 어머니의 죽음, 길거리에서 살아남기 위해 남자 매춘부로 살아온 삶. 수없이 여러 번 자살을 시도했지만, 의사는 그가 그만 살고 싶어 한다는 걸 인정하지 않았다. 우리 모두와 마찬가지로 애덤도 진정제를 맞고 전기 치료를 받았다. 그도 전기 치료를 매우 싫어했다.

애덤이 말했다. "그건 단순히 살인이 아니라 그 이상의 문제죠. 나 또한 수없이 겪어봐서 알아요." 의사를 쳐다보는 그의 파란 눈이 사뭇 진지했다. "루스의 말이 맞아요. 우리는 미친 게 아니죠. 오히려 여기 있으면 미치고 말 거예요."

다른 일부 환자들도 동의하며 고개를 끄덕였다.

"난 이렇게 봐요." 페기가 맞장구치며 끼어들었다. "여기 직원들은 우리가 나아지도록 최선을 다하고 있어요. 덕분에 우린 하루 세 끼를 먹고 깨끗한 침상에서 밤을 보내고 매일 씻을 수도 있지요. 영국이 전쟁을 치를 때보다 훨씬 나은 거죠. 그냥 우리 모두 조금은 제정신 아닌 거죠. 간호사와 직원들까지도 말이에요. 그러니까 여긴 전체가 미친 사람들이 모인 매드해터┃『이상한 나라의 앨리스』에 등장하는 미치광이 '모자 장수Mad Hatter'에서 유래한 말로, 미치광이, 괴짜라는 의미로 쓰인다_옮긴이┃ 맨션인 거죠."

그러자 방 안에 있던 사람들이 모두 질문을 쏟아내기 시작했다.

"미친 정도를 누가 판단하지?"

"우리 죄다 미쳤다면 뭐가 정상인지 도대체 누가 알 수 있어?"

"제정신이 아닌 게 정상이라는 거야?"

"제정신이 되려면 미쳐야 한다는 거지."

"직원들도 제정신이 아니라면 우리가 그룹을 이끌어야 맞지."

"난 '정신적mental'┃영국 속어로는 '미쳤다'는 뜻도 있다_옮긴이┃이라는 게 좋아. 사전에 보면 '문자를 사용하지 않고 머리로 행하는'이라고 나오거든. 그건 미친 게 아니지."

비상경보가 울리기라도 한 듯 간호사 수녀님이 손뼉을 치며 주의를 끌었다. "그룹 토론에 참여해줘서 고맙습니다. 아주 흥미롭고 또 생각할 거리를 많이 제기했네요. 이제 여러분의 점심 식사 전에 존슨 박사님이 몇 말씀하실 거예요."

의사가 고개를 들어 미소를 지었다. 수없이 반복해온 완벽한 미소였다. 무릎 위에 놓인 서류를 정리하며 말하기 시작했다. "페기, 이번 주말에 집에 가도 좋아요. 보름 후에 진료 약속을 잡도록 하세요. 다음 부르는 사람들도 마찬가지입니다…" 몇 명을 더 부르고 말을 이었다. "주말 외출 환자 명단은 게시판에 붙여놓았습니다. 그리고 오늘 오후에는 야외 활동이 있습니다."

"어디로 가는 거죠?" 누군가 물었다.

"동물원으로 갑니다."

딱 맞는 곳이란 생각이 들었다.

* * *

병원에 있는 동안 내 심장 박동이 때때로 불규칙하다는 걸 알게 되었다. 가끔 숨이 차고 헐떡거리며, 기절할 때도 있었다. 의사는 진정제 과다복용으로 인한 부정맥이니 걱정할 게 없다고 설명했다. 증상의 기미가 느껴질 때 먹을 약을 처방해주었고 앞으로 계속 주의해야 한다고 덧붙였다.

"항상 이 약을 지녀야 한다는 걸 명심하세요.. 스트레스 너무 받지 말고 담배도 술도 안 됩니다. 잘 먹어야 하고요." 당시에는 술도 담배도 일절 하지 않았지만, 그전에 몇 년 동안은 술과 담배에 찌들어 있었다. 그러니 마음뿐만 아니라 몸도 스트레스를 감당하느라 기를 쓰며 버티고 있었던 것이었다.

병원은 스트레스가 많은 곳이었다. 우리는 병동 5층에 있었고 당연히 모든 문은 항상 잠겨 있었다. 그런데도 애덤은 날이면 날마다 모든 문을 다 확인하고 다녔다. 그러던 어느 날 그는 발코니로 통하는 문 하나가 잠겨 있지 않은 걸 발견했다. 그게 아니면 자물쇠를 열 수 있게 되었는지도 모른다. 어쨌든 결과는 같았다. 애덤은 망설임 없이 발코니로 나가 그대로 뛰어내렸다.

애덤이 그렇게 사망했다는 소식을 들었을 때, 나는 그에게는 잘된 일이라고 생각했다. 그로서는 그 길만이 식물인간이 되지 않고 병원을 나갈 수 있는 유일한 방법이었을 것이다.

2주 후 나는 퇴원했다. 그 사람들은 각자의 방식으로 내게 삶과 건강한 정신에 대해 많은 것을 가르쳐주었다. 지금도 그곳 '매드해터 맨션'에서 만났던 사람들을 종종 생각힌디.

책방 이야기
책의 유산과 책을 사랑하는 사람들

 어린이 책방에서 얻는 가장 큰 기쁨은 책이 아이와 부모 혹은 아이와 조부모 사이에 엮어내는 유대감을 목격하는 것이에요.

 아이가 정말로, 정말로 원하는 책을 손에 받아 든 순간, 그 아이는 그저 책이라는 선물을 받은 것만이 아니라 평생 간직할 환상과 동화, 그 이야기의 여정에 들어서는 거랍니다.

 세월이 지나면 그 아이가 부모가 되어 자신의 아이들에게 책을 읽어주게 되겠지요. 어릴 적 이 작은 책방에서 부모님 혹은 조부모님께 받은 바로 그 책을 읽어줄 수도 있을 거예요.

 우리 책방을 거의 매일 찾는 마거릿은 늘 손주와 함께 와요. 손주가 한 명일 때도, 두 명, 혹은 세 명일 때도 있어요. 손주들과 함께 자리를 잡고 책을 읽어주며 손주들이 책장을 조심히 넘기도록 해주지요. 그렇게 함께 책을 읽고 나면 손주들은 사거나 빌릴 책을 고르고 마거릿은 작은 의자에 앉아 조용히 기다려요.

안타깝게도 마거릿의 손자 토비가 최근 암으로 세상을 떠났어요. 겨우 열 살밖에 되지 않았는데 말이죠. 그 소식을 듣고 나는 망연자실 문 앞에 앉아 비탄에 잠겼어요. 또 다른 단골손님 한 분 역시 최근에 돌아가셨거든요. 책을 좋아하고 해맑게 웃던 어린 토비. 너무도 충격이었지요. 이런저런 생각 끝에 토비를 위한 명판을 만들어 어린이 책방 문 위에 걸어야겠다고 결정했어요. 타원형 명판에 노란색 배경으로 토비의 사진과 '토비가 행복했던 곳, 어린이 책방'이라는 문구를 새겼어요. 마거릿에게 이 이야기를 했고, 나중에 토비의 어머니에게 다음과 같은 메모를 받았어요.

루스에게

어머니가 당신과 나눈 대화를 들려주셨어요. 토비가 책을 얼마나 사랑했는지, 토비의 추억과 함께 남겨주셔서 정말 감사드립니다.
여기 토비의 형제들, 펠릭스와 올리버가 만든 앤잭 비스킷을 함께 보냅니다.

사랑을 담아,
캐롤린과 벤, 펠릭스, 올리버, 펜, 그리고 토비 드림 슬픔이 아니라 행복을 표현하고 싶어서 명판을 노란색으로 했어요. 토비를 추모하는 문구보다는 토비가 책을 얼마나 사랑했는지를 담고 싶었지요. 토비는 이제 어린이 책방과 늘 함께할 거예요. 매일 아침 책방 문을 열면서 책을 사랑하던 행복한 열 살 소년에게 인사를 건네지요. "안녕, 토비!"

18

결혼, 대마초 그리고 동물들

정신 병동에서 퇴원하자마자 성 미카엘 사제관으로 돌아가 따뜻한 환영을 받았다. 필 신부님은 나 대신 가정부를 구해 이미 일을 맡기고 있었으나 고맙게도 내가 원하는 만큼 기존 숙소에서 지내도록 해주셨다. 입원해 있는 동안 받지 못했던 우편물이 수북이 쌓여 있었다. 아버지와 아버지의 세 아니 조엔, 질 이니, 그리고 라바울 카페의 단골손님이자 친구였던 스티브에게서 온 편지들이었다. 스티브는 자신이 라바울을 떠나 마당에서 일하고 있고 마당 호텔의 사무실 관리자 자리가 났으니 지원해 보라고 내게 알려주었다.

스티브의 편지를 읽고 호텔에 전화를 걸었다. 호텔 측에서 그 자리를 제안했고 나도 흔쾌히 받아들였다. 조슈아의 십자가를 시드니의 창고로 보내 내 짐과 같이 보관했다. 입국 허가가 나자마자 가방을 간단히 챙겨 파푸아뉴기니로 돌아가는 여정에 올랐다.

그동안은 늘 쫓기듯 갑작스레 떠나곤 했지만, 이번만큼은 꼭 집으로 돌아가는 것처럼 평온했고 설레기도 했다. 파푸아뉴기니는 내가 잘 알고 있는 곳이었고 여러모로 사랑하는 곳이었다. 어쩌면 이제 나는 외국인 거주자가 아니라 현지인에 더 가까워진 것이 아닐까?

스티브가 작은 아파트를 가지고 있어 나는 그 아파트로 들어갔다. 둘 다 우리 관계에 미래가 없다는 걸 잘 알고 있었지만 아무런 기대도 없었으니 어려울 게 없었다. 몇 달 후 스티브의 직장 계약이 끝나자 그는 호주로 돌아갔고, 나는 마당 호텔의 직원 숙소로 이사했다.

마당 호텔은 외국인 거주자와 지역주민들의 단골 술집이었다. 뉴기니 외곽 지역에서 일하는 건축업자, 교사, 선원, 농장 관리인 등이 쉬는 날 자주 찾았다. 그곳에서 토니를 만나게 되었다. 푸른 눈에 금발의 전기 기술자 토니. 우리는 서서히 가까워졌다. 그런데 바로 문제가 생겼다. 스티브가 떠난 후 생리가 두 차례나 없었다. 나는 바로 병원을 찾아갔고 거기서 임신 사실을 알게 되었다.

의사에게 내 병력에 관해 이야기했다. 의사는 조슈아의 생명을 앗아간 혈액 질환이 배 속의 아기에게 치명적일 것이라고 설명했다. 그리고 앞으로의 임신에도 같은 영향을 미칠 것이라고 덧붙였다. 그러니 유일한 선택은 임신중단과 동시에 다시는 임신하지 않도록 난관결찰술을 받는 것뿐이었다.

의사의 말에 나는 망연자실했다. 또다시 아이를 잃고 말 것이라는 사실이 너무도 무서웠다. 한편으론 이 결정이 내 몫이 아니라는 사실에 안도감도 들었다. 나는 스스로 더 이상 가톨릭 신자가 아니라고 생각했고 페미니스트 사고방식에도 익숙해져 있었다. 의사의 말대로 임신중단수술에 동의했다. 의사는 이것만이 유일한 선택이라고 확실히 말했고 가능한 한 빨리 수술하고자 했다.

이틀 후 임신중단수술과 난관결찰술을 받았다.

마당으로 이사해 일하고 있던 토니가 아무 말 없이, 그 어떤 질문도 하지 않은 채 내 곁을 지켰다. 퇴원한 날부터 나와 함께하며 보살펴주었고 내가 울 때 보듬어주었다.

나는 스물아홉, 토니는 스물여섯이었다. 그는 맷과는 여러모로 정반대였다. 토니에겐 야성과 모험심이 넘쳐났다. 게다가 대마초도 피웠다. 나는 열네 살 이후 어떤 종류의 담배도 피우지 않았다. 이는 전적으로 아버지의 짧은 '실험' 덕분이었다. 당시 아버지는 내게 마티네 담배 한 갑을 연달아 피우게 했고, 결국 나는 지독히 토한 후 앓아눕고 말았다.

그랬던 내가 대마초가 주는 여유롭고 평온한 세계에 다시 발을 들였다. 토니가 매혹적인 모습으로 천천히 내 입에 연기를 불어넣어주었기 때문이었다. 정말 오랜만에 평온함을 느꼈고 해방감까지 경험하게 되었다. 깊은 잠을 잘 수 있었고 숙취도 없었으며 기분마저 좋았다! 그동안 '마약'에 대해 듣고 읽었던 모든 것이 이제 의문으로 다가왔다.

토니의 계약이 만료되자 우리는 호주로 돌아가 결혼하기로 했다. 아버지에게 편지를 보내 소식을 전했고 멜버른의 필 스미스 신부님께도 내 계획을 알렸다. 나는 아직도 1976년 6월에 받은 필 신부님의 답장을 간직하고 있다.

편지 잘 받았습니다. 잘 지내고 있다니 다행입니다. 삶을 함께할 사람에 대한 설렘과 행복으로 가득 차 있군요. 답장을 쓰기 전에 잠시 시간을 갖고 기다렸습니다. '루스'다운 점이 가득한 편지를 읽으며 당신이 확신을 찾고 있다는 생각이 들었습니다. 이 편지로 그 확신을 줄 수 있지 않나 싶습니다.

당신은 결혼에 관한 한 '평범한 사람'도 '어린 사람'도 아닙니다. 당신은 보통 사람보다 특별한 감수성을 지니고 있지요. 예리한 통찰력을 갖춘 당신은 남을 위하는 마음도 큽니다. 하지만 그 마음을 잘 다스리지 않는다면 당신이 다시 상처받게 되지 않을까요?

인생은 완벽할 수 없지요. 이건 나도 계속 되뇌고 있습니다. 내면의 평온을 찾으려면 우선 자신의 감정이 확고하게 닻을 내려야 합니다. 그래야 흔들리지 않고 안정적으로 한곳에 머무를 수 있습니다. 그런데 당신은 다른 사람들과 달리 두 개의 닻이 필요할 거라는 생각이 듭니다.

신부님의 말이 얼마나 옳았던가. 몇 년 후 이 편지를 다시 읽었을 때 신부님의 우려가 그대로 현실이 되었다는 걸 알았다. 토니를 따라 호주로 돌아가기로 하면서 나는 다시 한번 닻을 내렸지만, 곧 끌려가기 시작했다.

당시 나는 내가 일언반구의 설명도 없이 떠나온 맷을 자주 생각하고 있었다. 라바울 친구 팸을 통해 맷이 큰 충격을 받고 좌절했다는 것을 알고 있었다. 누군가의 사랑을 받을 자격이 넘치는 맷이 그를 진정으로 사랑하는 사람을 만나 결혼하여 행복을 찾길 진심으로 바랐다. 하지만 막상 이혼이 마무리되고 나자, 슬픔과 공허감, 그리고 완전한 상실감에 빠지고 말았다.

공허함을 채우는 데, 새로운 관계보다 더 좋은 게 어디 있을까? 뒤돌아보지 않고 인생의 다음 장으로 넘어가야 했다.

나는 토니와 결혼해 새로운 삶을 시작했다.

* * *

시드니 도착 후 우리는 토니의 부모님 집에서 지내다가 아미데일 근처 뉴잉글랜드 테이블랜드의 작은 부지를 발견하게 되었다. 그 부지에는 고풍스러운 침실 두 개짜리 오두막과 커다란 창고, 그리고 소 두 마리까지 있었다. 우리가 지낼 오두막은 유칼립투스 나무로 둘러싸인 비포장도로 끄트머리에 있었다. 부지 안에는 작은 개울로 이어지는 넓은 방목장도 있었다. 수도 시설이 없는 관계로 우리는 지붕에 떨어지는 빗물을 큰 탱크에 모아 사용했다. 하나밖에 없는 화장실은 집에서 꽤 떨어진 곳에 있었다.

나는 우리 부지가 있는 지역도 우리 집도, 그리고 두 마리 소까지 모두 마음에 들었다. 그중 한 마리는 내가 직접 젖을 짰다. 얼마 되지 않아 바로 개 한 마리와 고양이 두 마리를 가족으로 들였다. 당시 나는 고양이가 야생동물에게 그렇게 치명적이라는 사실을 전혀 몰랐다. 다리 길이가 12센티미터에 달하는 거대한 사냥꾼 거미도, 창고에서 나오는 붉은 등 독거미도, 그리고 가끔 출몰하는 뱀도 무섭지 않았다. 오히려 거미와 뱀이 우리를 더 무서워한다는 생각이 들었다.

토니는 전기 기술자로 일했고 나는 건설 회사에 취직하여 급료 및 회계 관리와 일반 사무 업무를 맡았다. 어느 정도 일하면서 상업 건물의 철골구조에 대해 배운 후, 건축 도면 작업을 하는 정규직으로 옮겼다. 도면 작업은 재밌고 신나는 일이었다. 그토록 오랫동안 쫓기듯 도망 다녔던 내 삶에 마침내 행복한 시간이 찾아왔다. 적어도 처음엔 그랬다.

1976년 토니와 나는 그의 부모님 집 뒷마당에서 작고 조촐한 결혼식을 올렸다. 우리 가족은 아무도 오지 못했고 토니의 가족, 그리고 내가 키우고 있던 새끼 캥거루가 빨간 리본을 하고 참석했다. 우리는 정통 히피 스타일을 택하여 토니는 카프탄 상의에 나팔바지를 입었고 나는 녹색과 흰색의 긴 드레스에 샌들을 신고 머리에 꽃장식을 했다.

토니 부모님이 결혼 선물로 우리에게 이불, 냄비, 수건, 믹싱

볼 등 실용적인 물건을 사주셨다. 뉴질랜드의 아버지도 우리에게 선물을 보내주셨는데 그건 바로 새끼 밴 암퇘지였다. 당연히 나는 아버지 이름을 따라 그 돼지에게 '하워드'라는 이름을 붙여주었다. 임신한 돼지를 결혼 선물로 받은 신부가 과연 몇 명이나 될까?

그런데 알고 보니 하워드는 아주 성질이 나쁜 돼지였다. 끊임없는 관심을 요구하며 울타리를 부수고 물웅덩이를 파헤치는 데다가 토니가 집을 지어주면 바로 부숴버리곤 했다. 나는 하워드에게 친구가 필요한 게 분명하다는 생각에 돼지를 키우는 집을 찾아 나섰다. 얼마 지나지 않아 세 마리 암퇘지와 보리스라는 이름의 수퇘지를 키우는 사람을 찾아냈다. 게다가 그 집에는 성질 사나운 하워드가 쓸 만한 방도 있었다.

건장하고 우람한 몸을 가진 마이클은 벨기에 출신이었다. 아내와 호주로 오기 전에는 북아프리카 프랑스군의 외인부대에 있었다고 했다. 그는 돼지를 무척이나 좋아했다. 모든 일에 놀랍도록 정확했고 한번 결정을 내리면 흔들림 없이 나아갔으며 책임감도 뛰어났다. 우리는 암퇘지 네 마리와 보리스를 시작으로 방목 돼지 농장을 함께 시작하기로 뜻을 모았다. 보리스는 얼룩무늬 수퇘지로 몸집이 거대한데도 성격이 아주 온순하여 사람이든 사물이든 무턱대고 좋아했다. 자신이 천국의 삶을 사는 까닭에 주변의 작은 세상에는 신경 쓰지 않았다.

드디어 우리는 동업 계약을 맺고 '와이파파'라는 이름으로 양돈장을 등록했다. 등록과 함께 우리는 은행에서 3000달러를 대출받을 수 있었다. 이 돈으로 더 많은 암퇘지를 사들였으니, 보리스의 기쁨도 더욱 커졌을 것이다. 1978년에는 암퇘지 22마리, 수퇘지 세 마리, 젖을 뗀 어린 새끼 돼지 37마리, 그리고 젖먹이 돼지 49마리로 모두 111마리까지 늘어났다.

어미 돼지가 굴러서 새끼 돼지를 짓밟는 바람에 새끼 돼지의 폐사율이 높아졌다. 그래서 어미 돼지 12마리를 따로 수용할 철골로 된 분만사를 직접 설계했다. 구조는 아주 단순했다. 실내의 개별 공간이 바깥의 콘크리트 공간으로 이어지는 구조로 어미 돼지들이 햇볕을 온전히 즐길 수 있었다. 가장 중요한 것은 분만 난간이었다. 개별 공간 내부의 벽을 따라 약 20센티미터 높이의 강철 막대를 둘렀다. 이 난간 덕분에 어미 돼지는 뒤에 있는 새끼 돼지에게도 안전한 공간을 남겨두고 누울 수 있었다. 전체 비용은 6000달러가 조금 넘었지만, 덕분에 새끼 돼지의 폐사율은 크게 줄었다.

나는 주말에는 양돈장에서, 평일에는 건설 회사에서 일했고 틈틈이 지역 건설업자의 회계 관리도 맡아 했다. 아이를 낳을 수 없다는 사실을 알고 있었기 때문에 토니는 결혼하면 우리가 함께 보낼 시간이 아주 많으리라 생각했다. 그가 예상하지 못한 것은 바로 수많은 동물이었다. 고양이 두 마리, 개 두 마리, 소 한 마리와 송아지 한 마리, 치료 중인 캥거루와 왈라비, 그리고 대략 150마리의 돼지까지. 실로 동물원을 방불케 할 정도였다!

처음 18개월 동안 우린 정말 아주 행복했다. 토니는 소량의 대마초를 직접 재배하느라 바빴다. 그는 대마초를 자주 피웠고 나도 가끔은 함께했다. 우리 친구들 대부분이 대마초를 즐겼고 우리는 종종 대마초가 들어간 케이크나 쿠키를 굽기도 했다. 당시 나는 그것을 우리 삶의 일부로 그냥 받아들였다.

그러던 중에 시의회에 흥미로운 모집공고가 하나 떴다. 뉴사우스웨일스주 정부가 주 전체 농촌 지역사회를 대상으로 '지역사회 개발 담당관'을 뽑아 자금을 제공한다는 내용이었다. 면접을 보러 갔던 일이 기억난다. 당시 나는 잔뜩 성난 어미 돼지 한 마리를 새끼 돼지들과 함께 트럭에 싣는 걸 돕고 난 다음이었다. 원래는 집으로 돌아가 샤워하고 옷을 갈아입은 다음 면접 장소로 갈 계획이었으나 시간이 너무 늦었기 때문에 달리 선택이 없었다. 할 수 없이 더러워진 농장 작업복 차림 그대로 고무장화를 신고 돼지 분뇨 냄새를 풍기며 면접 장소로 달려갔다. 의회 사무실 밖에 트럭을 주차하고 정문에 고무장화를 벗어놓은 다음 후다닥 들어갔다. 다행히 예정된 시간 몇 분 전이었다.

놀랍게도 면접은 아주 잘 진행되었다. 담당자가 트럭이 주차된 곳으로 나와서 어미 돼지와 새끼 돼지들을 둘러보기까지 했다. 돼지에 대한 그의 관심이 내게 유리하게 작용한 것 같았다. 그렇게 나는 어퍼테이블랜드 지역 개발 프로젝트의 책임자가 되었다. 내가 지역 의회의 일을 맡아 하는 와중에 남편은 대마초를 재배하고 있었다!

개발 프로젝트 담당자로서 나는 이 지역의 많은 소규모 공동체에 깊이 관여하게 되었다. 지역 공동체의 관심사나 문제를 파악한 뒤 이를 해결할 수 있는 사회기반시설을 구축해나갔다.

탄광 노동자 지원부터 고립된 지역에 공중전화 부스 설치, 청소년 단체와 정신 건강 단체 설립에 이르기까지 일의 범위는 실로 방대했지만, 나는 그 일이 그저 좋기만 했다.

그 시기에 나는 아미데일의 뉴잉글랜드 대학에서 마약 및 알코올의존증, 그리고 여성 건강에 관해 공부하기 시작했다. 마약과 함께 살아가는 상황에서 어떻게 해야 살아남아야 하는지도 알아야만 했다.

* * *

결혼 전, 토니의 어머니는 아들 성질이 나쁘다고 일찌감치 내게 경고했었다. 하지만 결혼 후 첫 18개월 동안 별다른 일은 없었고 가끔 폭발하는 걸 본 것이 전부였다. 나를 때리지는 않았지만, 물건을 집어 던지기는 했다. 다리미판을 던진 적도 있다. 그러다 점점 욕설을 퍼붓고 폭언과 함께 소리를 지르다가 제풀에 쓰려져 용서를 구하곤 했다.

그의 폭력이 점점 심해지자, 나는 더럭 겁이 났고 그가 무서워졌다. 하지만 토니와의 결혼이 내게는 세 번째 결혼이었던지라 어떻게든 잘 해내고자 마음을 단단히 먹었다. 이런 상황을 친구들에게 말해도 아무도 믿지 않았을 것이다. 친구들은 워낙 토니를 좋아했고 겉으로 보기엔 우리가 원만한 결혼생활을 이어가고 있었으니 당연한 일이었다.

하지만 그렇게 4년이 지나면서 상황은 점점 나빠졌다. 이젠 나의 안전을 위해 그를 떠나야 한다는 것을 깨달았다. 1980년 마침내 토니를 떠났다. 그 과정에서 토니의 어머니는 나를 전적으로 지지해주었다. 토니의 어머니는 오래전부터 우리 결혼생활이 행복하지 않다고 생각하고 있었다.

이 책을 쓰는 동안 여러 차례 맞닥뜨린 그런 신기한 우연이 또 일어났다. 이 장을 쓰기 몇 달 전, 토니에게서 한 통의 이메일을 받았다. 38년이 넘도록 연락이 없었는데 그의 친구 중 한 명이 인터넷에서 나를 알아봤다는 내용이었다. 나는 간단히 답장을 보냈고 이에 대해 별생각이 없었다. 하지만 토니와의 결혼생활에 관해 쓰기 시작하면서 조금 망설여졌다. 이제 다 큰 자녀를 둔 그의 여동생이 당시 무슨 일이 있었는지 얼마나 알고 있을까? 우리가 헤어진 이유는 알고 있었을까? 나는 토니의 부모님과 계속 연락을 주고받았기 때문에 토니가 마약 범죄로 교도소에 수감되었던 것을 알고 있었다. 그가 심리상담을 받은 적도 있다는 이야기 또한 들었다.

토니에게 이메일을 보내 전화번호를 물으며 내 인생에 관한 책을 쓰고 있다고 설명했다. 바로 답장이 왔다. 기꺼이 나와 통화하고 싶다는 내용이었다.

어떤 상황이 될지 몰라 잔뜩 긴장했다. 폭력적인 학대에서 살아남은 이야기를 쓰고 싶었는데 그렇게 되면 토니와 그의 여동생네 가족은 어떤 대가를 치르게 될까?

바로 전화를 걸었고, 다행히도 편안히 대화를 나누었다. 통화 속 그는 파푸아뉴기니 마당에서 처음 만났던 당시의 바로 그

토니였다. 시간이 조금 지난 후 내가 물었다. "그럼, 뭐라고 써야 할까요? 당신이 무서웠고 너무 끔찍했어요."

"진실을 써요." 놀랍게도 토니는 이렇게 답했다.

"하지만 당신 여동생은 어떻게 생각할까요? 조카들도 있잖아요. 그들이 이 글을 읽으면 어떻게 생각하겠어요?"

"내가 이기적이었죠. 당신을 독차지하고 싶었던 거예요. 우리 아버지는 당신을 참 아꼈어요. 당신은 내게 너무도 과한 사람이라고 말씀하셨으니까요. 정말 당신에게 미안해요. 모든 것이, 다."

결혼 기간 내내 그는 나에게 미안하다는 말을 입에 달고 살았기에 내게는 전혀 와닿지 않았다. 아무런 의미도 없는 말이었다. 하지만 그 긴 세월이 지난 지금, 나는 처음으로 그의 말을 믿게 되었다. 나도 모르게 울기 시작했고 토니의 목소리에도 역시 눈물이 묻어났다.

"왜 그렇게 화를 냈던 거예요? 지금은 행복해요?"

"만족합니다. 오랫동안 함께했던 파트너와 헤어졌고 지금은 강아지 한 마리와 같이 살고 있어요. 더 이상 이성을 잃고 화내거나 하진 않아요. 당신이 떠난 것을 탓하지 않아요."

우리는 30분 넘게 이야기를 나누었고 함께 웃기도 했다. 나는 이제 훨씬 많은 것을 이해하게 되었고 분노와 불신을 내려놓을 수 있었다. 당시 토니는 다른 무엇도, 그 누구도 아닌 오로지 나만을 원했다. 그는 우리의 미래를 계획하고 있었지만 나는 너무도 바빠서 그의 계획을 차분히 듣지 못했다. 나는 더 많은 것을 원했고 내 삶은 동물, 사람, 직업, 뜻있는 일로 충만했지만, 토니와 나눌 수 있는 것은 거의 없었다. 토니와 함께 보내는 시간이 줄어들수록 토니는 더 화를 냈고, 그가 화를 낼수록 내가 집에서 그와 함께 지내는 시간은 더 줄어들었다. 그 악순환 속에 결국 우리는 막다른 골목에 다다르고 말았다.

"루스, 내 인생에 당신과 함께한 시간이 있어 영광이었어요." 그가 말했다.

그 무엇도 그때 일어났던 일을 바꿀 수는 없을 것이다. 하지만 달라진 게 있으니 바로 토니가 이제는 만족스러운 삶을 살고 있고 내가 그를 용서했다는 점이다. 우리는 이제 친구가 되었고, 할 이야기가 너무도 많았다.

1984년 12월 15일에 우리의 결혼을 파기하는 이혼 판결이 내려졌다. 38년이 지나고 마침내 우리가 이렇게 진솔한 대화를 나눌 수 있게 되리라는 걸 그때 알았더라면 참 좋았을 것이다.

책방 이야기
차세대 독자들

어린 여자아이들은 대개 동화, 특히 요정에 관한 이야기를 좋아하지요. 표지에 요정이 그려진 책을 보면 바로 껴안곤 해요. 사실 동화에는 요정이 자주 등장하지는 않아요. 동화의 기원은 프랑스 동화작가 샤를 페로의 『페로 동화집』이 처음 출판된 17세기로 거슬러 올라갈 수 있답니다.

1628년에 태어난 페로는 예순일곱이 되어서야 어린이를 위한 이야기를 쓰기 시작했어요. 『신데렐라』 『장화 신은 고양이』 『잠자는 숲속의 공주』 『엄지 동자』 등이 그의 대표작이지요.

어느 날 한 여자아이가 우리 책방에 들어와 뭔가 색다른 책을 찾았어요. 어리지만 열렬한 독서광인 아이는 스파이 책을 골랐지요. 크리스 허시먼의 『스파이 101 Spy 101』, 로버트 윌리스의 『스파이 크래프트 Spycraft』 두 권이었어요.

『찰리와 초콜릿 공장』 『내 친구 꼬마 거인』 『마틸다』를 쓴 로

알드 달이 작가였을 뿐 아니라 스파이로 이중생활했다는 사실을 아는 독자가 얼마나 될까요? 그는 영국왕립공군에서 전투기 조종사이자 장교로 복무했지요. 그러다 1940년 리비아 서부 사막에 추락해 중상을 입었어요. 병원에서 6개월을 보냈지만 더 이상 전투기 조종을 할 수 없게 되었답니다. 이후 1942년 4월 스물다섯 살에 워싱턴 D.C. 주재 영국 대사관에 보조 공군 무관으로 파견되었어요. 그곳에서 제임스 본드의 원작자인 이언 플레밍과 함께 영국 첩보 부대에서 근무했지요.

1961년 발표된 『제임스와 거대한 복숭아』가 로알드 달의 첫 번째 아동 소설로 알려져 있어요. 하지만 그보다 훨씬 전인 1943년에 『그렘린』이라는 아동문학 작품을 발표했었지요. 이 작품은 그가 영국 공군에 근무할 때 들은 조종사의 이야기에서 영감을 빌렸어요. 비행기에 기계 고장을 일으키는 괴생명체에 관한 이야기지요.

> 그리고 무엇보다 반짝이는 눈으로 주변 세계를 지켜보세요. 가장 위대한 비밀은 항상 가장 예상치 못한 곳에 숨겨져 있으니까요. 마법을 믿지 않는 사람은 절대로 찾을 수 없답니다.

로알드 달은 마지막 작품 『민핀』에서 이렇게 말했어요. 그는 1943년부터 1990년 사망할 때까지 34권의 동화책을 썼답니다.

나는 아이들이 어떤 책을 읽고 있는지 보고 깜짝 놀라곤 해요. 홀리는 자연사 관련 책에 빠져 있지만 또 스파이물도 좋아하는 게 분명해요. 열두 살 언저리의 여자아이들은 대개 브론테 자매의 책을 읽고 있어요. 우리 책방 단골인 열세 살 아이는 얼마 전에 토머스 하디의 『테스』를 막 끝냈고요. 첫 책방이었던 '45 사우스 앤드 빌로우'에서는 고전이 거의 팔리지 않았는데 지금은 책장에 꽉 차서 힘들 정도지요. 얼마나 멋진 일인지 몰라요.

19
마법 같은

1980년 시의회 지역 개발 일을 그만둔 후 농장을 팔고 양돈장의 내 지분도 처분했다. 나는 짐을 챙겨 시드니로 향했다. 이번엔 지난 몇 년 동안 내 곁을 지켜준 아름다운 황금색 잡종견 제리코가 함께했다. 작은 요트를 살 수 있을 정도의 돈이 있었지만, 우신은 시드니에 있는 내 창고에 짐을 깃다 놓아야 했다.

나의 그랜 할머니는 호주 출신이었고 할머니의 처녀 적 이름은 '케이블'이었다. 할머니 집안의 이름을 딴 건물과 도로가 있을 정도였으니 집안도 무척 부유했을 것이다. 우리가 재키라고 부른 이모할머니는 그랜 할머니의 사촌이었다. 재키 할머니는 경찰관인 윌리엄 그레빌 크로스와 결혼했다. 이모할아버지는 뉴사우스웨일스주 경찰 조정 클럽 대표였다. 1936년 베를린 올림픽 조정 종목에 선수로 출전하기도 했다. 메달을 따진 못했지만, 히틀러가 모든 참가자에게 선물로 준 떡갈나무 묘목을 들고 집으로 돌아왔다.

　1936년 베를린 올림픽에 참가했던 미국 조정 선수들의 이야기를 담은 재밌는 책이 하나 있다. 대니얼 제임스 브라운이 쓴 『1936년 그들은 희망이 되었다』다. 대공황이 미국 전역을 휩쓸었을 때 하류층 가정에서 태어나 학비를 벌기 위해 고군분투했던 미국 조정 대표팀 선수들에 관한 이야기다. 나는 이 책을 즐겁게 읽었다. 삼나무로 보트를 제조하는 과정을 알게 되었고 선장 격인 키잡이와 노를 젓는 여덟 명 사이의 호흡이 가장 중요하다는 것도 이해하게 되었다. 그 외에도 히틀러가 나치의 유대인 말살 시도를 은폐하기 위해 국제 올림픽 플랫폼을 이용한 이야기도 나온다.

　70대인 재키 이모할머니와 빌 이모할아버지, 두 분은 세일러스 베이가 내려다보이는 노스브리지의 웅장한 저택에 살았다. 빌 할아버지는 큰 키에 건장하고 근엄한 분이었다. 게다가 언제나 빈틈없이 깔끔한 옷차림에 남성용 실크 스카프를 매치하여 우아함을 더했다. 두 분이 처음 만났을 때 할아버지는 멋진 경찰관이었다. 재키 할머니는 젊었을 때 모델 활동을 했고 뉴사우스웨일스주에 있는 한 석유 회사의 첫 번째 여성 순회 영업 사원이 되었다. 할머니는 세련된 옷차림으로 긴 담배를 피우며 회사가 제공한 차를 몰았다. 당시 할머니의 급료 중 일부가 주식으로 지급되었고 퇴사 후 이를 현금화하여 시드니 중심부에 골동품 가게를 열었다.

　할머니는 매우 아름답고 독립적인 여성이었으나 할아버지

를 만나 사랑에 빠지면서 이후 평생을 남편의 통제 속에 살았다. 아이를 가질 수 없었던 두 분은 아들을 입양했다. 할머니는 그 아들을 무척 아끼고 사랑했지만, 가혹한 아버지였던 할아버지는 아들을 어린 나이에 집에서 내쫓았고 아내가 다시는 아들을 만나지 못하도록 막았다. 불행하게도 할머니는 알코올의존증이 되고 말았다.

시드니에 돌아온 이후 나는 자주 이모할머니 댁을 찾았다. 두 분은 골동품으로 가득 찬 집에서 각자의 침실을 쓰는 특이한 커플이었다. 할아버지는 조카 손주인 나를 유난히 좋아하셨는데 그건 내가 여행을 많이 다닌 데다가 나와 보트 이야기를 할 수 있었기 때문이다. 그런데 내가 남자와 함께 찾아갔을 때 할아버지는 나를 차갑게 대했다. 게다가 함께 간 남자에게는 무례하기까지 했다. 할아버지에게는 더 이상 쓰지 않는 작은 요트가 하나 있었는데 그 요트를 내게 팔고 싶어 했다. 하지만 요트를 살펴보고 나서 나는 그게 내가 찾는 요트가 아니라고 판단했다.

"루스, 어떤 요트를 찾는 거니?" 할아버지가 물었다.

"혼자서 항해할 수 있는 거요. 너무 복잡한 거 말고요."

그러던 차에 내게 딱 맞는 작은 요트를 찾았다. 9미터 길이에 갑판은 평평했고 적당한 돛 세트가 갖춰져 있었다. 화장실이나 샤워 시설이 없는 대신 선체에 구멍이 적었다. 냉장고를 놓을 공간도 없었지만, 당시 나는 채식주의자였기에 달리 걱정은 하지 않았다. 요트 바닥을 받치는 용골이 철로 되어 있다는 것을 빼고는 다 마음에 들어 바로 사들였다. 요트의 이름은 '매직'이었다!

전 주인의 도움을 받아 나는 친구 폴과 함께 시드니 북쪽으로 항해하여 커프스 항구까지 갔다. 거기서 다시 퀸즐랜드 북쪽 해안 쿡타운으로 향하는 여행을 준비했다. 매직호를 깨끗이 닦고 필요한 물품을 사서 체계적으로 분류한 다음, 해도와 라디오(당시 소형 배는 레이더나 GPS가 없었다), 안전용품, 밧줄, 닻, 삭구 등을 하나하나 점검했다. 갑판에서 구명정을 들어 물 위로 내리는 연습도 했고 항해 장비에 익숙해지려고 애를 썼다. 그사이, 나의 제리(반려견 제리코의 애칭)는 돛 위에서 안전하게 잠을 자곤 했다.

제리 다음으로 매직호에 찾아온 손님은 부둣가에서 만난 아주 자그마한 새끼 얼룩 고양이였다. 고양이에게 '루드밀라 호프먼'이라는 이름을 붙여주었다. 폴 갈리코의 『루드밀라Ludmila』라는 동화책을 좋아했는데, 마침 더스틴 호프먼 주연의 영화를 보았으니 자연스레 지어진 이름이었다. 새끼 고양이 호피는 우리 배를 아주 좋아했다. 조그마한 책장에 꽂힌 책 뒤에 숨기도 했고 어디에서든 내키는 대로 잠을 잤다. 주 돛 아래쪽 바닥에 높이가 있는 네모난 대야를 단단히 묶었다. 그 안에 마대 천을 깔고 모래를 채웠더니 호피에게 딱 맞는 화장실이 되었다. 호피는 비바람이 몰아치는 악천후에도 조종석으로 올라와 파도와 배의 움직임을 살폈다. 조금이라도 파도가 가라앉으면 조종석에서 곧장 화장실로 뛰어내리곤 했다. 그 모습은 볼 때마다 정말

경이로웠다. 결국 나는 호피가 화장실 안에 있는 동안 매달릴 수 있도록 측면에 자루를 둘러주었다.

제리에게는 작은 매트를 만들어주었다. 매트는 낡은 밧줄을 감아 똬리를 만들어 완성했다. 제리는 매트를 자기 화장실로 여기고 항상 그 위에 용변을 보았다. 더러워진 매트는 요트 옆에 잠시 걸어놓으면 파도에 씻겨 금세 깨끗해졌다.

친구 폴은 보트에 대해 아는 게 거의 없었지만 그래도 함께 하기로 했다. 나는 그가 동행하게 되어 기뻤다. 장거리 항해는 하지 않을 테니 그가 동행해도 괜찮을 것이라고 생각했다. 폴은 정통 그리스 정교회 집안 출신이었다. 그의 어머니는 그에게 '착한 그리스 여자'만을 며느리로 인정할 거라고 일찌감치 못 박았다고 했다. 하지만 우리는 그 몇 달 동안 연인으로 지냈다.

1981년 5월 25일 우리는 커프스 항구를 떠나 항해에 올랐다. 배를 탄 나는 물 만난 물고기 같았다. 하지만 곧 뱃멀미가 심해졌고 챙겨온 멀미약은 전혀 효과가 없었다. 나는 기진맥진한 상태로 선실에 누워 하루 종일 구토와 설사에 시달렸다. 그러나 제리, 호피, 심지어 폴도 느긋이 항해를 즐겼다. 이미 말했듯 배에 화장실이 따로 있는 게 아니었기에 두 개의 싱글 침대 사이에 양동이를 끼워 화장실로 사용했다. 구토만 동시에 하지 않는다면 간단히 쓸만했다.

호주 동쪽은 해안선을 따라 모래톱이 있어서 바다에서 항구나 정박지로 들어가려면 시간을 잘 맞춰야 한다. 밀물 막바지일 즈음 들어가는 것이 가장 이상적이고, 그레이트 배리어 리프에서 남쪽으로 흘러오는 동부 해류의 조류에 맞춰 항로를 설정해야 한다. 이 해류는 남태평양에서 가장 강한 해류에 속하며 특정 지역에서는 이동 속도가 시간당 7노트에 달하기도 한다. 시속 4~5노트로 순항할 때 가장 잘 움직이는 소형 요트라면 항로 설정이 매우 중요하다. 북쪽으로 갈수록 조수 간만의 차가 심해져 파도가 4.5미터까지 높아지기 때문이다.

폴은 호화로운 생활을 좋아하는지라 선내에 텔레비전을 설치했다. 당시의 내 일기를 보면 텔레비전 수신이 제대로 되지 않는다는 이야기가 계속해서 나온다. 닻을 내리고 배가 흔들릴 때면 수신 상태가 좋지 않았고 폴의 성질도 똑같이 반응했다. 그는 행복한 선원이 되지는 못했지만 어쨌거나 버텨냈다. 내 생각에 폴은 그냥 요트를 타고 바다에서 생활한다는 생각만을 좋아했던 것 같다. 직접 현실로 겪는 것은, 특히나 그렇게 작은 배라면 분명 그에게는 힘든 일이었을 것이다. 폴은 매일 호피와 제리가 지켜보는 가운데 낚시를 했다. 폴이 물고기를 잡아 갑판에 내려놓을 때면 호피와 제리는 폴만큼이나 흥분을 감추지 못했다.

서른다섯 번째 생일날, 우리는 커티스 섬 남서쪽 모퉁이 근처에 있는 그램스 크릭에 다른 배들과 함께 정박했다. 그곳은 밀물과 썰물이 드나드는 만으로 맹그로브 나무가 늘어서 있고 길이가 약 9킬로미터에 달하며 더 내로우스의 남쪽 끝으로 흘러간다. 당시 조수 높이가 4.4미터로 강한 물살을 일으켰기 때문에 진입 시간을 잘 맞추는 것이 무엇보다 중요했다. 하지만 짙은 안개 때문에 우리는 그날 하루 종일 누워서 거대한 모기와 싸워야 했다. 다음 날이 되어서야 우리는 작은 요트 그룹과 두어 척의 낚시 보트에 합류하여 더 내로우스를 지나 그레이트 케펄 섬으로 향할 수 있었다.

이제 폴은 항해가 자신에게 맞지 않는다고 결론을 내리고 떠날 계획을 세웠다. 나로선 폴 없이 항해하는 게 더 행복할 거라는 걸 알고 있었기에 그의 계획에 신경 쓰지 않았다. 매직호에서 함께 보낸 시간 덕분에 우리가 잘 맞지 않는다는 것을 폴이 확신할 수 있었던 것 같다. 그렇게 우리는 그 시점에 조용히 헤어졌다. 몇 년 후 폴은 멋진 그리스 여자와 결혼했다.

한편 북쪽으로 향하는 다른 배들이 많이 있었고 나는 친구도 여럿 사귈 수 있었다. 같이 식사하고 함께 뭍에 오르는 등 서로 도우며 지냈다. 그러다 보니 나 혼자서 호피, 제리와 함께 지내는 것이 전혀 문제 될 게 없었다.

전에는 한번 항해를 나가면 길게는 열흘까지 바다에 있었는데 퀸즐랜드 동부 해안은 항해하기가 무척 수월하여 원하기만 하면 거의 매일 밤 닻을 내릴 수 있었다. 덕분에 악천후를 피하기도 쉬웠다. 그러던 차에 트리뷸레이션 곶 근처 한 낚시 롯지에 요리사 일자리가 났다는 소식을 듣게 되었다. 트리뷸레이션 곶은 블룸필드 강이 케언스 북쪽의 산호해로 흘러드는 곳이다. 바로 그곳 매니저에게 전화를 걸어 두 달 동안 일하기로 이야기를 마쳤다. 그러자면 8월 마지막 주까지 꼭 그곳에 도착해야만 했다.

마법 같은

8월 29일 나는 블룸필드 강에 매직호의 닻을 내렸다. 그곳에서 롯지까지 가려면 작은 보트를 타고 노를 저어 30분 동안 가오리, 게, 바다악어가 가득한 맹그로브 숲을 헤쳐나가야 한다는 것을 도착해서야 알게 되었다. 만조가 되면 그마저도 불가능했다. 게다가 악어가 개를 특히 좋아한다고 했다. 다행히 강아지를 좋아하는 나의 새로운 상사 피터가 선회기가 달린 작은 보트를 준비해주었다. 그 덕분에 나는 호피, 제리와 함께 무사히 롯지에 도착했다.

롯지 일은 쉬웠다. 일곱 명이나 되는 직원과 함께 많아야 여섯 명인 부유한 손님의 식사를 준비하는 일이었다. 나는 아침 식사를 요리하고 손님이 낚시하러 나갈 때 가져갈 점심을 만든 다음 저녁을 준비할 때까지 쉬는 시간을 가질 수 있었다.

두 달간의 롯지 요리사 일을 마치고 10월 말 남쪽으로 향하기 시작했다. 하지만 매직호의 선체 청소가 필요하여 케언스에 닻을 내리고 매직호를 슬립했다. 매직호에 붙어 자란 것들이 너무 많았고 이 외에도 몇 가지 수리 및 유지 보수 작업을 진행해야 했다.

그사이 부두 일꾼 중 한 명이 호피와 사랑에 빠지고 말았다. 호피는 항상 그 일꾼 어깨에 자리를 잡고 있거나 그를 따라다녔다. 호피는 그가 좋아 정신을 못 차릴 정도로 보였다. 하루 종일 그와 함께 지내다 밤이 돼서야 매직호로 돌아오는 날이 이어졌다. 그렇게 호피는 바다에서의 모험은 이제 끝이 났고 그만 육지로 돌아가고 싶다는 뜻을 분명히 밝혔다. 확신컨대 나와 제리가 호피를 그리워한 것만큼 호피가 우리를 그리워하진 않았을 것이다.

　북풍이 불어오자, 요트들 대부분이 남쪽으로 향했다. 10~12노트의 바람이 꾸준히 불고 있었다. 그래서 케언스에서 출발하여 보엔에서 하룻밤만 기항하고 곧장 매카이로 향하기로 했다. 3일이면 충분한 일정이었다. 처음에는 날씨가 완벽했지만, 폭풍우가 다가오고 있었다.

　11월 15일 번개, 폭우와 함께 사이클론급 강풍이 매카이 주변 해안 지역을 강타했다. 바람과 비로 인해 매카이 항구의 전력 공급이 중단되었고 배들이 전복되었다. 밤이 다가오자, 매직호는 높은 파도와 싸웠다. 암초에 걸린 돛이 돛대에서 뜯겨나갔기 때문에, 나는 후미 쪽에 있는 작은 돛대에만 의지한 채 항구 입구를 향해 남쪽으로 내려갔다.

　나는 계속 플랫 탑 섬의 등대를 찾고 있었다. 이 등대가 강 입구를 표시해주고 숄워터 포인트의 모래톱과 헤이 포인트의 암초를 밝혀주기 때문이었다. 접근하는 동안 등대를 쉽게 볼 수 있는데 어찌 된 일인지 전혀 보이지 않았다. 불이 꺼져버렸다는 걸 내가 모르고 있었던 것이다. 사태를 파악하기까지 시간이 좀 걸렸지만 크게 걱정하지 않았다. 곧 불이 들어와 등대가 나를 안전하게 항구로 안내하리라 생각했기 때문이다.

　하지만 불은 들어오지 않았다. 등대도 해안가 도심의 불빛도 없었다. 나와 매직호를 이끌어줄 빛이 전혀 없었다.

　내가 가진 해도를 확인하고 또 확인했다. 내 위치가 항구 입구 근처여야 했다. 바람과 파도가 잦아들자, 나는 내 본능을 믿고 해안가로 향하기로 했다. 해안가에 부딪히는 파도 소리를 들으며 육지의 형태가 나타나길 기원했다. 안전을 위해 해안선과 평행으로 계속 달렸다. 파도 모양이 달라져 항구 입구를 알아볼 수 있기를 간절히 바랐다. 거의 두 시간이 걸려 새벽 2시 직전에 마침내 매카이 항구에 들어설 수 있었다. 완전히 기진맥진한 채였다. 몇 시간 동안이나 긴장하고 두려움에 떨었지만 결국 해내고야 말았다.

아침이 되어 항만 관리인이 나를 보러 왔다. "아니, 도대체 어디에서 나타난 거요?"

우리는 인사를 하며 간밤에 일어난 일에 관해 이야기를 주고받았다. 한편, 그사이에 제리는 요트에서 뛰어내려 필사적으로 헤엄치기 시작했다. 육지에 닿고 싶었던 게다. 쪼그리고 앉더니 제리가 족히 3분은 되도록 오줌을 쌌다. 나는 매직호 갑판에 가만히 앉아 울었다.

12월 1일 커프스 항구에 도착했다. 지난 6개월 동안 바다에서 약 5200킬로미터 넘게 항해했다. 이제 다시 육지로 갈 시간이었다.

책방 이야기

등대 찾기

딜런과 딜런의 어머니 캐서린이 자그마한 책방 모습에 혹하여 들어왔어요. 그냥 둘러보고 싶었겠지요. 딜런은 열한 살이었고 홈스쿨링을 하고 있어서 자기 관심사를 더 깊이 탐구할 수 있었을 거예요. 긴 머리에 조용하고 예의 바른 태도를 지녔지요. 딜런은 좋아하는 책 이야기를 하자 긴장이 풀리는 것 같았어요.

시를 접하게 된 후 딜런은 옛 영어식으로 말하고 쓰는 것을 좋아했지요. 딜런은 곧 동시가 심심해졌고 어머니와 함께 처음으로 에드거 앨런 포의 「까마귀」라는 시를 읽었어요. 더불어 영국사를 공부하면서 월터 스콧 경의 「아이반호」를 읽고는 스콧 경을 바로 좋아하는 작가 목록에 올렸어요.

딜런은 대부분의 열한 살 소년들과 달리 영국 도자기까지 수집하기 시작했지요. 우리가 서로 알고 지낸 지 일 년이 지난 어느 날 오후, 랜스와 나는 딜런의 오후 다과회에 초대받았어요.

우리는 아름다운 영국 찻잔에 차를 마시고 잼과 크림을 얹은 멋진 스콘과 작은 초콜릿, 코코넛 스펀지케이크를 먹었지요.

딜런의 독서 열정이 워낙 대단했던지라 오래된 시집 『오언 메러디스(라이튼 백작)의 시 Poems of Owen Meredith(the Earl of Lytton)』를 딜런에게 선물했어요. 그 시집은 1927년 출간되었고 M. 베덤 에드워즈의 소개가 담겨 있지요. 바로 이 시집을 시작으로 딜런이 책 수집에 발을 들였어요. 그의 가족이 웰링턴에 가게 되었는데, 딜런은 자선 가게에서 월터 스콧 경의 희귀본을 발견했답니다. 1869년경 출간된 시집으로 가죽 제본이었다고 해요.

딜런이 두 번째로 우리 책방에 왔을 때는 부모님과 여동생 올리비아와 함께였어요. 딜런은 중절모에 정장을 단정히 차려입고 긴 머리를 뒤로 묶고선 반가운 미소를 지어 보였어요. 나는 딜런에게 우리 책방에 와서 책 거래를 배워보는 건 어떨지 물어보았어요. 이야기하다 보니 어느새 우리는 배에 관한 책과 항해술에 관한 내용까지 주고받게 되었지요. 딜런은 정말 특별한 열한 살 남자아이였어요.

한편 랜스는 딜런에게 좋은 스승이었지요. 랜스의 오래된 해도를 함께 보면서 딜런과 랜스는 금방 가까워졌어요. 딜런은 새로운 지식에 푹 빠졌고 해도를 읽고 항로를 그리는 법을 빠르게 배웠어요. 분할선, 평행자, 나침반의 상승 및 기타 잡다한 용어를 이해해야 해서 쉽지 않은 일이었는데 말이죠. 해도와 항로 공부를 끝내자, 그들은 이제 등대로 넘어갔어요.

　나는 항상 등대에 관심이 많았답니다. 바다에서 며칠을 보낸 뒤 육지로 돌아가기 위해 가까이 갔을 때 어둠 속에서 계속 불빛을 비추고 있는 등대를 보게 되면 마음이 놓이지요. 밤중에 해안선을 따라 항해할 때도 등대를 보고 위치를 확인할 수 있어 안심하게 되고요. 또한 등대마다 고유의 불빛을 가지고 있어 특정 등대를 식별할 수도 있으니 여간 흥미로운 게 아니랍니다.

　책방 손님 중에도 등대에 관심 있는 분들이 많아요. 등대가 어떻게 지어지는지, 등대지기는 어떤 사연이 있는지, 그리고 등대의 전반적인 역사는 어떻게 되는지 등을 궁금해하지요. 어느 날 무척 유쾌해 보이는 한 영국 남자가 활짝 웃는 얼굴로 수다를 떨며 책방에 들어왔어요. 자신을 '존'이라고 소개하고는 뉴질랜드 등대에 관한 책이 있는지 물었어요. 다행히 재고가 있어서 책방에 가지고 있는 책들을 모두 찾아 보여주었어요. 헬렌 비글홀의 『바다의 소리 The Sound of the Sea』, 제프리 B. 처치먼의 『뉴질랜드 등대 New Zealand Lighthouses』, 그리고 T.A. 클라크의 『바다는 내 이웃 The Sea is My Neighbour』. 그중에서 존은 T.A. 클라크의 책을 샀지요.

　존은 등대지기협회의 회원이었어요. 협회는 주로 등대 유산을 보존하는 일에 몰두했고 본부는 영국에 있었지요. 그가 내게 명함을 주었고 나는 이러한 내용을 등대의 빛에 매료된 책방 손님들에게 알려주었어요. 등대와 관련하여 꼭 읽어야 할 책은 벨라 배서스트가 쓴 『스티븐슨 등대The Lighthouse Stevensons』예요. 로버트 루이스 스티븐슨의 조상이 스코틀랜드에 등대를 건설하는 이야기지요. 그 로버트 루이스 스티븐슨은 전 세계적으로 사랑받은 작품 『보물섬』과 『유괴』를 쓴 작가예요. 1790년에서 1940년 사이에 여덟 명의 스티븐슨 가문 사람이 97개의 유인 등대를 설계하고 건설했답니다. 현대의 기술자들도 감당하기 힘든 상황에도 말이지요. 등대는 지금도 여전히 스코틀랜드 해안을 지키며 서 있어요.

1854년 토머스 스티븐슨이 셰틀랜드 북쪽 언스트 섬에 '머클 플루가'라는 멋진 이름의 등대를 만들었어요. 영국 최북단의 등대지요. 1858년에 처음 불을 밝힌 머클 플루가는 높이가 20미터에 달해요. 토머스 스티븐슨의 후손인 로버트 루이스가 젊었을 때 아버지와 함께 등대를 방문했고, 운스트 섬에서 영감을 받아 『보물섬』의 지도를 만들었다고 해요.

뉴질랜드 최남단 등대에 관심이 있는 분은 2010년에 출간된 앤절라 베인의 『포보 해협의 등대Lighthouses of Foveaux Strait』를 읽어보세요. 정말 훌륭한 책이랍니다.

자, 이제 등대를 찾아보세요! 이 놀라운 건축물이 지닌 역사를 알게 되면 여러분도 분명히 열렬한 팬이 될 겁니다.

20
더 저항하고, 덜 순응하라

매직호가 시드니 세일러스 만에 닻을 내리고 정박했다. 바로 건너편에는 재키 이모할머니와 빌 이모할아버지가 살고 계셨다. 이제 나는 바다에서 가까운 숙소와 괜찮은 직장이 필요해졌다. 다시 돈이 떨어진 것이다.

제리는 커프스 항구 근처 내 친구 집에서 지내며 친구의 보살핌을 받고 있었다. 제리가 친구네 양치기 개의 새끼를 가졌고 친구도 제리를 맡고 싶다고 전화로 내게 말했다. 내키지는 않았지만, 날마다 흥미로운 일이 벌어지는 바다 생활에 이미 익숙해진 개를 시드니의 아파트에 가둬두는 것은 아니다 싶어 친구 말에 동의했다.

첫 번째 맡은 일은 한 이탈리아 노인의 개인 간호사였다. 노부인과 잘 지내며 일 년 넘게 일했다. 그러다 태즈메이니아에서 흥미로운 일이 일어난 것을 알게 되었고 나도 거기에 참여하고 싶었다. 미국 작가 에드워드 애비의 소설『멍키 렌치 갱The Monkey Wrench Gang』을 읽었기에 더욱 관심이 갔다. '멍키 렌치'는 저항의 한 형태로 '비폭력 불복종과 방해 행위'를 표현하는 용어였다. 나는 지금도 이 책을 소장하고 있다. 뉴질랜드에서는 여전히 논란이 많은 책인 까닭에 구하기가 어려워, 미국 친구가 뉴질랜드에 올 때 내게 몇 부씩 갖다준다.

시위에 참여할 생각이 있는 사람이라면 반드시 읽어야 할 책이다. 이런저런 조언이 가득하면서도 정말 재미있고, 리처드 셸턴과 소로 등의 아름다운 문장까지 담고 있다. 특히 월트 휘트먼의 지혜로운 말이 내 마음에 와닿았다. "더 저항하고 덜 순응하라…"

책을 다 읽은 후에도 그 말이 계속 마음속에서 울렸다. 진정 내가 사랑하는 것, 즉 바다, 숲, 야생동물, 새를 위해 일어서야 할 때가 되었다. 내가 사랑하는 이 모든 것이 '나'라는 사람의 본질을 나타내는 것이다.

내게 환경보호에 관한 생각을 처음 심어주신 분은 외할아버지였던 것 같다. 파일 만에 있는 할아버지의 간이주택에서 지낼 때면 우리는 파일 만에서 건너편 리틀턴항까지 배를 저어 낚시하곤 했다. 완전한 침묵이 흐를 때도 있었고 할아버지가 내게 이런저런 이야기를 들려주실 때도 있었다. 그날 먹을 만큼의 물고기가 잡히면 할아버지는 노를 노걸이에 걸고 집으로 향했다.

"루티, 내일도 있으니 충분히 남겨둬야 한단다." 이것이 할아버지의 낚시 철학이었다. 새조개를 캐거나 바위에 붙어 있는 굴이나 홍합을 딸 때도 꼭 당장 먹을 양만 챙겼다. 오늘날에는 파일 만에 조개류가 전혀 남아 있지 않고 크기가 작은 식용 전복 파우아 몇 마리만 볼 수 있다.

뉴질랜드 해군에 복무하던 시절, 나는 퀸 거리에서 열렸던 포경 반대 행진에 참여한 적도 있다. 뉴질랜드는 1970년대 후반이 되어서야 고래잡이에 강력히 반대하게 되었다.|뉴질랜드가 무분별한 고래 남획을 규제하기 위해 1946년 설립된 국제기구 국제포경위원회IWC, The International Whaling Commission에 가입한 것은 1976년의 일이었다_옮긴이|

1978년 태즈메이니아 수력 전기 위원회가 전력 생산을 위해 프랭클린 강에 댐을 건설하겠다는 계획을 발표했다. 이를 둘러싸고 태즈메이니아 주민들의 의견이 나뉘었다. 경제적인 이유로 이 프로젝트를 지지하는 사람들이 많았지만, 또 다른 사람들은 환경보호의 입장에서 댐 건설을 반대했다. 프랭클린 강 계곡이 잠기면 야생 지역이 훼손되어 돌이킬 수 없게 되기 때문이었다.

나는 신문에서 벌어지는 논쟁을 읽어가며 댐 반대 운동이 호주 전역으로 확산하는 것을 지켜보았다. 태즈메이니아 야생지 협회의 밥 브라운 대표가 프랭클린 댐 건설 중단 운동을 주도하기 시작했다. 1982년, 그는 호주를 순회하며 지지를 호소했고 영국의 저명한 환경운동가이자 식물학자인 데이비드 벨라미가 함께했다. 그들은 멜버른과 시드니에서 5000명이 넘는 사람들 앞에서 연설했다. 두 사람의 연설을 듣고 나는 내가 도울 수 있는 일이 있다면 기꺼이 동참하리라 다짐하고 준비를 마쳤다.

댐 부지 봉쇄가 12월 14일로 예정되었다. 이날은 유네스코

위원회가 프랭클린 강과 고든 강을 포함한 태즈메이니아 야생 지역을 세계 문화유산으로 등재하기로 한 날이기도 했다. 당연히 나는 태즈메이니아로 가야 했다.

그렇게 봉쇄 며칠 전에 태즈메이니아 주도 호바트에 도착했다. 호주 내 다른 여러 주에서 온 시위자들도 함께했다. 워너스 랜딩 근처의 댐 현장에서 자원봉사자를 모집한다는 사실이 알려지자 불도저가 내려오는 것을 막고 작업 현장 입구를 봉쇄하기 위해 약 2500명의 사람이 그곳에 모였다.

나는 아드레날린이 솟구쳤고 무슨 일이 일어나든 감당할 준비가 되어 있었다. 우리는 잃을 게 없었다. 혼자 서 있는 것이 아니라는 것을 모두가 알았다. 그 연대감은 상상할 수 없을 만큼 강력한 힘이 되었다. 생각해보면, 지난 몇 년 동안 내게 일어났던 그 모든 일이 오히려 나를 강하게 만든 것 같았다. 그저 용감해진 것이 아니라 다시 기운을 차리고 결과를 기꺼이 받아들이는 강인함이 자리했다는 생각이 들었다.

나는 체포되지 않았지만, 그 며칠 동안 1500명이 넘는 시위자들이 체포되었다. 태즈메이니아 야생지 협회 대표 밥 브라운은 감옥에서 19일을 보낸 후 석방됐는데, 다음 날 그는 태즈메이니아 의회의 의원이 되었다.

영국에서 온 환경운동가 데이비드 벨라미도 체포되었다. 한 시위 단체의 한 장짜리 신문에 다음과 같은 기사가 떴다.

1982년 벨라미는 태즈메이니아로 향하는 특별한 여행에 나섰다. 프랭클린 강에 댐이 건설되어 열대우림, 동굴 및 야생동물이 익사하는 것을 막기 위한 태즈메이니아 야생지 협회의 캠페인에 열정적으로 동참했다. 태즈메이니아의 프랭클린 강 봉쇄 현장에서 체포된 그의 모습은 전 세계 언론의 일면을 장식했다.

우리는 1983년 3월 프랭클린 강 댐 건설 반대가 이제 연방 차원의 문제가 됐다는 걸 알았다. 전국적인 인쇄 매체를 통한 캠페인이 맬컴 프레이저 정부를 무너뜨리는 데 일조한 것이다. 차기 총리인 밥 호크는 댐 건설을 중단하겠다고 약속했지만 싸움은 계속되었다. 결국 7월 1일 고등법원이 연방 정부 대 태즈메이니아 사건에서 연방 정부의 손을 들어줌으로써 프랭클린 강의 보호가 확정되었다. 항의 시위를 벌인 수천 명의 사람들이 마침내 승리한 것이다.

1985년에 데이비드 포먼이 편집하고 '멍키렌치 갱'의 작가 에드워드 애비기 서문을 쓴 또 다른 책『에코디펜스Ecodefense』가 출간되었다. 나는 2019년이 되어서야 환경 파괴 방해 운동을 위한 현장 안내서인 이 책을 접할 수 있었다. 나무와 도로 스파이크부터 광고판, 울타리 자르기, 연막탄 및 악취 폭탄 만들기, 자물쇠 방해에 이르기까지 모든 것을 다룬 이 책은 출판 직후 호주에서 판매가 금지되었다.

다음은 이 책의 두 번째 판 서문에서 발췌한 내용이다.

4) 이 책의 '보안' 부분을 읽고, 공부하고, 암기하고 충실히 따르

세요. 운이 나쁜 경우 말고는 감옥에 가지 않을 겁니다.

5) 마지막으로, 밖으로 나가서 뭔가를 해보세요. 이 아름답고 푸른 녹색의 지구에서 살아갈 수 있는 특권의 대가를 지불하는 겁니다. 야생을 전략적으로 보호하는 운동인 '멍키 렌칭'은 많은 사람이 여러 장소에서 열정적이고 즐겁게 참여해야만 성공할 수 있습니다.

나는 이제 헌신적인 환경 지킴이이자 비폭력 불복종과 방해 행위자인 멍키 렌처, 그리고 시민운동가가 되었다. 하지만 무엇보다 먼저 은행 계좌를 채워야 했다.

책방 이야기
어서 오세요, 캐서린 맨스필드

　3년 전 책방 밖에서 눈을 감은 채 거의 죽어가는 작은 아기 새 한 마리를 발견했어요. 며칠 동안 먹이를 주고 따뜻하게 보살펴주었더니 이내 부드러운 솜털이 온몸에 돋아나기 시작하여 다소 우스꽝스러운 모습이 되었지요. 어떤 종류의 새인지 전혀 알 수 없었어요. 하지만 얼마 후 아기 새 깃털에 아름다운 무늬가 나타나면서 그때서야 개똥지빠귀라는 걸 알았어요. 우리는 아기 새에게 '버디'라는 이름을 붙여주었지요.

　그 후 한 달 동안 버디는 나는 법과 스스로 먹이를 찾아 먹는 법을 배웠고 결국 우리 집에 완전히 적응하여 함께 지냈어요. 내가 글을 쓰고 있으면 컴퓨터 위에 앉기도 하고 재봉틀 앞에 앉아 내가 청바지 밑단 정리하는 것을 흥미롭게 지켜보기도 했어요. 그런가 하면 부엌에선 개수대 위 커튼레일에 매달려서 어서 밥을 달라며 지저귀기도 하고 피곤하면 랜스의 목에 기대어 잠을 잤지요. 내가 밖에 나가면 버디도 따라왔어요. 빨래를 널 때 빨랫줄에 앉아 있거나 정원에서 나와 함께 일하면서 땅벌레를 찾아다녔지요. 그렇게 버디는 늘 나와 함께했어요.

그러던 어느 날 밖에서 작은 숲을 함께 산책하다가 버디가 훌쩍 날아가더니 어쩐 일인지 바로 돌아오지 않았어요. 며칠 만에 다시 나타난 버디가 먹이를 달라고 시끄럽게 울길래 얼른 작은 접시에 다진 쇠고기를 담아 부엌 창틀에 놓아두었어요. 버디는 금방 먹어 치우고 다시 휘리릭 날아갔지요. 내가 생각해도 참으로 멋진 결과였어요. 거의 죽어가는 자그마한 새를 이렇게 어엿한 어미 새로 키웠다는 생각에 뿌듯했지요. 그렇게 개똥지빠귀 한 마리는 자유로이 자신의 세계로 힘차게 날아갔어요.

일주일 정도 다진 쇠고기를 먹으러 오던 버디는 다시 돌아오지 않았어요.

3년이 지나 나는 책방을 열었고 여느 날처럼 테이블과 낡은 책상 위에 책을 펼친 다음 '책방 열림' 표지판을 놓고 컴퓨터 앞에 앉아 일을 하고 있었어요. 그런데 어디선가 개똥지빠귀 한 마리가 불쑥 책방 문 쪽으로 다가오더니 문 앞에서 아주 맹렬히 짹짹대는 것이 아니겠어요? 자기를 봐달라는 게 분명한 울음이었어요. 원래 개똥지빠귀는 아주 소심하고 용기라곤 없는 새인데 어떻게 된 게 이 개똥지빠귀는 나를 똑바로 바라보며 대답을 요구하고 있어서 정말 놀랐어요.

갑자기 깨달았어요. "설마, 너, 너야? 버디?" 이렇게 묻고는 바로 집으로 달려가 냉장고에 있는 다진 쇠고기 한 줌을 꺼내 왔어요. 당시 랜스와 나는 4년 동안 우리를 찾아오고 있던 찌르레기 어미 새 '브라운 여사'와 가끔씩 '포장'을 요청하는 '브라운 씨'에게 먹이를 주고 있었던지라 우리 집 냉장고에는 늘 다진 쇠고기가 있었지요.

그 개똥지빠귀는 다진 고기를 먹으며 무척 기뻐했어요. 배를 채우자, 이번엔 부리 가득 먹이를 담더니 바로 울타리 너머 숲으로 날아갔지요. 이 새가 버디였을까요? 새끼들을 먹이려고 먹이를 챙겨간 것일까요?

3년이나 지나 버디가 다시 돌아왔다는 게 믿기지 않았어요. 그 후 며칠 동안 정기적으로 찾아와 먹이를 먹고 또 새끼들에게 줄 먹이를 챙겨갔어요. 행여라도 내가 자기를 모른 처하면 바로 시끄럽게 울었지요. 의심할 여지 없이 버디였어요.

나는 버디의 이름을 캐서린 맨스필드|뉴질랜드의 작가. 여성의 사회적 지위를 둘러싼 깊이 있는 인물 묘사와 풍부한 상징성으로 유명하다._옮긴이|로 바꾸고 간단히 '케이티'라고 불렀어요. 케이티는 이제 책방의 마스코트가 되었지요. 배가 고파오면 다진 쇠고기를 달라고 당당히 큰소리로 지저귀며 아주 뽐내는 걸음걸이로 내게 다가와요. 책방을 찾는 사람들이 모두 케이티를 좋아하고 많이들 케이티 사진을 찍어요. 그러면 케이티는 늘 전문 모델처럼 포즈를 취하며 카메라를

똑바로 쳐다본답니다.

    책방에서 내가 바쁠 때면 케이티는 가끔 문 앞에 서서 내가 손님과 대화하는 모습을 지켜보곤 해요. 어렸을 때 많은 시간을 보냈던 부엌으로 날아오기도 하고 우리를 따라 정원을 누비고 처음 목욕했던 연못에서 목욕하기도 하지요.

    그렇게 몇 주가 지나고 케이티의 새끼들은 다 자라서 솜털을 벗었어요. 우리가 주는 다진 고기는 이제 온전히 케이티 몫이 되었지요. 케이티는 우리의 라운지 창문 밖 나무에 앉아 브라운 부부와 함께 시간을 보낸답니다.

21
청소년 지원 활동

시드니 자선단체인 시드니 시티 미션Sydney City Mission | 1860년 영국에서 호주 뉴사우스웨일스에 도착한 전도사 벤자민 쇼트가 런던 시티 미션에 영감을 받아 시드니 빈민들의 삶을 개선하고자 1962년 설립한 기독교 도시 선교 자선단체_옮긴이 | 이 킹스크로스에 '오퍼지션'이라는 청소년 긴급 지원 센터를 운영하고 있었다. 센터의 청소년 및 복지 딤딩지 구인 광고를 보고 지원하기로 마음먹었다. 먼저 숙소를 찾던 중에 괜찮은 집을 발견했다. 라벤더 만이 내려다보이는 2층 주택으로 텔레비전 광고 제작자의 집이었다. 주인이 촬영으로 집을 자주 비우기 때문에 그동안 내가 집을 봐주기로 했다. 집안일을 도맡아 하는 대신 임대료가 저렴했고 집 전체를 모두 쓸 수 있었다. 살 곳이 정해지자 차를 사서 창고로 가 내 짐을 찾아왔다. 마대로 싸인 조슈아의 작은 나무 십자가도 가져왔다. 그렇게 나는 킹스크로스에서 일을 하기 시작했다.

킹스크로스는 예전부터 사회의 어두운 면을 보여주는 곳이었다. 처음 몇 주간은 지나가다가 들르는 단골들과 가까워지면서 그 지역에 대해 알아갔다. 킹스크로스의 원래 이름은 퀸즈크로스로 1897년 빅토리아 여왕의 즉위 60주년을 기념하기 위해 명명되었다. 하지만 킹 거리에 위치한 퀸즈스퀘어와 헷갈리는 경우가 많아지자 1905년에 퀸즈크로스는 에드워드 2세의 이름을 따서 킹스크로스로 바뀌었다. 나는 달링허스트, 윌리엄 및 빅토리아 지역을 주로 담당했다. 센터에서 일하지 않을 때는 거리로 나가 이 지역의 추잡한 내부 상황을 하나씩 알아갔다.

얼마 지나지 않아 나는 거리에서 일하는 많은 청소년의 신뢰를 얻을 수 있었다. 그리고 경찰, 특히 마약반을 믿을 수 없다는 것도 금방 깨달았다. 명함을 몇 장 만들어서 만나는 모든 사람에게 나눠주었다. 내 이름과 전화번호, 그리고 "필요하면 전화해"라는 말만 간단히 적었다. 명함이 매우 효과적이어서 몇 달 동안 계속 나눠주었다. 종종 내가 직장에 출근하면 누군가가 나를 기다리고 있거나, 전화벨이 울리고 "루스, 또 당신 찾는 전화야"라는 말을 듣곤 했다.

스물두 살 매춘부 웬디가 나의 정보원이 되었다. 수년간 거리에서 일해온 웬디는 지금 무슨 일이 일어나고 있는지, 누가 무엇을 하고 있는지, 누구를 멀리해야 하는지 등 필요한 모든 정보를 알고 있었다. 웬디는 나름의 기준을 가지고 있었다. 거리 사람의 대부분이 마약을 했지만 웬디는 마약에 절대 손을 대지 않겠다는 자신의 기준을 지켰다. 유일한 목표는 집을 살 만큼 돈을 버는 것이었고 다른 것에는 전혀 신경 쓰지 않았다.

어느 날 길에서 웬디와 잡담을 나누고 있는데 경찰차 한 대가 우리 옆에 멈추었다. 내가 뭐라 하기 전에 웬디가 소리쳤다. "꺼져!"

"웬디, 무슨 일이지?" 창문을 내리며 경찰관이 물었다. "새 친구가 생기셨나?"

내가 경찰차 쪽으로 가서 경찰관에게 명함을 건넸다. "오퍼지션에 새로 온 루스라고 합니다. 당신은요?"

"젠장, 또 빌어먹을 종교광이로군." 그가 코웃음을 쳤다. "당신은 또 얼마나 버티려나."

"예의 좀 지키시죠. 그렇게 어려운 일도 아닐 텐데." 내가 대답했다. 말이 끝나기가 무섭게 그가 차에서 뛰어내리더니 뒷문을 열어 내 팔을 잡고 뒷좌석으로 밀었다.

그렇다, 무서웠다. 웬디가 경찰이 얼마나 부패했는지 진즉 내게 경고한 바 있었다. 사람들을 얼마나 함부로 다루는지도 알고 있었다.

"닥치고 들으셔." 경찰이 차 안에 있는 내게 말했다. "명령은 당신이 하는 게 아니지. 말썽 피우지 말고 그 빌어먹을 당신 일이나 하시지. 괜히 끼어들지 말고."

"아, 제가 간섭하지 말아야 할 게 뭐가 있을까요, 경관님?" 내가 최대한 순진하게 물었다.

"맙소사! 그냥 거리에 나오지 마! 거지 같은 그 사무실에 쳐앉아 메모나 쓰라고, 뭐든 좋으니! 거리 쓰레기 소리 같은 건 들지도 말고."

"제가 보기엔 지금 제가 그 쓰레기랑 함께 앉아 있는 것 같습니다만." 태연히 대답하면서 문득 이런 생각도 들었다. '대체 뭘 믿고 내가 이러고 있지?'

경찰이 고개를 획 돌려 나를 쳐다봤다. 나는 시선을 떼지 않은 채 똑바로 그를 바라보았다. 내가 잃을 것이 뭐가 있단 말인가?

"빌어먹을, 널 지켜보겠어. 한 발짝이라도 선 넘기만 해봐. 골로 보내줄 테니. 당장 꺼져."

"경고해주셔서 감사합니다, 경관님." 차에서 내리면서 덧붙였다. "좋은 밤 되세요."

도망쳤던 웬디가 나를 발견하고는 와락 껴안으며 말했다. "나쁜 새끼들! 괜찮아요?"

"괜찮아, 기분은 더 좋아졌는걸!"

이것이 내가 킹스크로스 경찰 및 마약반과 점점 더 위험한 관계를 맺게 된 계기가 되었다.

* * *

시드니 시티 미션은 길거리 청소년들에게 침대와 뜨거운 물 샤워, 저녁 식사를 제공했고 상담도 진행했다. 하지만 우리가 맡은 가장 중요한 역할은 바로 우리에게 오는 이들과 친구가 되어 그들을 깊이 이해하는 것이었다. 길거리에서 일하는 사람들 대부분은 포옹과 그저 조용히 쉴 수 있는 공간을 원했다. 나는 사람들과 포옹하는 것을 좋아했기에 그리 어렵지 않았다. 포옹하면서 그들의 몸무게를 재빨리 확인했고(대부분 앙상하게 말라 있었다) 술과 마약을 하는지까지 알아차릴 수 있었다. 이런 정보를 통해 나는 그들을 조금 더 도와줄 수 있었다.

젊은 매춘부인 사이먼은 겨우 열네 살 때, 차 안에서 가스를 마시고 숨져 있는 어머니를 발견했다. 자동차 배기가스 냄새 때문에 토하고 싶었지만, 그 냄새에서 헤어날 수 없었다고 말했다. 이제 열아홉 살이 된 그는 높은 벽돌 벽에 기대어 고객의 차에 태워지기를 기다리며 몸을 파는 아이가 되었다. 그는 20달러에 남자들을 빨아주고, 40달러에 자기 몸을 팔았다. 그는 자신을 경멸했다. 이미 알코올의존증이었고, 커다란 술병을 끼고 싸구려 술을 마시고 있었다.

사이먼을 처음 만난 곳은 포스터 레인, 좁고 불이 꺼진 뒷길 막다른 골목 근처였다. 높은 상업용 건물이 골목을 완전히 둘러싸고 있었다. 골목 오른 편 중간쯤에 무거운 경첩과 뚜껑이 달린 상업용 쓰레기통이 있었다. 쓰레기통 안에는 길거리에 버려진 쓰레기도 있었지만 대부분은 종이와 상자, 일회용 커피 컵, 컴퓨터 기록물 등 사무실에서 나온 쓰레기였다.

나는 이 쓰레기통이 노숙자들의 훌륭한 잠자리고 먼저 들어간 사람이 그날 밤을 묵는다는 사실을 알고 있었다. 우리가 처음 만난 그날은 사이먼이 차지하고 있었다. 그는 기름진 금발 머리와 창백한 피부에 굉장히 슬픈 눈빛을 하고 있었다.

사이먼은 곧 시드니 시티 미션의 단골이 되어 센터에서 먹을 걸 챙기고 샤워를 하고 잠시 잡담을 나눈 뒤 길거리로 슬그머니 돌아가곤 했다. 그때는 에이즈가 이 지역을 휩쓸기 전이었지만 소년들 대부분이 이미 성병과 B형 간염 양성 판정을 받았고 사이먼도 마찬가지였다. 내가 그를 쓰레기통에서 발견한 지 몇 달이 지났을까. 그는 심하게 두들겨 맞은 채 바로 그 골목에서 쓸쓸히 생을 마감했다.

캐시는 짧고 검은 머리에 귀가 뾰족한 요정 픽시 같은 얼굴과 작은 체구를 지녔다. 화려한 화장으로 칙칙한 눈을 억지로 빛나게 했다. 캐시는 양아버지에게 성적 학대를 당하자 퍼스에서 도망쳐, 히치하이킹으로 널라버를 거쳐 킹스크로스 거리에 도착했다. 웬디가 캐시를 내게 데려왔다.

"얘가 수의 자리에 서 있었어요!" 웬디가 말했다. "운이 좋았던 거죠. 수가 돌아오기 전에 내가 이 애를 봤기 망정이지, 수가 봤더라면 반쯤 죽여놨을걸요?" 아이들 대부분 거리에 자기 구역을 갖고 있었고 좋은 구역을 차지하기 위해 열심히 일했다. 자리마다 순위가 있고 신입은 당연히 장사가 잘 안 되는 곳에서 시작하여 차근차근 올라가는 식이었다.

캐시는 딱 달라붙는 청반바지에 얇은 파란색 블라우스를 작은 가슴 아래 묶고 맨다리, 맨발에 하이힐을 신고 있었다. 아무리 봐도 너무 어려 보였다. "기껏해야 열네 살쯤 됐을 거예요. 어떻게 좀 해봐요, 루스!" 웬디가 질겁하며 나를 다그쳤다. "세상에, 애 팔 좀 봐요. 벌써 하고 있잖아요!"

"열여덟 살이에요. 그냥 어려 보이는 거라고요!" 캐시가 뻔한 거짓말로 소리쳤다.

몇 주 만에 캐시는 스스로 파멸의 길로 들어섰다. 캐시가 사용하던 헤로인은 소량에 75달러에 달했고 가끔 쥐약이 섞여 있기도 했다. 어린 데다가 거리에 등장한 새 얼굴이라는 점에서 바로 인기를 끌었고, 곧 단골손님도 몇 명 생겼다. 처음에는 캐시도 고객에게 콘돔을 쓰게 했지만, 콘돔을 사용하지 않게 해주면 그들은 더 많은 돈을 주었다.

내가 캐시를 여성 보호소에 데려갔지만, 한 달도 되지 않아 그는 다시 거리로 돌아갔고 똑같은 일이 반복되었다. 우리 중 누구도 캐시에게 다가갈 수 없었지만, 캐시는 계속해서 우리를 보러 왔고 가끔 지친 몸으로 의자에서 잠들곤 했다.

그리고 슬라임이 있었다. 어느 날 그가 사무실 계단을 올라와 열린 문 앞에 서 있었다. "당신이 루스요?"

"네, 원하시면 들어와 앉으시지요." 그는 건장한 체격에 깔끔한 검은 머리, 단정한 옷차림인 반면, 손톱은 물이 뜯겨 있었고 면도도 엉망이었다. "이름이 어떻게 되죠?"

"슬라임이라고 불러주쇼."

"다른 이름은 없나요?"

"당신이 관심 가질 만한 것은 없소."

"좋아요."

"당신이 내 친구 중 한 명을 도왔더군. 그냥 당신을 확인하고 싶었을 뿐이오. 고맙소."

"그래서 어떻게, 마음에 들었나요?"

그가 고개를 끄덕였다. "당신 명함이 있는데." 명함을 꺼내며 그가 중얼거렸다. "수요일에 나와 함께 법정에 갈 수 있는지 물어보고 싶었소. 별건 아니고. 다시 거래할 준비가 돼서 말이요."

슬라임은 마약상 조직을 운영했다. 매춘에는 관심이 없었다. "그딴 건 전혀 모르겠고. 그들이 그 쓰레기장 같은 데서 어떻게든 살아남도록 도울 뿐이오"라고 말하곤 했다. 그는 자신이 그들에게 도움을 주고 있다고 생각했다. 나는 슬라임을 통해 킹스크로스에서 일어나는 마약 거래에 대한 정보를 많이 얻을 수 있었다. 포주가 누구고 주요 마약상이 누구인지, 당국 내부의 부패가 어느 정도인지 속속들이 알게 되었다. 슬라임에 따르면 몇몇 마약상은 경찰에게 돈을 바치고 보호를 받고 있었다.

슬라임은 내가 자신의 법정 소송에서 증인이 되어 신원보증을 해주길 바랐다. "그냥 날 잘 안다고 말하면 돼요. 경찰도 내가 감옥이 아니라 거리에 있길 원하니까."

나는 몇 분 동안 조용히 앉아 있었다. 위험한 일이었다. 이걸 수락한다면 내가 부패한 경찰의 작전을 도와주는 게 될 것이었다.

"못하겠어요, 슬라임."

그는 자신 발을 내려보다가 어깨를 으쓱했다. "어쩔 수 없지. 물어나 봤소."

그다음 주에 나는 센터에서 저녁 식사 준비를 돕고 있었다. 저 한쪽 구석에서 한 무리의 남자들이 누군가 팔굽혀펴기 하는 걸 지켜보고 있었다. "스물여덟, 스물아홉, 서른!" 나도 그쪽으로 가서 지켜보았다. 그때 슬라임이 앞으로 나오더니 바닥에 누워 있던 남자를 걷어찼다. "이 새끼야, 그것도 팔굽혀펴기라고 하는 거냐?"

슬라임이 바닥에 엎드려서 한쪽 팔로만 팔굽혀펴기를 시작했다. "자고로 팔굽혀펴기는 이렇게 하는 거지, 양팔로 하는 게 무슨 팔굽혀펴기야!"

사람들이 서른을 세자 그가 나를 올려다보며 말했다. "어이, 루스! 당신 도움은 필요 없었어. 경찰이 기소를 취하했거든." 씩 웃더니 일어나 내게 윙크하고 자리를 떴다.

* * *

내가 샐리 앤 허크스텝을 처음 만났을 때, 그는 이미 10년 넘게 길거리에서 지내고 있었다. 20대 후반의 아름다운 외모를 지닌 여성으로, 열일곱 살 때 헤로인중독자 브라이언 허크스텝과 결혼했다. 남편의 마약중독을 감당하느라 처음에는 칼굴리에서, 그다음에는 시드니에서 매춘부로 일했다. 결국 샐리 앤 역시 헤로인에 중독되고 말았다. 결혼은 실패할 수밖에 없었다. 1981년에 샐리 앤은 마약 딜러이자 아서 '네디' 스미스의 조직원인 워런 랜프랜치를 만났다. 아서 '네디' 스미스는 마약 밀매, 절도, 무장 강도, 강간 및 여러 건의 살인에 연루되어 복역한 악명 높은 사람이었다.

네디는 경찰의 보호를 받는 딜러 중 한 명이었다. 그가 저지른 범죄 중 상당수는 로저 로저슨 경사의 암묵적인 승인하에 일어났다(로저슨 경사는 이 글을 쓰는 현재, 살인 혐의로 수감 중이다). 샐리 앤이 워런과 함께 이사한 지 6개월 후 워런은 로저슨의 총에 맞아 살해되었고 로저슨 경사는 정당방위를 주장했다. 그러나 샐리 앤은 이 사건이 계획된 범죄라고 믿고 수사를 요구했다. 샐리 앤은 텔레비전 뉴스 프로그램 〈60분〉과 시사 프로그램 〈최신 이슈〉에 출연하여 로저슨이 이끄는 부패한 형사팀이 시드니의 마약 거래를 주도하며 방해가 되는 범죄자들을 처리하고 있다고 주장했다.

1984년 중반 샐리 앤이 정보가 담긴 봉투 하나를 내게 주었다. 봉투 안에는 불법 마약이 어떻게 호주로 반입되는지에 대한 정보와 함께 저명한 변호사, 최고위급 경찰, 언론인 등 관련된 사람들의 이름도 들어 있었다. 샐리 앤은 이제 자신의 생명이 위험에 처해 있다는 걸 알고 있었다. 혹시 자신이 살해당한다면 그 정보를 공개해달라고 내게 부탁했다. 나는 최선을 다하겠다고 샐리 앤에게 약속했다.

로저슨과 마약반 등 부패 경찰을 수사하길 원하는 열기가 점점 더 뜨거워져 가고 있었다. 샐리 앤은 부패, 증거 조작, 뇌물 수수, 살인 혐의에 대한 자세한 진술서를 뉴사우스웨일스 경찰 내무부에 제출했다. 이 사건은 결국 1995년이 되어서야 뉴사우스웨일스주 경찰에 대한 왕립조사위원회로 넘어가게 된다. 슬프게도 샐리 앤을 돕기에는 너무 늦은 결과였다.

책방 이야기
기차를 사랑하는 트램퍼 '프랭크'

    탄탄한 몸에 보기 좋게 그을린 독일 남자가 거대한 배낭을 짊어지고 책방에 들어왔어요. 모직 풀오버에, 낡았지만 최고급 트램핑|뉴질랜드에서 사용되는 용어로, 험준한 야외지역을 걷는 것을 포함한 야외활동을 뜻한다. 트램퍼들은 대개 자급자족을 위해 필요한 장비와 식량을 휴대하며, 때로는 산장이나 캠프장에서 숙박하기도 한다_옮긴이 부츠를 신었어요. 그의 이름은 프랑크였지요.

    그는 다음 목적지인 험프 리지 트랙에 가지고 갈 책을 찾으며 혹시 기차에 관한 책이 있는지 물었어요. 당시 책방엔 한 권밖에 없었지만, 일주일 안에 두 권이 더 도착할 예정이라고 말했지요. 알고 보니 프랑크는 독일의 작은 마을 베르가에서 출판사를 직접 운영하는 작가이자 서적상, 역사가였어요. 그는 기차를 좋아했어요. 명함에도 기차가 그려져 있고 출판사 웹사이트에도 기차가 나오고 기차에 관한 책도 많이 팔았다고 했어요.

    그가 험프 리지 트래킹을 마치고 오면 며칠 동안 우리와 함께 머물면서 우리 숲에서 일하기로 했어요. 우리는 할 이야기가 많았고 그때쯤이면 나머지 두 권의 기차 책이 도착했을 터였으니까요.

나처럼 프랑크도 자신의 출판사를 '자그마한 일'이라고 불렀지요. 직장생활에 지친 프랑크의 아버지가 2001년에 프리랜서 저널리즘과 도서 출판을 겸하는 회사를 설립했다고 해요. 철도 교통과 관련된 산업 유산에 열정을 쏟았던 프랑크의 아버지는 점차 독일의 산업 철도 및 갈탄과 슬레이트 채굴 산업에 관심을 두게 되었어요.

프랑크는 2003년에 대학을 졸업한 이후부터 아버지 사업에 뛰어들어 함께 일하다가 2014년이 되자 공식적으로 회사를 인수했지요. 수년간의 노력 끝에 그는 마침내 1911년에 처음 발행된 예전 지역 신문인 《폭스바흐트》의 사진 보관소에 접근할 수 있게 되었어요. 이 신문은 1990년까지 공산당이 소유하고 있었다는군요. 살아남은 사람들의 이야기와 사진이 믿을 수 없을 정도로 경이로웠고 프랑크와 그의 아버지는 이 내용을 책으로 만들었답니다.

프랑크의 아버지에게 그 책을 쓰는 일은 시간을 거슬러 올라가는 여행이었어요. 1977년부터 10년 동안 《폭스바흐트》에서 취재 활동을 하며 지역 역사와 경제에 관해 기사를 썼기 때문이었지요. 1987년 신문의 정치적 노선에 더 이상 동의할 수 없었던 프랑크의 아버지가 신문사 일을 그만두려 했을 때 그는 "그 누구도 공산당을 떠날 수 없다!"라는 말을 들었대요. 하지만 결국 신문사를 그만두고 출판사 일을 시작했어요.

프랑크의 아버지는 최근 동독 비밀경호국인 '슈타지'의 역사 파일에 접근할 수 있게 되었고, 2019년 두 사람은 슈타지 정보원들에 대한 작은 출판물을 제작했어요. 책자에는 슈타지 정보원이 동료를 감시하고 신문 내용이 공산주의 이념을 반영하도록 종용한 내용이 실려 있었지요.

프랑크는 현재 슬레이트 채굴 서적 시리즈의 네 번째 책을 집필하고 있어요. 광산에서 수년간 일하면서 역사적 문서와 자료를 수집한 늙은 광부 한 사람을 찾아냈다고 해요. 그 광부는 모든 정보를 여분의 폭발물 상자에 담아 보관하고 있었어요. 상상해봐요. 60개의 다이너마이트 상자가 프랑크의 작업장으로 옮겨졌을 때 그의 이웃들이 어떤 생각을 했을까요!

프랑크는 닷새 동안 함께 머물면서 우리 숲에서 열심히 일했고 수많은 책을 탐독했어요. 그가 떠날 때 나는 그에게 책 두 권을 선물로 주었지요. 윌리엄 스미스가 쓴 『뉴질랜드의 긴 트레일 워킹 가이드A Walking Guide to New Zealand's Long Trail』와 사이먼 윈체스터의 『세계를 바꾸는 지도』였어요. 나는 그가 첫 번째 책을 읽고 뉴질랜드로 돌아와서 우리 숲에 자신이 심었던 나무들을 다시 볼 수 있기를 바랐어요. 우리는 그곳을 '프랑크 패치'라고 부르고 있지요.

22

집에서 비추는 빛

1984년 9월, 뉴질랜드에 있는 질 언니에게서 전화가 왔다. 언니가 인버카길에서 큰 수술을 받을 예정인데 퇴원 후 내가 언니를 돌봐줄 수 있는지 물었다.

나는 센터에 2주간 휴가를 냈다. 비행기로 크라이스트처치로 가 아버지 집에서 며칠을 보낸 뒤 크롬웰로 내려갔다.

돌아온 지 이틀째 되던 날, 한 통의 전화를 받았다.

"안녕하세요. 목소리만 듣고는 내가 누군지 모르겠지요. 그래도 꼭 전화해야만 했어요."

그의 말대로 누군지 전혀 알 수가 없었다. "누구시죠?"

"더 말하기 전에 하나만 물어보죠. 아직도 가톨릭 신자인가요?"

아, 랜스! 바로 알았다. 스튜어트 섬에서 마지막 대화를 나눈지 17년 만이었다. "랜스!"

믿기지 않았다. 웃고 싶었는데 눈물이 나왔다. 울고 싶었다.

"내가 여기 있는 걸 어떻게 알았나요?" 내가 물었다.

뉴질랜드다운 이야기였다. 인버카길 병원에서 질 언니 옆 침대에 있던 조시가 랜스의 친구였다고 한다. 언니와 조시는 이야기를 나누게 되었고 언니가 조시에게 동생이 자기를 돌보러 시드니에서 온다는 이야기를 했다. 조시가 자기 친구 랜스 이야기를 꺼냈고 질 언니는 스튜어트 섬에 있던 랜스라는 남자와 나의 비운으로 끝난 약혼 이야기를 들려주었나 보다. 질 언니가 조시에게 전화번호를 주었고 조시는 랜스에게 그 번호를 전달했다. 랜스가 언니에게 전화를 걸자 언니가 아버지 전화번호를 알려준 것이다.

"내가 데리러 가는 게 어떨까? 여덟 시간이면 당신에게 갈 수 있는데."

그리고 여덟 시간 후, 문 앞에 정말 랜스가 나타났다. 검은 머리아 잘 다듬은 턱수염에 여전히 부드러운 눈빛을 가진 랜스. 아직도 매력적인 그는 내 기억 속의 모습 그대로였다. 마치 20여 년 전 스튜어트 섬에서 서로를 떠났을 때로 돌아가 다시 시작하는 것만 같았다. 랜스는 피오르드랜드 해안에서 해양환경청 소속 선박인 리나운호의 선장으로 일하고 있었다.

우리 둘 모두에게 특별한 시간이었다. 그가 나를 찾았다는 게 정말이지 믿기지 않았다. 랜스는 힘든 이별을 겪은 지 얼마 되지 않은 상태였다. 불과 일 년 전, 바다에 나갔다가 집에 돌아오니 집은 텅 비어 있었고 아내의 쪽지만 남아 있었다. 아들 데인을 데리고 멜버른에 있는 가족에게 돌아간다는 내용이었다. 가족을 되찾기 위해 랜스는 모든 노력을 다했지만 실패했고 이어 심각한 우울증에 시달리고 있었다. 그때 내가 그의 삶으로 돌아온 것이었다.

당시 나는 스물한 살 때 만들었던 결혼반지를 그때까지 가지고 있었다. 랜스도 부갱빌 섬에서 작은 상선을 정박하던 중 밧줄에 걸려 잃어버릴 때까지 결혼반지를 끼고 있었다고 말했다.

다음 날 우리는 크롬웰을 향해 장장 여섯 시간 동안 운전하며 이야기를 나누었다. 오마라마에서 점심을 먹은 후 우리는 길가에서 서로 꼭 붙어 있었다. 오랫동안 찾아 헤매던 집을 비로소 찾은 것만 같았다.

랜스는 다음 날 바다로 돌아갔고, 나는 일주일 동안 크롬웰에 머물며 언니를 돌봤다. 그다음, 다시 찾아온 랜스와 마나포우리로 함께 가서 환상적인 이틀을 보냈다. 그러고 나서 매직호를 팔고 킹스크로스의 센터 일도 그만두어야겠다고 결심했다. 랜스와 함께 마나포우리에 정착하고 싶었다. 복잡할 것이 하나도 없어 보였다. 하지만 결코 쉬운 일이 아닐 거라는 것을, 그때 알았어야 했다.

＊＊＊

시드니로 돌아와 내 일을 정리하기 시작했다. 그러던 중 '마이클 드루리'라는 젊은 경찰관이 세 살배기 딸에게 식사를 챙겨

주다가 부엌 창문을 통해 두 차례 총격을 받았다는 소식을 들었다. 다행히 그는 살아남았고, 이번 총격은 자신이 마약 재판의 증거 조작과 그 대가로 제공되는 뇌물 수수를 거절했기 때문에 일어난 사건이라고 주장했다. 그리고 악명 높은 로저 로저슨이 배후에 있다고 했다.

이렇게 모든 일이 시작되었고 길거리엔 온갖 소문이 무성했다. 샐리 앤이 내게 맡긴 정보가 로저슨뿐만 아니라 많은 저명인사를 감방에 집어넣고도 남을 것이란 걸 나는 잘 알고 있었다. 나는 평생을 경찰에서 일한 빌 이모할아버지에게 정직한 경찰이나 믿을 만한 다른 사람을 알고 있는지 물어보았다. 샐리 앤에게 무슨 일이라도 생기면 그가 준 정보를 안전하게 넘겨야 했고 그러자면 반드시 믿을 만한 사람이어야 했다. 정보가 담긴 진술서를 읽은 후 빌은 나에게 누구도 믿지 말라고 말했고 사본을 뉴질랜드에 있는 랜스에게 보내고 원본은 숨기라고 말했다.

하지만 나는 그렇게 하지 않았디. 이리석게도 니는 고민 끝에 한 기자를 믿어보기로 했다. 그와는 거리와 법정에서, 때로는 경찰서에서 자주 마주쳤다. 그는 경찰의 부정부패와 관련하여 기사를 쓰고 있었고 꽤 사실적으로 보였다. 그래서 나는 그가 믿을 만한 사람이라고 생각했다. 직장 동료인 팀과 함께 그 기자를 만나기로 약속하고 내가 가지고 있는 몇 가지 증거에 관해 그 기자에게 이야기했다. 하지만 그날 밤 그는 곧바로 마약반에 이 내용을 알려준 듯했다.

어느 날 새벽, 센터에서 정신없이 바쁜 밤을 보낸 후, 팀과 나는 우리 차로 걸어가고 있었다. 가까이 다가가다 소스라치게 놀랐다. 팀의 차 문이 열린 채로 비스듬히 세워져 있었다. 그게 전부가 아니었다. 차가 불타버린 데다 타이어가 길게 칼로 베어져 있었고 창문은 모두 박살 나 있었다.

명백한 경고였다. 우리 둘 다 바로 시드니를 벗어나야 했다. 내 차는 멀쩡한 상태여서 그대로 차에 올라 멜버른을 향해 아홉 시간 동안 내리 달렸다. 집에 들러서 옷가지를 챙길 엄두도 내지 못했다. 팀의 여동생이 우리 대신 센터에 전화를 걸어 우리가 몸이 편찮으신 팀의 어머니를 뵈러 북쪽으로 갔다고 말해주었다. 사실 우리는 반대 방향으로 가고 있었다. 우리는 멜버른에서 일주일을 납작 엎드려 조용히 지냈다. 이 일주일 동안 랜스는 내 소식을 듣지 못해 걱정이 이만저만이 아니었다. 하지만 전화를 걸면 우리와 우리가 사랑하는 사람들이 위험할 수 있다는 생각에 그 어떤 전화도 할 수 없었다. 그 후 나는 혼자 차를 몰고 시드니로 돌아갔고 팀은 기차를 타고 돌아갔다.

돌아가는 도중에 랜스에게 전화해서 상황을 간략히 설명했다. 그는 듣자마자 즉시 와서 도와주겠다고 답했다.

"당신이 도와줄 수 있는 건 없어요." 그에게 말했다. 달링허스트 로드에서 백마를 타고 달려오는 랜스 모습이 눈앞에 그려졌다. 그는 피오르드랜드의 사슴 사냥꾼으로 일했었기에 총을 잘 사용하겠지만 이건 완전히 다른 문제였다. 그는 이곳 사정에 대해 잘 알지 못했다. "최대한 빨리 집으로 돌아갈게요." 그를 안심시킬 수밖에 없었다.

몇 주 후 나의 작은 요트 매직호를 시장에 내놓고 내 짐이 담긴 차 궤짝과 조슈아의 십자가를 포장하여 크라이스트처치로 보냈다. 차를 판 뒤 거리에서 사귄 모든 친구와 작별 인사를 나눴다. 마음 한편으론 계속 머물 수 있기를 바랐지만, 가능한 일이 아니라는 것을 잘 알고 있었다. 무엇보다 내게 주어진 이 기회, 집으로 돌아가 다시 시작할 수 있는 이 기회를 놓치고 싶지 않았다. 지금까지 여러 해 동안 순간의 선택으로 내 삶을 바꿔 왔는데 이 선택으로 평온히 정착할 수 있을 것이라는 확신이 들었다.

그래도 킹스크로스에서 내가 직접 일궈온 커뮤니티를 떠나는 것은 어려웠다. 슬라임이 나를 꼭 안아주었고, 웬디는 선물로 작은 금반지를 주었다. 그 반지는 지금까지도 내 왼손 새끼손가락에 있다.

1984년 12월에 나는 킹스크로스를 떠나 피오르드랜드로, 그리고 랜스에게로 향했다.

* * *

1986년 2월에 빌 이모할아버지가 내게 전화를 걸어 샐리 앤이 살해되었다는 소식을 전했다. 샐리 앤은 시드니 센테니얼 공원 연못에서 목이 졸려 익사한 채 발견되었다.

그와 불륜관계였던 연방 경찰관 피터 스미스는 조사에서 샐리 앤이 한 말을 증언했다. 샐리 앤이 평소에도 네디 스미스와 로저 로저슨이 자신을 죽일 거라고 확신했다며 피터 스미스가 말했다. 하지만 검시관은 기소할 증거가 불충분하다고 보았고 샐리 앤이 신원을 알 수 없는 이에 의해 살해된 것으로 결론지었다. 그 누구도 기소되지 않았다.

약 4년 후, 빌이 새로 선출된 정치인을 내게 소개해주었다. 자신이 잘 알고 신뢰하는 사람이라고 했다. 그와 전화 통화를 한 후 샐리 앤이 준 정보를 그에게 전달했다. 하지만 나중에 법원 심리에서 검찰 측 증인으로 나서는 것은 거부했다. 이제 나는 랜스와 그의 아들 데인의 안전을 고려해야 했다. 어머니와 함께 멜버른에 살고 있는 데인이 보복에서 안전하지 못할 수도 있다고 생각했다.

로저슨은 1996년 4월 경찰에서 해고됐지만 그의 범죄 행각은 계속되었다. 결국 그는 여러 가지 범죄로 징역형을 선고받았다. 그는 2014년 5월, 스무 살 마약상 제이미 가오를 살해한 혐의로 동료 전직 경찰관 글렌 맥나마라와 함께 종신형을 선고받고 현재 복역 중이다. 2021년 7월 그들은 항소에서 패소했다.

1995년에 텔레비전 시리즈 〈블루 머더〉가 방영되었다. 이 시리즈는 1980년대 시드니를 배경으로 로저 로저슨과 네디 스미스 사이의 검은 거래에 관한 이야기를 담고 있다. 2017년 8월에 방영된 후속작 〈블루 머더: 킬러 캅〉은 2부작 미니시리즈로 전직 형사 로저 '다저the Dodger' 로저슨의 이야기를 이어간다.

책방 이야기
잭과 계절의 혼란

'겨울 휴무. 책방이 보고 싶다면 종을 울려주세요.'

비수기 동안 책방 밖에서 볼 수 있는 표지판 문구이지요. 마나포우리는 기본적으로 겨울 동안 문을 닫는답니다. 스키나 스노보드를 탈 수 있는 스키장이 있는 것도 아니고 산책로도 대부분 폐쇄되어 보통 4월 말에 상점을 닫고 9월 중순, 혹은 하순에 다시 문을 열지요. 재고를 보충하고 봄맞이 대청소를 하거나 희귀본과 낡고 오래된 책 등 관리가 필요한 책들을 손보기에 좋은 기회예요.

9월 초 어느 날, 어린이 책방 밖에서 풀을 뽑다가 책방 문 옆에 서 있는 어린 소년을 보았어요. 한 열 살쯤 됐을까요?

"이제 더 이상 겨울이 아니에요. 그런데 왜 문을 안 열어요?"

"몇 주 더 있다가 열 거란다. 하지만 뭐, 네가 원하면 열 수 있지."

"그렇다면 겨울은 물론, 이른 봄에도 휴무라고 써놓았어야죠." 아이가 심각하게 말했어요.

책방을 열고 나서 아이에게 무슨 책을 좋아하냐고 물었어요. "겨울에는 책을 다른 곳에 보관해놓아서 어린이 책방은 지금 비어 있어"라고 답하며 덧붙였어요. "그래도 여기는 둘러보아도 된단다. 내 이름은 루스야. 너는?"

"잭이에요. 일주일 동안 여기 있어요. 4일 전에 문을 열었어야죠." 그냥 넘어갈 심산이 아닌 것 같았어요. 잭은 파란색 니트 모자를 안경 위까지 내려쓰고 있었어요. 선선한 날씨에 알맞은 차림이었지요.

"잭, 어떤 책을 읽고 싶니?" 계절 이야기에서 그의 관심을 돌리기 위해 다시 물어보았어요. 잭은 책방 한가운데 서서 책장을 둘러보며 말했지요. "멍게. 멍게는 부두를 집으로 여겨요. 멍게가 뭔지 알아요?"

운이 좋았어요. 랜스가 다이버이자 수중 사진가여서 멍게가 많은 피오르드랜드에서도 다이빙해본 적 있었기 때문에 나는 우렁쉥이(멍게)에 대해 조금 알고 있었지요.

"우렁쉥이 말이지? 다이빙할 때 본 적 있지."

"우아, 정말 멋져요!" 잭이 갑자기 관심을 보이며 나를 올려다보았어요. 자기가 생각한 것만큼 내가 멍청하진 않았나 봐요.

"내 서재에 멍게 책이 한 권 있는데 얼른 가서 가져올게."

휴, 살았다!

잭이 멍게 책을 흥미롭게 훑어보았어요. "흰색 멍게는 피오르드랜드에서만 발견된다는 거 알아요?" 그가 물었어요.

"아니. 왜 그럴까?"

그때 잭의 어머니가 들어왔어요. 그는 근처 다른 가게에서 오는 길이었어요. "잭이 나흘 동안이나 당신과 만나기를 기다렸답니다." 잭의 어머니가 말했어요.

"그런데 왜 종을 안 울렸어요? 책방 문을 열어줬을 텐데."

"잭은 겨울이 아니라는 걸 직접 말하고 싶어 했어요. 이제 봄이라는 걸 서점에서 언제 깨닫는지 보려고 기다린 거죠." 확실히 잭의 어머니는 아들을 잘 알고 있었지요.

"네, 저한테 그렇게 말했어요."

내가 잭에게 멍게 책을 주려고 했으나 그의 어머니는 다음 휴가 때 와서 빌려도 된다고 답했어요.

그들이 떠나면서 잭이 어머니에게 말하는 게 들렸어요. "내가 이제 봄이라고 말해줬어요!"

표지판을 바꿀 시간이 됐네요.

23

집으로

　매우 복잡한 감정이 뒤범벅된 상태로 나는 웰링턴으로 날아갔다. 랜스가 데인과 함께 나를 기다리고 있었다. 데인은 아기 때 랜스가 입양한 열 살 된 아들로 방학을 맞아 아버지와 지내기 위해 멜버른에서 왔다. 두 사람은 이제 나의 새로운 가족이다. 랜스와 나는 부둥켜안고 웃고 울었다. 정말 큰 일이라는 걸 잘 알고 있었기에 울컥했다. 우리 모두에게 새로운 시작이었다. 랜스가 마흔둘, 내가 서른여덟 살이었다.

　여행 가방 두 개를 트렁크에 싣고 우리는 북섬과 남섬을 오가는 페리를 타기 위해 해변 마을 픽턴으로 향했다. 그렇게 우리의 첫 '가족 휴가'가 시작되었다. 하지만 내게는 스트레스도 함께한 시간이었다. 오랫동안 떨어져 있었던 랜스와 함께 있고 싶은 마음은 간절했으나 내 마음 한구석은 여전히 킹스크로스에 남아 샐리 앤과 거리 노동자들을 응원하고 있었다.

나는 여전히 안전하다고 느끼지 못했다. 킹스크로스에 놓고 온 혼란이 나를 쫓아올 것이라는 생각이 끊이지 않았다. 도망쳐서 다시 시작하는 것이, 정말로 이렇게 쉬울까? 그리고 다른 진지한 관계를 맺을 준비가 정녕 된 걸까? 불안하고 두렵기만 했다.

데인은 웃는 모습이 참 예쁜 소년이었다. 데인의 끊임없이 재잘거리는 수다가 내게 도움이 됐고 나는 점차 안정을 찾았다. 이름도 모르는 내 아들은 이제 스무 살이 되었을 것이다. 생모인 내가 연락하는 것에 동의할 수 있는 나이다. 그런데 내 곁에는 다른 어린아이가 해맑은 얼굴로 내 손을 꼭 잡고 있었다. 이 순간이 내 인생의 나아갈 길을 바꿀 기회라고, 피하듯 도망치는 것을 그만둘 기회라고 다짐했던 기억이 난다. 차 앞 유리에 굵은 빗방울이 부딪혀 흩날리는 장면이 계속 떠올랐다. 눈물을 닦아내듯이 와이퍼가 지나가자, 평온한 길이 선명히 보였다.

우리는 크라이스트처치에 들리 이비지, 세이미니와 함께 지내면서 이모, 삼촌, 사촌들을 모두 볼 수 있었다. 나는 19년이나 집을 떠나 있었다. "네, 집에 돌아온 거예요"라고 같은 대답을 계속 반복했다.

아버지는 기뻐하셨지만, 평소처럼 여전히 무뚝뚝하게 말씀하셨다. "맙소사, 제발 진정해라. 멍청한 짓은 하지 말고. 괜한 일 벌이지 마!"

우리는 랜스의 형 헌터의 결혼식에 맞춰 마나포우리에 도착했다. 랜스의 가족과 친척을 만날 수 있는 좋은 기회였다. 랜스

어머니와 형만이 나를 알고 있었던지라 내가 꼭 사기꾼이 된 것만 같았다. 다행히도 모두가 별다른 질문을 하지 않고 스스럼없이 나를 받아주었다. 몸집이 무척 큰 랜스 아버지 럭키는 나를 팔로 감싸 안고는 우렁찬 목소리로 '쇼티'라고 불렀다. '쇼티'는 랜스 아버지만이 부르는 나의 애칭이었다.

그 후 몇 주 동안 랜스, 데인과 나는 조심스럽게 우리만의 작은 가족을 하나로 엮어 나갔다. 내가 그토록 오랫동안 갈망해왔던 특별한 것에 속하게 되었다는 사실을 깨달았다. 하지만 내 인생에는 늘 '그러나'가 있었다. 내 마음속 깊은 곳에는 랜스와 데인을 받아들일 자격이 없다는 생각이 도사리고 있었다. 내 힘으로 어찌할 수 없는, 피할 수 없는 일이 일어날까 두려워하며 움츠러들고 마음을 닫기 시작했다. 보호 기제가 작동했을까? 그토록 이 가족의 일원이 되고 싶었는데 나도 모르게 랜스를 밀어내고 있었다. 감정적으로든 육체적으로든.

* * *

마나포우리는 아름다운 호수 옆에 자리 잡은 작은 마을이다. 장엄한 산과 유네스코 남서 뉴질랜드 세계 유산 지역인 피오르드랜드 국립공원으로 둘러싸여 있다. 뉴질랜드 남서쪽 도로의 끝이기 때문에 마나포우리에서는 차를 돌려 왔던 길로 되돌아가야 한다. 아니면 보트를 타고 호수를 가로질러 여행할 수도 있다.

당시 피오르드랜드 경제에서 큰 비중을 차지하고 있었던 것은 관광업이었다. 일자리를 찾던 중에 랜스가 내게 상선 운항을 위한 선장 면허를 따보라고 권했다. 바다에서 보낸 시간과 경험이 충분했기 때문에 더니든으로 가서 6주 과정에 지원했다. 랜스는 여전히 리나운호의 선장으로 일을 하고 있어서 한 번 일을 나가면 최대 열흘 동안 집을 비워야 했다. 그리고 집에 돌아와서 닷새를 지내고 다시 일을 나갔다. 나는 이 생활에 빠르게 적응했다. 랜스가 그리웠지만 서로 맞춰갈 수 있는 시간을 가질 수 있어 좋았다.

내가 듣는 과정의 수강생은 모두 18명인데 그중 여자는 단 두 명뿐이었다. 다른 한 명은 스튜어트 섬 출신으로 자신의 낚시 보트를 운영하고자 했다. 그는 수년간 아버지와 낚시를 해왔기 때문에, 연안 바다 경험이 많았다. 우리 둘 다 나머지 남자 강습생보다 바다에서 이동한 거리가 길었다. 강의 초반에는 매우 기초적인 내용을 배워서 별다른 문제가 없었지만, 기술 부분으로 들어가게 되자 나는 다른 사람들보다 훨씬 뒤처지게 되었다. 다행히 랜스가 나를 만나러 올 때마다 기술 공부를 도와주었고 덕분에 나는 극도로 긴장했던 구술시험을 무사히 마치고 합격할 수 있었다.

마나포우리 집으로 돌아온 나는 피오르드랜드 트래블(현재 이름은 '리얼 저니스')에 취직해서 유람선 선장으로 일하게 되었다. 주로 피오르드랜더급 배를 몰았는데 이 배에는 강력한 이중 디젤 엔진이 장착되어 조종하기가 쉬웠다.

그렇게 나는 매일 대략 80명의 승객을 태우고 유람선을 운항했다. 승객은 주로 뉴질랜드 최고의 관광지로 꼽히는 다우트풀 사운드로 당일 여행을 가거나 웨스트암의 마나포우리 발전소 방문을 신청한 사람들이었다. 성수기에는 하루에 네 번씩이나 왕복하기도 했다. 그러면서도 안개가 끼거나 바람이 불기를 기도하며 레이더를 사용해보는 등 작은 도전을 이겨낼 수 있기를 바랐다. 나는 너무 쉽게 얻어지는 것은 무엇이든 의심했고 어떤 것이든 도전할 수 있는 것을 찾곤 했다. 아직 랜스와 결혼식을 올리지 않았지만, 결혼반지를 끼고 다녔다. 남자 승객과 거리를 둘 수 있는 장벽이 필요했기 때문이었다.

내 키가 너무 작다 보니 힘들어 보였을까? 작업장 직원들이 조타실 뒤편에 내가 딛고 설 수 있는 작은 상자를 만들어주었다. 탑승객 수를 세어 사무실의 명단과 일치하는지 확인한 후 펄 항구에서 출발했다. 확성기를 통해 탑승객을 환영하고 건강 및 안전 정보를 포함한 자기소개를 했다. 그다음 이런저런 대화를 나누며 뱃길을 따라 펼쳐지는 풍경을 가리키곤 했다. 일은 대체로 재미있었지만, 사람들은 내게 의미 없는 질문을 계속 던졌다.

"남자들과 똑같은 시험을 친 거죠?"

"악천후를 경험한 적이 있나요?"

"레이더를 사용할 줄 아나요?"

"날씨가 나쁠 때 배를 운전해도 되나요?"

"사진 찍게 모자를 써줄 수 있나요?"

"당신 남편은 당신이 배 모는 걸 어떻게 생각하나요?"

그러던 어느 날 일이 터지고 말았다. 한 남자가 지휘 갑판으로 올라와 내게 장난을 치기 시작했다. 유니폼 입은 내가 아주 섹시해 보인다고 말하며 이번 여행의 하이라이트는 뭐니 뭐니 해도 내가 자신의 선장이라는 점이라고 덧붙였다. 게다가 함께 저녁 먹으러 나가자고 졸라대기까지 했다.

호수를 반 정도 내려왔을 즈음 나는 더 이상 참을 수가 없었다. 기어를 중립으로 당기고 엔진 스위치를 끈 다음, 마이크를 켰다. 몸을 돌려 다른 승객들을 똑바로 바라보았다.

"전 지금 이 남자에게 괴롭힘을 당하고 있습니다. 이 사람이 여기서 내려가지 않는 한, 나는 이 여행을 계속할 수 없습니다."

모든 사람이 놀랐고 그 남자는 창피한 듯 슬금슬금 자기 자리로 돌아갔다.

나는 승객들이 기다려준 것에 감사 인사를 했고 다시 엔진을 켠 뒤 기지로 돌아가는 여정을 서서 계속했다.

* * *

내 짐이 든 차 궤짝 세 개가 크라이스트처치에 도착했다는 소식을 받았다. 크라이스트처치까지 운전해서 수화물을 받아 마나포우리로 다시 돌아오기로 하고 일정을 조절했다. 마침내 소중히 모아온 내 책과 물건들을 모두 영원히 보관할 수 있게 되었다.

그러나 수화물을 받으러 도착했을 때, 조슈아의 나무 십자가는 가공되지 않은 목재로 만들어졌기 때문에 가져갈 수 없다는 말을 들었다. 나는 충격을 받았다. 이제야 모든 것을 한곳에 모을 수 있었는데, 무엇보다 조슈아의 십자가를 영원히 보관할 장소를 찾고 싶었는데 가져갈 수조차 없다니!

우리는 조슈아의 십자가가 얼마나 소중한지 차근차근 설명하고 돌려받을 방도가 전혀 없는지 물어보았다. 결국 그들은 훈증 소독을 해서 소포로 내게 보내주기로 했다.

지금 35년째 살고 있는 마나포우리 우리 집은 나무로 둘러싸인 작고 아늑한 목조주택이다. 내 소중한 물건들이 들어와 집에 자리를 잡기 시작하면서 나 또한 편안하니 안정을 찾을 수 있었다. 이제 안전하다는 생각이 들었고 내 집 같은 애정이 샘솟았다. 랜스가 하나씩 만든 선반에 책을 꽂는 것으로 영원한 보금자리인 우리 집 정리를 마치니 날아갈 듯 기분이 좋았다.

드디어 십자가가 담긴 마대가 도착했다. 골판지로 세심하게 감싼 포장을 조심스럽게 풀었다. 먼 길을 참을성 있게 버텨준 조슈아의 십자가가 평온히 누워 있었다.

나는 감격에 겨워 몸이 떨렸다. 하지만 동시에 상실감이 찾아들고 깊은 우울증에 시달리게 되었다. 몇 주 후, 랜스가 병원에 가보자고 나를 설득했다. 패트릭 오설리번 박사가 질문을 모두 끝내고 마지막에 몸을 앞으로 기울이며 이렇게 물었다. "그럼 조슈아의 십자가를 어떻게 하고 싶나요, 루스?"

"자루에 숨겨두는 거 말고 어딘가에 평안히 자리했으면 좋겠어요."

랜스와 나는 가능한 방법을 생각하며 이야기를 나누었다. 숲에 두어야 할까, 바다로 데려가 수장을 할까, 우리 집 뒤뜰에 둘까. 그 어떤 방법도 '마침내 조슈아의 긴 여정이 끝났다'라는 느낌을 주진 못했다.

"그럼 공동묘지는 어떨까요?" 박사가 물었다.

"제겐 시신도 유골도 없어요, 박사님."

"필요하지 않을지도 모릅니다. 십자가를 놓을 곳만 있으면 되지요. 제가 의회에 전화해서 가능한지 알아보는 건 어떨까요?" 안도의 눈물이 내 얼굴을 타고 흘러내렸다. 그래, 맞다! 이 방법이 옳다는 느낌이 들었다. "네, 부탁드립니다."

얼마 지나지 않아 패트릭 박사가 전화를 걸어왔다. "의회에서 허락했습니다. 조슈아의 십자가를 울타리 근처 어느 곳에든 놓을 수 있답니다. 주 묘지 안은 아니지만 바로 옆에 말이죠. 어떻게 생각하니요?"

어떻게 생각하냐고? 정말 멋진 생각이었다. "우리가 올라가서 장소를 찾아보고 의회에 알릴 수 있도록 다시 연락드리겠습니다." 그에게 진심으로 깊은 감사를 표했다.

랜스와 함께 공동묘지로 가서 알맞은 장소를 찾았다. 묘지 남쪽에서 캐시드럴 픽스 산 봉우리 너머로 테 아나우 분지를 내려다보고 있는 완벽한 자리였다.

나는 패트릭 박사에게 전화해서 장소를 설명하고 조슈아의 십자가 옆에 이 지역의 자생 나무 한 그루를 심어도 되는지 물어보았다. 얼마 후 랜스와 나는 내 키만 한 붉은 너도밤나무 한 그루를 그 자리에 심었고 나무 앞에 조슈아의 십자가를 세웠다. 자그마한 황동 명판에는 이렇게 적혀 있었다.

조슈아, 생후 13시간, 마침내 평안을 찾다

지역의 침례교 목사인 피터가 우리와 함께 간단한 의식을 진행했다. 이제 비로소 조슈아의 여정이 끝났다는 것을 느꼈다.
아니, 거의 끝나갔다.

* * *

피오르드랜드 트래블에서 일하는 것은 정말 즐거웠다. 매일 아침 엔진을 점검하고 청소도 열심히 해서 배를 티끌 하나 없이 깨끗하게 유지했고 엔진은 반짝반짝 빛이 났다. 내 일에 자부심을 느꼈다. 승객들이 즐겁게 호수 유람선 여행을 하길 원했기 때문에 남자 선장들이 모는 배보다 더 매끄럽고 즐거운 유람선으로 운영하는 것을 목표로 삼았다.

크리스마스 시즌이 되면 배 안에 크리스마스 장식을 걸고 승객들이 탑승할 때 캐럴을 틀었다. 선물을 포장하여 기지로 돌아가는 길에 승객들과 선물 꾸러미 전달 놀이를 했는데 정말 즐거웠다. 가끔 웨스트암에서 승객들을 내려준 후 빈 배로 마나포우리 기지로 돌아올 때도 있었다. 그럴 땐 한가로이 조타석 뒤에 앉아 뜨개질까지 할 수 있었다. 그렇게 한 시즌 동안 랜스의 스웨터를 두 개나 떴다!

우리는 조슈아를 자주 찾아갔고 소풍을 나서기도 했다. 너도밤나무가 튼튼하게 자라고 있었고 이곳이 조슈아에게 딱 맞는 장소라는 걸 확인할 수 있었다. 그러던 어느 날, 조슈아의 십자가가 보이지 않았다. 사라진 것이다. 나는 놀라서 말도 나오지 않았다. 누가, 왜 이런 짓을 했을까? 누군가 덤불 속에 던진 건 아닌가 싶어 근처를 샅샅이 살펴보았다.

그러나 그 어디에서도 찾을 수 없었고 나는 미칠 것만 같았다. 랜스가 의회에 전화해서 자초지종을 알게 되었다. 그곳 직원이 불법 설치물로 생각하고 철거했다는 것이다. 조슈아의 십자가는 공동묘지 창고에 놓여 있었다. 십자가를 받아보니 주 기둥은 부서지고 나머지도 썩어가고 있었다. 그래서 우리는 새로운 십자가를 만들기로 결정했다.

우리는 썩어가는 십자가를 한동안 정원 오두막에 놓아두었다. 거친 나무 위에 손을 얹고 조슈아를 생각하며 매일 그 십자가를 볼 수 있어서 여러모로 행복했다. 마침내 나는 새로운 십자가를 만들 적임자를 찾았다. 우리와 함께 일했던, 넬슨에 사는 한 젊은 가구 제작자였다. 그의 승합차에는 다음과 같은 표지판이 달려 있었다. "예수님도 목수였어요." 나는 그에게 내가 원하는 것을 설명했고 그는 세상에서 가장 아름다운 십자가를 만들어주었다. 내가 차를 몰고 마나포우리로 돌아오는 동안 십자가는 나와 함께했다. 랜스는 보트를 몰아서 넬슨에서 서부 해안을 타고 다우트풀 사운드로 돌아갔다.

 우리는 작은 의식을 한 번 더 올렸다. 이번에는 같은 장소에서 십자가를 콘크리트에 꽂아 세우는 기념식이었다.

 오랫동안 조슈아의 십자가는 내 혼란스러운 삶의 상징이었다. 항상 이곳저곳을 옮겨 다니며 평안을 얻지 못했다. 이제 조슈아에게도, 나에게도 집이 생겼다. 하지만 퍼즐의 마지막 조각이 하나 빠져 있었다.

 살아 있는 내 아들을 찾아야 했다.

책방 이야기

노신사 조지

골동품 전문가이자 경매인인 팸 플럼블리 씨는 더니든에서 몇 달에 한 번씩 도서 경매를 열어요. 첫 번째 경매에서 다른 딜러가 맨 앞줄에 있는 매우 편안한 라운지 의자를 가리키며 "저 의자에는 앉지 마세요"라고 말을 해줬어요. "그건 조지의 의자예요."

나는 그 의자 근처의 뒤쪽 딱딱한 의자에 앉아 조지가 누구인지 보려고 기다렸어요.

경매가 시작되기 몇 분 전에 한 노신사가 도착했어요. 그가 그 특별한 의자로 향하자, 모두가 고개를 끄덕이며 인사했지요. 다들 그를 아는 게 분명했어요.

나중에 알고 보니 조지 그리피스는 역사가이자 작가, 출판인, 편집자, 저널리스트로 유명한 사람이었어요. 1990년에 여왕 봉사 훈장을 받았고 1999년 1월 더니든에서 올해의 시민으로 선정되기도 했어요. 조지는 책과 음악에 열정을 쏟았기 때문에 그가 유명한 서점, 오타고 헤리티지 북스의 설립자이자 소유주였다는 사실은 그리 놀라운 일이 아니었어요.

경매가 끝나고 조지에게 내 소개를 하자, 마나포우리에 '전문' 서점이 있다는 이야기를 듣고 무척 기뻐했어요.

"다음 경매 땐 하루 전날 더니든에 도착하는 게 어떻겠소. 우리 서점에서 나와 저녁을 함께합시다." 그가 활짝 웃으며 말했어요. "서점 둘러볼 시간을 드리지요. 따로 책 몇 권도 준비해놓겠소."

그리하여 나는 엄청나게 큰 서점 한가운데 완벽하게 차려진 식탁에 앉아 조지와 함께 저녁 식사를 하는 소중한 경험을 갖게 되었어요.

그는 듬성듬성 흰색이 보이는 숱 없는 머리에 짧게 다듬은 턱수염과 열정적인 푸른 눈을 하고 넌지시 미소 짓는 유쾌한 남자였어요. 우리는 그가 수집한 책과 음악을 둘러보며 몇 시간 동안 이야기를 나누었어요. 그가 따로 챙겨놓았던 책들과 함께 희귀한 책 몇 권도 더 구매했어요.

조지는 내가 자신만큼이나 책에 대해 잘 알고 있는 것처럼 말을 걸었어요. 그와 대화를 나누는 동안 그가 나를 따뜻하게 맞아준다는 것을 알 수 있었어요. 그의 너그러움과 자신의 지식을 쉬이 나누는 모습에 압도되었지요. 서점을 떠나면서 조지가 나를 안아주었을 때는 그만 울 뻔했어요.

다음 경매에서 나는 '조지의 의자'에 더 가까이 앉았고 조지가 자리를 향해 걸어 들어오자 나도 다른 사람들과 함께 고개를 끄덕이며 인사를 건넸어요.

몇 년이 지나고 조지와 그의 음악 친구들 몇 명이 우리 요트 브레이크시걸호를 빌려 더스키 사운드로 향했어요. 그들은 초기 뉴질랜드 음악의 역사를 연구하고 있던 차였지요. J.C. 비글홀이 편집한 『쿡 선장의 일기The Journals of Captain Cook』에 따르면 1773년 쿡 선장Captain James Cook이 영국 탐험가이자 항해자로, 태평양 지역을 탐험하며 뉴질랜드, 하와이, 호주를 유럽인들에게 처음으로 상세히 소개한 인물. 그의 탐험은 세계 지도 제작에 중요하게 기여했으며, 특히 태평양과 남극해에 대한 유럽의 이해를 크게 확장시켰다_옮긴이 이 더스키 사운드에 있을 때 백파이프와 파이프를 연주하고 북을 치게 했다고 해요. 조지는 이것이 뉴질랜드에서 연주된 최초의 유럽 음악이라고 믿었어요. 이를 기념하기 위해 그와 그의 친구들은 더스키 사운드에서 백파이프와 파이프, 그리고 드럼을 연주하기로 했어요. 뉴질랜드 역사의 한 부분을 재현하는 것이었죠.

한편 조지는 오페라 대본 작업도 꾸준히 했어요. 앤서니 리치가 작곡한 〈남부 행진에서〉의 대본을 쓰기도 했지요. 그렇게 그는 훌륭한 업적을 남기고 2014년 여든한 살의 나이로 세상을 떠났어요.

노신사 조지

24
랜스의 모험

우리가 서로를 보지 못한 20년 동안 랜스도 다사다난한 삶을 살았다. 다시 만났을 때 우리는 할 이야기가 너무나도 많다. 그것만으로 평생 이야기하며 보낼 수 있을 것 같았다.

랜스 쇼는 오랫동안 마나포우리에서 숱한 사연을 안은 채 지내왔다. 자, 이제 그의 이야기를 풀어보자.

랜스는 세 번이나 학교를 그만두었다. 그의 말대로 학교는 그에게 맞지 않았다. 처음에 그는 사우스랜드 남자 고등학교를 그만두고 통신 학교를 시작했다. 하지만 부모님이 헤어지게 된 후 열다섯 살에 통신 학교도 그만두었다. 그리고 어머니, 형과 함께 모투에카에 있는 담배 농장에서 한 해 동안 일한 후, 오클랜드로 갔다. 그의 어머니는 아들의 잠재력을 알아보고 랜스를 마운트 로스킬 그래머 학교에 등록시켰다. 그러나 시골 소년은 도시 학교에 적응하지 못했고 괴롭힘을 당하며 몇 달을 버텼지만 결국 학교를 그만두게 되었다.

1958년, 아직 열다섯 살이었던 랜스는 오클랜드 하버브리지 건설 현장에서 '차 소년'으로 일했다. 차 주문을 받고 만들어 나르며 하루 동안 1파운드를 벌었다. 처음 지내던 곳이 다리 건너편 노스코트에 있었다. 그래서 공사 중인 다리의 기둥 사이에 놓인 강철 빔을 따라 자전거를 옮긴 다음 반대편으로 타고 내려와야 했다.

차 소년으로 일하면서 그는 배가 항구에 도착하고 다시 떠나는 것을 매일 지켜보았다. 자연스레 배를 타는 삶에 흥미를 가졌고 이때의 경험이 앞으로 펼쳐질 인생의 시발점이 되었다.

랜스는 곧 차 만드는 일에 싫증을 느꼈다. 그래서 콘크리트를 나르는 건축 현장의 근로자가 되었고 세 배의 돈을 받았다. 그의 어머니는 당시 전기 기술자와 같이 살았는데, 두 사람은 랜스가 전기 관련 일을 배워야 한다고 생각했다. 하지만 랜스는 조금 배워보고 전기 기술이 자신과 맞지 않다고 판단했다.

이어 신발용 가죽을 염색하는 일이나 푸줏간에서 일하기도 했다. 하지만 적성에 맞는 일을 찾지 못해 좌절했고 결국 바다로 나가기로 했다.

그러기 위해서는 선원 노동조합원 자격이 필요했다. 조합비를 내야 선원 일자리를 찾는 다른 사람들과 함께 대기할 수 있었다. 보통 배의 일등항해사가 일할 사람을 뽑았는데, 낡은 목선 티리호의 일등항해사가 랜스에게 첫 일자리를 제안했다. 그렇게 그는 갑판원으로 바닷일을 시작할 수 있었다.

티리호는 오클랜드 북해안을 오가는 일반 화물선이었다. 주로 우유통에 담긴 상어 간, 황가로아 항구의 토타라 노스에서 벌목된 카우리 나무 원목, 아와누이 공장에서 생산된 버터 등을 운반했다. 차를 만드는 일보다 훨씬 더 흥미진진했다. 8개월 후 랜스는 타즈만 항로를 따라 시드니까지 운행하는 카라무호의 갑판원이 되었다. 그러나 첫 항해에서 선원 한 명이 그를 심하게 괴롭혔고, 참지 못한 랜스는 오클랜드로 돌아오자마자 카라무호를 떠났다.

선원 생활에 질린 랜스는 마나포우리로 돌아가 테 아나우에 있는 여행자 호텔에서 요리사로 일했다. 조식 담당에서 시작해 열여섯 살에 3급 요리사까지 올라갔다. 이 경험을 바탕으로 퀸스타운에 있는 아이하르트 프라이빗 호텔로 옮겨 잠시 일하다가 통가리로 국립공원에 있는 유명한 고급 호텔에서 근무하게 되었다. 하지만 자신의 요리 실력이 고급 호텔에서 근무하기에는 많이 부족하다는 생각에 그곳을 떠났다.

이토록 다양한 경험에도 자기 적성을 찾지 못한 랜스는 본드 앤드 본드의 영업사원이 되어 도자기로 만든 식기류를 팔았다. 그러다 그는 기술전문학교에서 영업 및 경영관리 수업을 듣기 시작했다. 그의 잠재력을 알아본 강사가 자신이 다니는 테 아와무투 기계 회사에 랜스를 추천했다. 그렇게 그는 새 회사에서 또다시 식기류를 팔게 되었다. 금세 능력을 인정받고 승진하여 회사에서 차량까지 제공받았다. 당시로는 매우 파격적인 대우였다.

이것이 랜스가 일 년 넘게 일한 첫 직장이었다. 하지만 이대로 성공한다 해도 결국에는 존경할 것 하나 없는 그의 상사처럼 되고 말 것이라는 생각에 사직서를 내고 말았다.

당시 뉴질랜드가 베트남전쟁에 참전하게 되자 랜스는 자원 입대를 결정했다. 평화주의자인 그의 어머니 캐스는 그 소식을 듣고 경악했다. 그리고 그를 응아루와히아 인근의 한 공동체에 가서 지내도록 주선했다. 그곳에서 랜스는 베트남 역사와 전쟁의 무의미함, 뉴질랜드의 참전에 대해 자세히 알게 되었다. 6주 후, 그는 현실을 더 분명히 바라보게 되었다. 전쟁은 그에게 맞지 않았다.

스무 살이 된 1963년에 랜스는 마나포우리로 돌아와 형 헌터와 함께 피오르드랜드 국립공원으로 사슴 사냥을 나갔다. 사슴 사체는 머리와 뒷다리를 빼고 약 500그램당 1실링 3펜스의 수입을 가져다주었다. 평균적인 사슴 무게가 36킬로그램이니 한 마리당 약 10딜러 정도 되는 돈이었다. 주급이 50딜러 미만이었던 당시로선 꽤 좋은 수입이었다. 게다가 꼬리와 녹용은 따로 아시아에 약재로 팔 수 있었다. 수입은 좋았지만, 위험한 일이었고 경쟁도 많았다. 게다가 사슴 사냥에 헬리콥터를 더 많이 이용하게 되자, 지상에서 사냥하는 것만으로는 수익이 점점 줄었다. 형 헌터는 헬리콥터 탑승 사격수로 옮겨 사슴 사냥을 계속했다. 하지만 헬리콥터 작업 중 사망하는 젊은이들이 늘어나자, 랜스는 다시 한번 다른 직업을 찾아보기로 했다.

1964년 그는 우연히 만난 남자와 청대구 낚시 사업을 함께

하기로 하고 스튜어트 섬으로 향했다. 하지만 계약서 없이 구두로만 진행한 일이었는데 3개월 후 그 남자가 갑자기 떠나버렸다. 그렇게 랜스는 그 남자의 빚을 고스란히 떠안게 되었다. 섬 주민들이 그를 경계했기 때문에 랜스는 일자리를 구하는 데도 어려움을 겪었다. 어떻게 해서든 빚을 갚고 재기하려는 절박한 마음에 자격도 없는 상태에서 낚싯배 마레노호를 운항하게 되었다. 주로 혼자 배를 몰며 섬의 북서쪽 해안인 러기디 주변에서 낚시를 했다. 운 좋게도 가재 떼를 발견하여 8개월 후 빚을 청산할 수 있었다.

하지만 섬 주민들은 여전히 그를 믿지 않았다. 게다가 그들과 어울리지 않고 일만 하는 랜스를 달갑게 보지 않았다. 결국 랜스는 스튜어트 섬을 떠났다. 그는 쓰라린 마음을 달래고자 마나포우리로 돌아와 다시 형과 함께 사슴 사냥에 나섰다. 그러던 차에 스튜어트 섬 어부인 마이키 스콰이어스가 갑자기 전화를 해왔다. 마이키는 샌더스 메모리얼 컵에서 우승한 경기용 세일링 요트, 엑스터시호를 구매했다고 이야기했다. 그리고 랜스에게 다음 레이스에 참가하는 게 어떠냐고 물었다.

그리하여 랜스는 다시 스튜어트 섬으로 돌아가게 되었다.

랜스는 여러 해 동안 많은 종류의 작은 배를 몰아보았기 때문에 마이키의 제안은 거절하기에 너무 매력적이었다. 하지만 스튜어트 섬에서 열린 샌더스 컵 예선전에서 바람이 너무 약하게 불었고 안타깝게도 엑스터시호는 더 빠른 배에 밀리고 말았다. 결국 스튜어트 섬을 대표하여 샌더스 컵에 참여할 기회를 얻지 못했다.

그 후 마이키와 랜스는 대략 일 년 동안 가재잡이와 저인망 작업을 함께했다. 이 시기에 랜스와 다시 만난 것이다.

약혼이 파행에 이르자, 랜스는 계좌 잔고가 50센트뿐인 상태로 스튜어트 섬을 떠났다. 호주로 가서 파푸아뉴기니행 크루즈 요트의 승무원 자리를 얻었다. 파푸아뉴기니의 수도 포트모르즈비의 거친 술집에서 3주 동안 바 매니저로 일한 후, 소형 화물선 카티카호에 일등항해사로 승선했다. 그에게 일등항해사 자격이 있는 건 아니었다. 그러나 선주로선 어떻게든 화물선을 출항시켜야 했으니 맡아줄 누군가가 절실히 필요했다. 항만 관리자가 랜스에게 항해 기술에 관한 몇 가지 기본 질문을 던지고는 필요 서류에 도장을 찍었다.

카티카호는 주로 파푸아뉴기니 해안에서 일반 화물과 말린 코코넛 과육인 코프라를 운반했다. 내가 라바울에 가기 전, 랜스도 라바울에 몇 년 머문 적이 있나. 그때까시노 랜스는 약혼 때 아버지가 채굴한 금으로 만들었던 결혼반지를 끼고 있었다. 하지만 카티카호가 코코넛 농장이 있는 부갱빌섬 의 부두에 정박해 있는 동안 반지가 밧줄에 걸리는 바람에 잃어버리고 말았다.

화물을 하역하는 농장엔 대부분 부두가 따로 없었다. 선외 모터로 구동되는 바지선을 이용해 일일이 해안으로 화물을 날라야 했다. 시속 6노트의 속도로 달리는 배 측면으로 짐을 실은 바지선이 흔들거리는데 이는 매우 위험한 작업이었다. 싣고 돌아갈 화물이 없으면 선장은 배를 계속 몰면서 랜스와 다른 선원들이 화물 하역을 마치고 다시 배를 따라잡도록 했다. 게다가 선장이 속도를 늦추지 않는 상태에서 움직이는 배의 갑판으로 바지선을 들어올리기까지 해야 했다.

이 모든 것이 랜스에겐 너무 버거웠다. 그러던 어느 날 마지막으로 하역하는 중, 화물의 양이 너무 많은 데다 화물을 받는 농장도 세 곳이나 되었다. 농장 관리자들은 서류에 서명하기 전에 들어오는 모든 화물을 일일이 확인하고 싶어 했다. 농장 입장에서는 합당한 일이었다. 확인 작업이 완전히 끝났을 때는 날이 어두워졌고 이미 배는 북쪽으로 돌아가버렸다. 한 농장주가 랜스와 선원들에게 그날 밤 묵을 곳을 제공했지만, 랜스는 의무감에 어떻게든 배로 돌아가버렸다. 그래서 그들은 어두운 밤을 뚫고 암초가 많은 바다를 헤치며 카티카호를 좇아갔다. 선장이 배에 오르는 랜스를 보고 괜찮냐고 물었다. 그는 선장과 얼굴을 맞대고 서서 분명하게 답했다. "아니요, 괜찮을 리가요. 그만두겠습니다."

정박 후 임금 정산을 받은 그는 비행기를 타고 포트모르즈비로 돌아갔다.

50톤급 연안 선장 면허를 취득한 후 랜스는 16척의 저인망 어선으로 구성된 새우잡이 선단의 모선에서 항해사 자리를 제안받았다. 그렇게 랜스는 일 년을 일했지만, 이익을 낼 만큼 어획량이 많지 않았고 배는 쿠웨이트로 돌아갔다. 랜스는 다시 일자리를 잃었다.

랜스는 여전히 베트남전쟁에 대해 궁금한 게 많았다. 직접 알아보기로 결심하고 베트남으로 향했다. 베트남에서 그는 두 기자를 만났는데 한 사람은 뉴질랜드의 참전에 우호적이었고 다른 사람은 반대했다. 그들과 이야기를 나눈 후, 랜스는 입대하지 않기로 했던 자신의 결정이 옳았다고 확실히 느꼈다.

다시 집으로 돌아온 그는 마나포우리 호수의 피오르드랜드 트래블에서 관광유람선을 운행하는 선장으로 일했다. 그러던 차에 포트모르즈비에서 만났던 한 미국인에게서 일자리 제안 전보를 받았다. 카리브해 앤티가를 거점으로 하는 대형 전세 요트, 폴리네시아호에서 일하는 것이었다. 랜스는 제안을 받아들여 거의 무일푼 상태로 앤티가로 날아갔다. 하지만 도착하고 보니, 그 미국인과의 연락은 끊겼고 폴리네시아호는 항해가 불가능할 정도로 녹슬어 있었다.

비자가 없었던 그는 앤티가에서 일할 수 없었다. 어머니에게 돈을 빌려 이번에는 가장 가까운 캐나다로 날아갔다. 하지만 랜스가 도착했을 때는 겨울이 한창이어서 배와 관련된 일자리가 전혀 없었다. 할 수 없이 랜스는 서드베리에 있는 니켈 광산의 광부 일에 자원했다. 사측의 정밀한 의료 검진과 안전 교육 과정에도 23명의 지원자 중 6개월 동안 다치지 않은 사람은 랜스 혼자였다.

랜스가 일한 광산은 캐나다에서 가장 깊은 광산에 속했다. 지하 457미터에서 작업을 시작하여 2377미터 깊이까지 도달했다. 배수로의 진흙을 퍼냈고 나중엔 폭발 후 푸석푸석해진 암벽 부분을 깨끗이 정리하는 작업도 했다. 그러던 중 더 열심히 일하면 폭발물 설치와 뇌관 작업을 담당하여 더 많은 보수를 받을 수 있다는 말을 들었다. 초보자는 항상 경험이 많은 광부와 짝을 이루어 작업했다. 함께 일하는 사람들이 다 좋았고 새로운 기술을 배울 수 있어서 랜스는 그 힘든 일을 즐기며 해낼 수 있었다. 마침내 훨씬 두둑해진 은행 통장을 챙겨 그곳을 떠났다.

랜스는 캐나다를 떠나 바로 영국으로 날아가 어머니를 만났다. 당시 어머니는 영국에서 가족의 자취를 찾고 있었다. 랜스는 영국에서 여기저기 여행하며 관광을 즐겼다. 프랑스로 가는 페리를 타기 위해 런던에서 히치하이킹으로 도버로 가던 중 히피들이 가득 찬 밴을 얻어 탔다. 그리고 히피들이 랜스를 초대하여 그들이 사는 곳까지 가게 되었다. 그곳에서 히피들이 60년대와 70년대 초반 널리 유행했던 환각제 LSD를 소개했고, 결국 랜스는 거기서 거의 한 달 가까이 머물렀다. 그 후 그는 배를 타고 뉴질랜드로 돌아가는 어머니와 합류했다.

배에서 랜스는 멜버른 집으로 돌아가던 첫 번째 아내를 만났다. 열흘 후 그들은 선상에서 결혼하려고 했으나 허가를 받지 못했다(피터와 나의 결혼이 떠오른다). 그는 배가 뉴질랜드에 정박한 뒤에도 배에 머물렀고 둘은 함께 호주로 가서 결혼식을 올렸다. 몇 달 후 랜스는 아내를 데리고 마나포우리로 돌아왔고, 두 사람은 피오르드랜드 트래블에서 4년 넘게 함께 일했다. 그 후에 랜스는 가재잡이 배를 사들여 다우트풀 사운드에서 몇 년 동안 어부로 일했다. 하지만 근래에 상업용 가재잡이를 해본 경험이 없었기 때문에 큰 성공을 거두지는 못했다. 그즈음 두 사람은 데인을 입양했고, 랜스는 더 이상 바다에 나가고 싶지 않아졌다.

그래서 랜스는 다우트풀 사운드 지역 전역에 덫을 놓아 사슴 포획에 나섰다. 낡은 가재잡이 배는 숙소로 사용했다. 그 배로 사슴 우리를 만들 울타리 재료도 실어 날랐고 진정제를 맞은 사슴을 딥 코브까지 운반했다. 거기서 랜드로버에 사슴을 싣고 윌모트 고개를 넘었다. 그런 다음 사슴을 피오르드랜더 뱃머리로 옮겨 실어 마나포우리 호수를 건너고, 다시 다른 차량에 태워 그의 집 뒷마당에 세운 사슴 우리로 데려갔다. 이 일은 비교적 순조롭게 잘 진행되었으나 문제가 생기고 말았다. 예기치 못한 1만 5000달러의 세금 납부 고지서를 받게 된 것이다. 결국 그는 가재잡이 배와 사냥 덫을 팔아 문제를 해결했다.

그 후 그는 국토조사부(후에 환경보건부로 바뀐다)가 운영하는 리나운호의 선장 자리를 제안받았다. 이 일로 다시 집에서 멀어졌지만, 그는 리나운호 선장 일을 좋아했다. 피오르드랜드 해안을 따라 정기적으로 운항하며 스튜어트 섬과 스네어 군도|뉴질랜드 남섬 남쪽 해안에서 약 200킬로미터 떨어진 곳에 위치한 작은 군도. 인간의 거주 흔적이 거의 없으며, 그로 인해 독특한 생태계를 유지하고 있어 1998년 유네스코세계문화유산으로 등재되었다. 현재는 보호 구역으로 지정되어 일반인의 출입이 제한되고 있다_옮긴이|까지 멀리 다닐 수 있었다. 그뿐만 아니라 재밌는 사람들과 함께 일하면서 꾸준한 수입도 올릴 수 있었다.

이 시기에 그의 결혼 생활도 끝나, 랜스는 이후 3년간 깊은 우울증에 빠졌다. 그나마 일은 계속할 수 있어서 다행이었다.

그즈음이 바로 내가 랜스의 인생에 다시 등장한 때였다.

랜스는 약 7년을 계속 리나운호의 선장으로 일했다. 환경보존부 소속으로 일하면서 그는 마치 스펀지가 물을 빨아들이듯 해양과학자들에게 관련 지식을 받아들였고 어류 남획에도 관심을 가졌다. 피오르드 어스 트러스트Earth Truth | 세계 환경보전을 목표로 하는 비영리 단체_옮긴이 | 와 그린피스에 가입하여 해양 보존 운동과 투쟁에 적극적으로 참여했고, 환경 교육 홍보에도 열정적으로 나섰다. 이후 자신이 '지나치게 친환경적'이다는 평가를 받았고 최종적으로 그는 환경보존부를 떠날 때가 되었다고 결정을 내렸다.

1995년 초 우리는 '피오르드랜드 생태 휴양'이라는 이름으로 우리만의 독특한 요트 전세 사업을 시작하기로 했다. 우리에게는 관련 경험이 꽤 많았고 랜스는 바다에 있을 때 가장 행복한 사람인데다 이제까지 내가 만난 가장 안전한 선장이기도 했다. 그는 피오르드랜드, 스튜어트 섬, 남극 연안의 군도에 관한 폭넓고 깊이 있는 지식을 지녔다. 바다와 자연의 역사에 대한 사랑도 컸다. 따라서 랜스는 환경보호에 초점을 둔 요트 전세 사업의 소유주로 더할 나위 없이 적합했다. 나도 선장 면허가 있었고 배에 대해서 웬만큼 알고 있었다. 게다가 작은 사업체를 직접 소유하여 성공적으로 운영한 경험도 있었다.

우리는 다른 회사와는 달리 생태에 중점을 둔 휴가를 제공하고자 했다. 선상 낚시가 없었고 수익의 1퍼센트는 환경 연구에 쓰이도록 했다. 다른 모든 전세 배들이 낚시를 제공했기 때문에, 우리의 낚시 금지 방침은 상업적 자살행위로 보였다. 그러나 우리는 꿋꿋이 환경 교육과 환경 보존 홍보에 집중했다.

먼저 배가 필요했다. 25미터 길이의 범선 에보헤호를 18개월 동안 빌린 후 우리는 남극 연안의 군도에 승객을 실어 나를 수 있는 모터세일러|모터와 돛을 모두 사용하여 항해하는 선박_옮긴이|를 구입하기로 결정했다.

랜스는 우리에게 딱 맞는 완벽한 배를 찾았다. 퀸즐랜드 북부 해안에 있는 아름다운 해변 도시 에이리에서 작업 중이던 20미터 크기의 모터세일러였다. 리프엔터프라이즈호에 오르자마자 랜스는 바로 마음의 결정을 내렸다. 그 배를 타고 넬슨으로 항해를 시작했고 배 이름은 브레이크시걸호로 바꾸었다. 이는 우리가 1988년 참여했던 획기적인 보존 프로젝트에서 따온 이름이었다. 이 프로젝트로 브레이크시 섬에 있던 쥐를 모두 퇴치할 수 있었다. 그 이후로 전 세계의 섬들은 유입된 해충을 박멸하기 위해 같은 원리를 사용하고 있다.

브레이크시걸호는 항해에 참여했던 모두에게 사랑받았다.

16년 동안 '피오르드랜드 생태 휴양'을 운영하면서 랜스는 영화 제작진, 과학자, 관광객을 태우고 29번이나 남극 연안에 내려가 그들의 일을 도왔고 요트 전세 비용 또한 일부 지원했다.

★ ★ ★

이 글을 쓰고 있는 지금, 우리는 38년을 함께하고 있다. 우리가 마침내 결혼할 용기를 낸 건 2011년 10월 7일이었다.

당시 랜스에게 내가 들려준 약속을 조금 옮기자면 이러하다.

오늘 당신은 내 남편이 됩니다. 나는 당신이 무엇에 마음 아파하는지, 당신이 무엇을 꿈꾸는지, 그리고 당신이 무엇을 갈망하는지 알고 싶습니다. 함께 살며 행복과 슬픔을 같이 나누고 싶습니다. 당신은 내 첫사랑이었고 오늘 나는 당신의 아내가 됩니다. 그러므로 나는 당신을 돌보고 당신을 사랑할 것을 약속합니다.

랜스는 내게 이렇게 답했다.

루스, 내 사랑. 지난 27년 동안 우리는 아주 힘든 시간을 보냈습니다. 하지만 사랑이 우리를 하나로 묶어 지켜주었습니다… 무슨 일이 있어도 나는 항상 당신 곁에 있을 겁니다. 당신이 선택한 방향으로 당신을 격려하고 당신의 목표를 이룰 수 있도록 돕는 것이 내 역할입니다. 다른 사람들은 물론, 당신 자신에게서도 당신을 보호할 것을 약속합니다.

랜스는 어려운 시기를 겪으면서도 이 약속을 굳게 지켰다.

책방 이야기
서적상 브라이언의 빈티지 책

　브라이언 니콜스는 내가 첫 책방 '45 사우스 앤드 빌로우'를 운영할 때 플럼블리 경매에서 만난 서적상이에요.

　브라이언은 수년간 교사로 일하면서 수집한 방대한 양의 책을 소장하고 있었어요. 1995년 브로드베이에 집을 산 후, 그는 더니든의 경이로운 서점 '스크라이브스'에서 일하며 책 거래에 대해 배웠어요. 그런 다음 자신의 서점을 열었지요. 서점을 더니든 중심부에 낼지 진지하게 고민했으나 그의 집에 있는 큰 차고에서 사업을 시작하기로 했어요.

　책 선반을 대량으로 만드는 것이 최우선 과제였지요. 그다음에는 선반에 책을 채우기 시작했어요. 오타고 기술전문학교에서 컴퓨터 기술을 공부하던 이웃집 아들이 그에게 홈페이지를 만들어주기로 했고 1998년 사업을 시작했어요.

　사업 초기에는 수많은 고객이 브라이언의 서점을 찾았어요.

하지만 요즘엔 대부분의 거래가 인터넷을 통해 처리되죠. 이제 그의 데이터베이스에 있는 책은 무려 1만 5000권에 달한답니다. 지난 몇 년 동안 그는 뉴질랜드에서 출간되는 자료에 더 집중했어요.

처음 자그마한 책방을 열었을 때 반쯤 빈 선반을 채워야 했기에 나는 당연히 브라이언을 찾아갔어요. 얼마 지나지 않아 훌륭한 책으로 가득한 상자들이 더니든에서 도착했지요. 너그럽게도 그는 그 모든 책 대금을 내가 책을 팔아서 갚을 수 있게 해주었어요.

브라이언은 책에 대한 그 어떤 질문에도 답을 해줄 수 있을 거예요. 아무리 희귀한 책이라도 그에게 물어보면 되지요. 고객이 내게 없는 책을 찾을 때, 브라이언은 대부분 그 책을 가지고 있어요.

책 선반이 비어 보인다? 그럼 더니든으로 가서 바닥에서 천장까지 책장으로 꽉 찬 브라이언의 지하실을 뒤져볼 시간이 된 거예요.

25
아들을 찾아서

1955년 제정된 입양법은 비밀 유지 정책을 도입하여 생모와 아이의 모든 접촉을 완전히 차단했다. 우리는 아기가 태어났을 때조차 아기를 볼 수 없었다. 출산 후에는 마치 아무 일도 없었던 것처럼 이전의 삶으로 돌아가도록 강요받았다. 빨리 아이를 잃어야만 고통과 슬픔을 피할 수 있다는 논리였다. 물론 아무런 소용도 없었지만, 우리는 침묵했다. 사회가 사생아를 인정하지 않았고 입양은 사회적으로 부끄럽고 용인받지 못할 상황을 해결할 손쉬운 답이었다.

생모가 자신의 아기를 입양한 사람이 누구인지 아는 것은 불법이 아니었지만, 그 과정 자체가 극도로 어렵게 되어 있었다. 반면에 양부모는 생모의 이름과 나이를 알 수 있었고 생모의 다른 정보도 대부분 받을 수 있었다. 입양 신청 심리는 비공개 법정에서 열렸고 시간이 지남에 따라 모든 법정 기록은 기밀 자료가 되었다. 입양된 이름으로 새 출생증명서가 발행되었다. 그야말로 재탄생이었다! 생모는 신원을 특정할 수 없는 정보를 받을 권리가 있었지만, 그것도 요청할 경우만 가능했다.

1985년 성인입양정보법이 제정되면서 폐쇄적인 입양 시대는 끝이 났다. 성인이 된 입양아와 생모 모두 입양 정보에 접근이 가능하게 된 것이다.

어쩔 수 없이 아이를 입양 보낼 수밖에 없었던 수많은 젊은 어머니들처럼 나도 내 아들을 찾아야겠다고 결심했다. 그해 내 아들은 스물한 살이 되었을 터였다. 아들을 낳고 입양 서류에 서명한 곳이 웰링턴이었으니 웰링턴의 한 가정에 입양되었을 것이다. 그리고 그 당시 나는 아들이 가톨릭 가정에 입양되길 원한다고 했다. 왜 그렇게 원했는지 잘 모르겠지만 분명히 그렇게 이야기했었다. 그리하여 이 두 가지 정보를 바탕으로 아들을 찾기 시작했다. 웰링턴에, 그리고 가톨릭 가정에 있을 거라는 가정이었다.

지그소Jigsaw와 같은 입양 지원 단체들은 1976년부터 생모와 입양아를 찾는 사람들 모두에게 대규모의 지원을 해왔다. 또한 그들은 비공개 입양에 반대하는 정치적 활동도 벌이기 시작했다. 나도 내 아들 나이가 열여덟 살이 되던 해에 가입하여 단체에서 발행하는 작은 책자를 정기적으로 받아보았다. 거기엔 입양 보낸 아이를 찾는 생모(간혹 생부도 있었다)들 정보가 가득 실려 있었다. '이 날짜, 이 병원에서 태어난 남자아이를 찾습니다'와 같은 짤막하고 막연한 단서가 작은 단락으로 이어져 있었다.

먼저 웰링턴에 있는 사회복지부에 편지를 보내 내 아들에 관한 정보를 요청하고 내가 아들을 찾는 절차를 밟기 시작하겠다고 알렸다. 그 답장으로 나는 그들의 파일에 있던, 신원을 제외한 배경 정보를 편지로 받았다.

귀하의 아들을 입양한 부부의 나이는 당시 남편 34세, 아내 29세였습니다. 그들에겐 여섯 살, 세 살 된 두 딸이 있었습니다. 양부는 키가 크고 검은 곱슬머리에 올리브색 피부를 한 미남자라고 되어 있더군요. 파일상으로는 아내의 외모가 당신과 닮았다고 기록되어 있습니다. 두 사람 모두 네덜란드 혈통의 가톨릭 신자입니다. 남편은 회사 이사로 재직 중이었고 사업체의 지분을 가지고 있었습니다. 입양 가족과의 연락은 1965년 5월에 끊겼습니다.

그들이 말해줄 수 있는 것은 더 이상 없었다.
그렇다고 좌절할 내가 아니었다. '그래, 그냥 사회복지부 사무실로 찾아가는 거야.' 이렇게 생각하고 바로 실행에 옮겼다.
직장에 2주 휴가를 내고 웰링턴으로 날아가 곧장 사회복지부 사무실로 찾아갔다. 내게 답장을 보냈던 담당 직원이 나를 보고 깜짝 놀랐다. 처음에는 편지로 이야기한 것에서 한 치도 벗어나지 않는 답변만 하며 자기가 할 수 있는 일은 전혀 없다고 잘라 말했다. 그래도 내가 애걸하다시피 매달리니 결국 그가 돌아서며 슬쩍 한마디 던졌다. "선거인 명부가 아주 훌륭하지요."

나는 곧장 웰링턴 공립도서관으로 달려가 최근 선거인 명부 열람을 요청했다. 하지만 돌아온 답변은 구체적인 지역을 알아야 한다는 것이었다. 나는 재빨리 머리를 굴렸다. 양부가 사업가였기 때문에 웰링턴 중심지에서 시작하는 것으로 결정했다. 그 다음 내 아들을 입양한 가정이 네덜란드계라 했으니 가장 흔한 네덜란드 성이 뭘까 고심해보았다. '판van'으로 시작할 거라는 생각이 들어 명부의 리스트를 천천히 짚었다. 아내와 두 딸, 그리고 아들 하나를 둔 네덜란드계 사업가의 명부를 찾아야 했다.

마침내 아내와 딸 하나, '앤드루'라는 아들을 둔 사업가 가족, '판데르베르흐'를 찾았다. 딸 한 명은 실종된 것으로 기록되어 있었다. 그 딸에게 무슨 일이 있었던 것일까? 도서관 자리에 앉아서 그 이름을 들여다보며 가만히 몇 번이고 소리 내보았다. '앤드루 판데르베르흐, 앤드루 판데르베르흐.' 정말 이렇게 쉽게 아들을 찾은 걸까?

도서관에서 나와 바로 차를 몰고 사회복지부 사무실로 다시 달려가 담당 직원에게 물었다. "그의 성이 '판데르베르흐'인가요?"

그의 표정을 보자마자 내가 맞았다는 것을 바로 알 수 있었다. 우연과 추측, 직감, 포기를 모르는 끈질김 그리고 결단력이 모두 어우러져 나를 아들에게로 이끌었다.

선거인 명부에서 그 가족의 주소까지 알아냈다. 하지만 무작정 그 집 현관 앞에 나타날 수는 없다는 것을 잘 알고 있었다. 내가 그들을 만나고 싶어 하는 만큼 그들이, 그리고 앤드루가 나를 만나길 원할까? 그것이 내겐 중요했다. 그들에게 마음의 준비를 할 시간이 필요할지도 몰랐다.

그러나 그 무엇도 내 아들을 실제로 보는 것까지 막을 수는 없었다. 주소에 나온 거리로 차를 몰아 그 집 근처에 주차하고 기다렸다. 이런 생각을 했던 것이 기억난다. '그 아이는 스무 살이니까 직장에 있을 테고 5시 반이 넘어야 집에 돌아오겠지.'

결국 나는 키가 크고 아름답게 차려입은 한 우아한 여인이 그 집으로 들어가는 것을 보았다. 너무 어두워 제대로 보이지 않을 때까지 계속 기다렸으나 다른 사람은 나타나지 않았다. 크나큰 슬픔이 몰려왔고 실망감에 기운이 빠졌다. 이대로 돌아가야 할까? 하지만 돌아가기엔 너무 멀리 왔다. 그들은 가톨릭 신자였다. 가장 가까운 성당 사제관으로 차를 몰았다. 밑도 끝도 없이 본당 신부님을 뵙게 해달라고 요청했다.

문을 열어준 여성이 내가 누구인지 알고 싶어 하자 매키프리 추기경님이 요리사로 일했던 내 경력에 대해 말했다. 이 말이 '출입 카드'로 통했을까? 다행히 효과가 있었다. 그분이 나를 대기실로 안내했고 그곳에서 브라이언 셰리 신부님을 뵈었다. 신부님은 상냥하고 친절한 분이셨다. 처음에 대화를 좀 나누고 약간 망설이다가 신부님께 판데르베르흐 가족을 아시는지 물어보았다. 온화한 미소를 지으며 셰리 신부님이 답했다. "왜 묻는 거지요, 루스?"

신부님께 모든 것을 다 설명했다. 내 이야기가 끝나자, 신부님은 나를 보고 조용히 웃으시며 내 손을 잡고 말씀하셨다. "네,

알지요. 여기 성당에 다니고 있어요. 앤드루가 입양된 것은 몰랐네요."

중대한 순간이었다. 이분이 내 아들 앤드루를 알고 있었다.

셰리 신부님은 앤드루가 금발에 착한 아들이며 사랑을 아주 많이 받았다고 말했다. 앤드루 누나인 재키가 1984년 교통사고로 사망해서 선거인 명부에 없다는 설명도 덧붙였다. 그 무렵, 앤드루가 부모님께 큰 의지가 되었고 특히 어머니와 매우 가까웠다고 했다.

앤드루에 대한 설명 하나하나가 소중한 선물 같았다. 어쩐지 낯설지 않고 친숙하게 느껴졌다. 앤드루는 우리 아버지와 똑같이 금발에 파란 눈을 가졌고 대부분의 내 사촌처럼 건축일을 하고 있었다. 셰리 신부님이 나와 한참을 이야기하고 나서 나직이 말했다. "당신에게서 앤드루가 보여요. 얼마나 닮았는지 정말 믿을 수가 없군요."

대화는 즐겁게 흘렀지만, 나는 느낄 수 있었다. 나의 갑작스러운 출현이 앤드루 가족에게 어떤 영향을 미칠지, 신부님은 걱정하고 있었다. 그래서 내 아들을 이토록 훌륭히 키워준 가족에게 고통을 주는 것은 절대 원하지 않는다고 설명했다.

"갑자기 나타나 그의 어머니인 양 굴고 싶진 않아요." 내가 신부님께 말했다. "내가 정말 원하는 건 그저 아이를 만나보는 거랍니다." 그러고 나니 내게 생각이 하나 떠올랐다. 큰 부탁인지는 알지만 그래도 나 대신 앤드루 가족과 이야기해주실 수 있는지 신부님께 물어보았다. 만일 그들이 거절한다면 두 번 다시 연락하지 않겠다고 덧붙였다.

셰리 신부님은 자신에게 맡겨달라고 부탁하며 계속 연락하겠다고 했다.

인내의 시간이 이어졌다. 몇 달 후, 전보가 왔다.

전화해주세요. 브라이언 셰리.

나는 즉시 전화를 걸었고, 앤드루와 그의 가족이 나를 만나고 싶어 한다는 말을 들었다.

책방 이야기
나의 IT 영웅

우리 집 모퉁이를 돌면 젭이 어머니와 함께 살고 있는 집이 나와요. 나는 젭과 젭의 형 올리버의 대모랍니다. 올리버는 웰링턴의 금융계에서 일하고 있어요. 형제 모두 머리가 아주아주 뛰어나지요.

젭은 이제 열여덟 살인데 항상 내게 엄청난 도움을 주고 있어요. 열세 살 무렵까지만 해도 젭은 시간당 10달러를 받고 정원 일을 돕곤 했지요. 도움이 필요하면 바로 젭에게 전화해 숲으로 와서 도와달라고 부탁했어요. 그런데 어느 날 놀랍게도 젭이 이렇게 전화를 받는 거예요. "미안해요, 루스. 난 이제 더 이상 루스의 일꾼이 아니에요!"

얼마 전 아이패드를 받은 젭은 컴퓨터에 관심이 많아졌고 새로운 기술을 익히느라 여념이 없었어요. 젭은 타고난 IT 전문가였지요. 우리가 컴퓨터, 텔레비전, 휴대전화에 대해 무엇을 물어

보든 젭은 항상 답을 알고 있었어요. 그래서 내가 젭에게 제안을 하나 했지요. 우리 일꾼 말고 우리의 IT 기술자가 되어달라고 말이에요. 그리하여 우리는 이제 컴퓨터나 통신 관련 문제가 생길 때마다 바로 젭에게 이메일을 보내요. 젭이 집에 있을 때면 불과 몇 분 안에 우리 집 문 앞에 나타나곤 한답니다.

젭이 열여섯 살 때 내가 이 책을 쓰기 시작했어요. 보통 나는 새벽 5시 반쯤 일어나 커피 한 잔을 마시고 아침 8시 반까지 작업을 했지요. 어느 날 아침 이른 시간에 내 컴퓨터를 열었는데 형형색색의 공이 내 스크린 주위에서 춤추고 있었고 모든 것이 멈춰 있는 게 아니겠어요?

너무나 당황한 나는 초조해하며 아침 6시 49분까지 기다렸어요. 그때쯤이면 젭이 일어나 있길 바랐지요.

06:49 루스
미안하지만 젭, 내가 파일을 열 수가 없어. 일어나서 글 쓰려고 이것저것 다 해봤는데 안 되네. 내가 어떻게 해야 할지 알려주겠어? 고마워 젭. 루스가.

06:52 젭
파일이 이미 열려 있는 거 아닐까요?
더블 클릭 되나요?

(좋았어, 젭이 일어났네!)

06:53 루스
아이쿠, 그런가? 해보고 알려줄게.

06:57 루스
이미 열려 있는 파일을 열었는데 지금 여러 가지 색깔의 조그마한 공들이 떠 있어서 아무것도 할 수가 없어. USB를 다시 꽂아봐야 할까?

07:01 젭
USB를 연결한 이유는요? USB에 있는 파일을 열어야 하나요? 해결이 안 되면 열려는 앱(워드일 거 같은데요)을 두 손가락으로 클릭하세요. 종료 클릭하고요.

(약간 짜증이 묻어난다…)

07:05 루스
아니, USB는 연결하지 않았어.
종료 버튼은 이미 눌러봤어.
워드를 다시 열어보려고 하는데 작은 색깔 공이 계속 튕겨서 아무것도 할 수 없네.

07:07 젭

오케이, 화면 오른쪽 상단 구석에 있는 애플 로고 클릭한 다음 다시 시작을 클릭해보세요.

(여전히 문제 해결 안 됨.)

07:11 루스

잠옷 차림인데 컴퓨터 가지고 가도 될까?

07:11 젭

…알았어요.

(꺼리는 게 화연함!)

차를 타고 젭에게 갔어요. 젭도 자기 집 뒷문 앞에서 역시 잠옷 차림으로 기다리고 있었지요. 몇 번 클릭하고 꽤 들여다본다 싶더니 문제는 해결되었어요.

4월 4일 통통 튀는 공이 다시 돌아왔어요. 다행히도 이번에는 그렇게 이른 아침은 아니었지요.

08:01 루스

안녕 젭, 그 조그마한 색깔 공이 또 나타났어! 인터넷 작업은 다 되는데 워드나 엑셀은 실행이 안 되네… 저 공 없앨 방법이 있을까? 부탁해 젭. 고마워, 루스가.

08:05 젭

애플 로고 클릭 (화면 상단 왼쪽)

강제 종료 클릭…

엑셀/워드 클릭

강제 종료 클릭

그래도 해결되지 않으면 다시 애플 로고 클릭하고 다시 시작 클릭해서 컴퓨터를 다시 시작하세요.

08:09 루스

완료! 고마워 젭! 대단하네…

08:11 젭

정말 대단한 영웅, 젭!

26

파란 눈의 소년

    이 놀라운 소식을 랜스에게 가장 먼저 전하고 싶었다. 하지만 그가 바다에 나가 있어서 해상 무전기로 말할 수밖에 없었다. 그렇게 피오르드랜드에 나가 있던 어선과 전세 보트 모두 이 기쁜 소식을 함께 들었다.

    랜스는 자기도 웰링턴으로 같이 가겠다고 했다. 하지만 혼자 가는 것이 맞다고 생각했다. 우리는 앞으로 일어날 일들을 생각하며 이야기를 나눴고 나는 어떠한 상황이 일어나더라도 그대로 받아들일 준비를 해야 했다.

    "그가 어떤 사람이든 상관없어요. 설령 그가 감옥에 있더라도, 마약중독자라도 괜찮아요. 난 그저 사람 대 사람으로 내 아들을 알고 싶어요. 무슨 일이 있더라도 아들을 받아들일 거예요." 랜스에게 말했다.

    킹스크로스에서 일하면서 알게 된 한 가지 사실이 있다. 노숙자나 거리 노동자들 상당수가 결손 가정에서 자랐거나 입양되었다는 것이다. 그들 중 몇 명은 친부모를 찾고 싶어 하지도 않았고, 친부모와 재회한 이들도 부모에게 거절당하는 가슴 아픈 경우가 많았다. 나 또한 실망스러운, 어쩌면 고통스러운 결과에 직면할 수 있다는 것을 알고 있었다. 그래도 상관없었다.

아들을 만나기로 한 날, 옷을 세 번이나 갈아입었던 것 같다. 내가 좀처럼 하지 않는 화장까지 했다. 일 년 전에 보았던, 집으로 걸어가는 앤드루 어머니의 모습이 머릿속에 뚜렷이 각인되어 있었기 때문이다. 아주 세련되고 아름다운 옷차림에 어디 하나 흠잡을 데 없는 자세로 우아해 보였다. 앤드루가 받게 될 내 인상이 정말 중요했다. 꼭 소개팅에 나가는 것만 같았다.

셰리 신부님이 내게 어떤 결과라도 대비할 수 있도록 일찍 사제관으로 와달라고 부탁했다. 걸어 들어가는데 어찌나 긴장되던지 몸이 다 떨려왔다. 셰리 신부님이 조용히 함박 미소를 짓고 있었다. 신부님이 내게 설명하시길 앤드루 아버지는 나를 만나는 것에 무척 들떠 있지만 어머니는 조금 망설였다고 했다. 당연한 일이었고 어머니의 마음이 충분히 이해되었다. 그리고 얼마 전에 앤드루가 부모님께 생모를 찾고 싶다며 도와달라고 했다는 사실도 알게 되었다. 그러던 차에 내가 신부님을 찾아왔다는 이야기를 듣고 그들은 무척 기뻐했다고 한다. 생모가 자신을 찾고 있다는 사실을 알게 된 것은 앤드루에게 큰 의미가 있었다.

셰리 신부님은 일이 잘될 것이라고 확신했지만 그래도 만일의 경우를 대비에 나는 신부님이 앤드루와 이야기하는 동안 옆방에서 기다리기로 했다. 나는 앤드루가 나의 강간 사실은 몰랐으면 한다고 신부님께 미리 말씀드렸다. 우리가 서로 더 잘 알게 될 때까지 기다릴 필요가 있다고 생각했다.

그때 초인종이 울렸다. 온몸이 긴장되고 눈시울이 뜨거워졌다. 셰리 신부님이 방을 나갔다가 큰 키에 청바지와 파란 점퍼를 입은 금발 청년과 함께 들어왔다. 영락없이 우리 아버지의 젊었을 때 모습이었다. 앤드루와 나의 눈이 마주쳤다. 우린 둘 다 이 순간이 믿기지 않았다. 둘 다 웃음을 터뜨리며 서로에게 다가가 얼싸안았다. 앤드루의 품 안으로 파묻혔다. 이렇게 우리는 다시 만나게 되었다. 지금도 우리가 처음 만났던 이야기를 할 때면 마주한 순간 함께 터졌던 웃음이 선명하게 떠오른다. 앤드루는 개구리처럼 입을 크게 벌리고 미소 짓는 것도, 활짝 웃는 모습도 나와 똑같았다.

내 인생에 이토록 놀라운 순간이 있었을까? 여기 파란 점퍼를 입고 우리 아버지의 파란 눈을 한 아름다운 금발 소년이 있다. 내 아들이다. 우리는 한참을 아무 말 없이 서로를 보며 계속 웃고 울고 껴안았다.

마침내 여기 우리가 함께 있다. 사람들이 말하는 것을 나는 오랫동안 들어왔다. 아이를 찾는 과정을 통해, 그동안 풀지 못했던 문제를 마무리할 수 있었다고, 혹은 잃어버렸던 자신의 일부를 찾을 수 있었다고 했다. 하지만 나는 그런 느낌이 아니었다. 내 일부였지만 그 순간까지 내 인생의 어둠 속에 가려져 있던 한 젊은이를 만났다는 것에 놀라운 기쁨을, 나아가 황홀감을 느꼈을 뿐이었다.

앤드루를 꼭 껴안았다. 나는 이제 그의 어머니가 되었다. 하지만 앤드루 가족의 그늘에 머물러야만 한다는 것을 잘 알고 있었다. 그래도 좋았다. 이제 적어도 나는 그의 인생 어딘가에 자리했다. 아들을 찾았고 그가 무사하다는 것에 그저 감사했다.

앤드루가 가족 식사에 나를 초대했고 나는 기꺼이 응했다. 빳빳하고 정갈한 냅킨, 좋은 자기 그릇, 아름다운 식사 등 우아하고 품격 있는 자리였다. 그의 어머니는 처음엔 말이 없고 수줍은 모습이었지만 내가 자신의 자리를 차지하려 할 생각이 없다는 걸 알고는 편안해 보였다. 내 눈에도 모자 사이의 끈끈한 유대감이 보여서 나는 더욱 기뻤다. 그날, 내 아들이 이런 가정에 입양된 게 얼마나 다행인가 하는 생각을 했던 것이 기억난다.

다음 날 앤드루가 찾아와 조이스 이모와 빌 아저씨를 함께 뵈러 갔다. 이모가 웃으며 눈물을 쏟았다. "오, 넌 정말 네 할아버지와 똑같구나, 네 할머니가 널 볼 수 있다면 얼마나 좋을까." 우리 모두 감정에 북받쳐 서로를 끌어안았다. 다행히 앤드루는 나처럼 포옹하길 좋아했다. 앤드루와 나, 우리는 퍼즐 조각처럼 잘 맞았다.

몇 년이 지나고 앤드루에게 그의 아버지 이야기를 하며 강간 이야기를 꺼냈다. 앤드루가 상처받을 것으로 생각했지만, 아들의 내면은 단단한 빛을 발했다. 가톨릭 가정에서 자란 앤드루는 굳건한 믿음을 지니고 있었다. 이 책에 대해 앤드루와 이야기했는데 내 놀라운 아들이 다음과 같은 편지를 보내왔다.

하느님이 어머니와 제게 당신의 손을 내밀어 우리에게 놀라운 경험을 주셨음이 분명하지요. 어머니 책에 간결하게 묘사된 우리의 첫 만남이야말로 그 증거입니다.

책방 이야기
책 수색대

크리스마스까지 3주가 남았어요. 어린이 책방 앞 정원엔 꽃들이 만발한데다 책방의 다채로운 색깔이 더해져 화사하기 그지없었지요. 책 가격은 50센트부터 30달러(새로 들어온 책)까지 다양하답니다. 책장에는 책들이 꽉 차 있어요. 그런데도 자리가 나면 채워 넣을 책이 두 상자나 더 있답니다. 모두 깨끗하게 손질되어 있고 가격도 매겨져 있지요.

질 언니는 어린이책을 많이 사는 고객이에요. 언니는 교사였고 수년 동안 크롬웰 어린이집을 운영했어요. 지금은 은퇴하여 센트럴 오타고에서 '오퍼레이션 커버 업Operation Cover Up'이라는 자선단체의 매니저로 일하고 있어요. 회원들이 뜨개질한 담요를 매년 해외로 보내는 자선 활동에 열중하고 있답니다. 그리고 일주일에 한 번은 크롬웰 자선 가게에서도 활동해요. 언니는 몇 시간 동안 뜨개질과 펠트 작업으로 담요, 벽걸이, 멋진 어린이 옷을 만들지요. 우리가 함께 남섬을 여행했을 때 나는 운전을 하고 언니는 내 옆에 앉아 뜨개질을 했어요. 언니는 말 그대로 남섬 여행 내내 뜨개질을 했지요.

중고 어린이 도서를 들여야 해서 책을 공급해줄 만한 사람이 필요하면 나는 당연히 언니부터 찾았어요. 이러저러한 정보를 주기만 하면 언니가 어찌나 후딱 열정적으로 뛰어드는지 내가 언니에게 천천히 해도 된다고 말할 정도였지요. 얼마 안 있어 우리 책방에 책이 가득 담긴 상자가 연달아 도착했어요. 언니에게 우리 어린이 책방에는 500권이 아니라 150권밖에 안 들어간다고 상기시켜야 할 정도였지요. 그러면 언니는 한숨을 쉬며 덧붙였어요. "알아, 알아! 하지만 나도 어쩔 수 없단 말이야!"

크롬웰 반경 50킬로미터 내의 모든 중고품 가게와 자선 가게는 언니를 잘 알고 있답니다. 와나카와 알렉산드리의 재활용 센터는 늘 언니를 위해 책을 따로 챙겨두었다가 언니가 오면 활짝 웃으며 맞이하지요. 언니는 아무래도 '도서 스파이 네트워크'를 구축한 것만 같아요.

주 책방에 비치한 책들 상당수는 구하기가 어려운 책들이에요. 주로 부동산 중개인이나 집을 줄이려는 사람들에게서 구매하지요. 물론 자선 가게와 인터넷도 샅샅이 뒤진답니다. 그리고 다른 서적상, 특히 더니든의 브라이언과 함께 일하기도 해요. 또 나를 도와주는 고객도 있어요. 늘 나를 위해 책을 찾아주는 가장 친한 고객이자 여행자인 레베카와 '내 책 수색대'의 일원으로 합류한 베키예요. 베키와 그의 파트너 스티브는 마나포우리에 있는 자기네 중고품 및 골동품 가게에서 책을 항상 살펴봐준답니다.

일전에 내가 『아빠가 결혼했다』를 찾아달라고 한 적이 있었지요. 그들은 그 책을 찾아내진 못했지만, 내가 트랙터 책을 원한다고 생각해서 관련된 온갖 종류의 보물 같은 책을 가득 안고 나타났어요.

그렇다 해도 내가 원하는 좋은 책을 다 찾기란 어려워요. 책장에 진열할 수 있는 책이 한정되어 있어서(책방 전체를 다 합쳐 대략 1250권 정도이지요) 모든 책을 무작정 다 받아둘 수는 없어요. 한번은 책을 한 아름 들고 계산하려고 카운터로 다가온 멋진 노부인에게 슬쩍 장난을 쳤어요. "죄송하지만 5권 이상은 살 수가 없답니다. 자그마한 책방이다 보니 쌓아둔 책이 얼마 없어요. 사람들이 다 이렇게 사면 제 책장이 텅 비게 될 테니까요!"

노부인은 깜짝 놀란 표정을 지으며 바로 답했어요. "아! 당신 말이 맞아요. 정말 생각이 깊네요. 한 권은 다시 갖다 놓을게요."

내가 재빨리 농담이었다고 설명하자 노부인이 웃었어요.

이제 저 장난은 더 이상 안 하려고요. 그래서 책장이 종종 비어 보일 때도 있지요.

27
세상 끝 책방

일곱 살 때부터 나는 책과 사랑에 빠졌다. 우리 가족 모두 책을 좋아했고 부모님 역시 우리에게 책 읽기를 권했다. 내 침대 곁에는 작고도 소중한 도서관이 자리하고 있었다. 이니드 블리턴의 『노디Noddy』 시리즈며 E.B. 화이트의 『샬롯의 거미』, 그리고 골든북 시리즈 낯 권이 꽂혀 있었다. 할머니가 열한 살 생일 선물로 루이자 메이 올콧의 『작은 아씨들』과 『착한 아내들』을 주셨는데 그때부터 나는 고전에 푹 빠졌다. C.S. 루이스, 찰스 디킨스, 마크 트웨인, 루이스 캐럴, 찰스 킹슬리의 책들이 차례로 책장을 가득 채웠다. 지금도 물론 어릴 적 책들을 대부분 가지고 있다.

책방지기가 될 생각은 전혀 없었지만, 어쩌다 보니 내 인생 절반 가까이 책방에 열정을 쏟게 되었다. 첫 번째 책방은 우리가 1995년 시작한 요트 전세 회사 '피오르드랜드 생태 휴양'과 같은 건물에 있었다. 처음에는 회사 사무실 안에서 책 몇 권으로 시작했다. 주로 현지 지역 작가의 책이나 요트가 방문하는 지역에 관한 책을 취급했다. 요트 내에도 도서실이 있었고 승객들이 도서실에 있는 책을 보고 어디에서 구할 수 있는지 물어보곤 했다. 수요가 늘어나면서 판매용 책이 쌓이게 되었고 그렇게 책방의 규모가 점점 커졌다. 우리는 '45 사우스 앤드 빌로우'라고 책방 이름을 지었다.

1997년 시작한 첫 책방을 계속 운영하다가 2010년 6월 요트 전세 회사를 매각하면서 문을 닫아야만 했다. 하지만 책방의 책에는 모두 사연이 있었기 때문에 내 손으로 차마 버릴 수가 없었다. 우리의 작은 집은 이미 책으로 꽉 차 있었기에 책이 담긴 상자들은 죄다 창고로 들어갔다. 당시엔 몰랐지만, 그 책들은 훗날 나의 두 번째 책방 '자그마한 책방 둘Two Wee Bookshops'에서 새로운 보금자리를 갖게 된다.

책방 문을 닫고 지내던 어느 날, 내가 책방 일을 그리워하고 있다는 것을 깨달았다. 당연히도 나는 입만 열면 책방 이야기를 했고, 랜스는 묵묵히 들어주었다. 그러길 6년, 랜스가 다른 책방을 열어보라고 제안했다. 그리하여 내 나이 일흔한 살에 우리 집 마당에 작은 책방 하나를 열게 되었다. 책방은 건축 허가가 필요 없을 만큼, 그러니까 10제곱미터 이하로 작아야 했다. 또한 오래되어 보이면서도 따뜻한 느낌을 주어야 했다. 최소 700권의 책을 꽂아야 하니 튼튼한 책장도 여러 개가 필요했다. 이 책방은 내 은퇴 '취미'가 될 예정이었다.

자그마한 책방을 짓는 일은 오타우타우에 사는 안드레 베카위스에게 맡겼다. 그는 정말 아이디어가 넘쳐났고 그의 창고에는 아름답고 오래된 창문이며 보물 같은 물건이 가득했다. 안드레는 반원 모양의 예쁜 창문 두 개와 리무│뉴질랜드에 자생하는 침엽수. 강하고 내구성이 뛰어나 건축자재로 사용하기에 적합하고, 특유의 붉은 색과 아름다운 결로 인해 가구나 인테리어 소재로 많이 사용된다_옮긴이│ 재질의 문이 달린 책방을 지었다. 밖에서 보았을 때는 집시 캐러밴처럼 보였다. 이런 독특한 모습 때문에 사람들이 지나가다 항상 멈춰서 사진을 찍곤 한다. 책방이 대형 트레일러 뒤편에 실려 도착했다. 트랙터를 사용해서 부지의 토대 위로 옮겼다. 우린 초록, 파랑, 청록색으로 페인트칠했고 문 옆에 칠판을 설치했다. 나무로 된 내부에 마감 작업을 한 뒤, 우리 배에 달려 있던 오래된 종을 문에 걸었다. 드디어 창고에 있는 책 상자를 풀 준비가 되었다.

당시 웰링턴에서 온 조너선과 리사가 우리와 함께 머물고 있었다. 그들은 이전에 손님으로 우리의 자그마한 정원 오두막에 머무른 적이 있었다. 그 이후 우리는 친한 친구가 되었다. 리사는 도서관에 일하며 주마다 책 한 권씩을 읽고 서평을 쓴다. 조너선은 말기 환자의 고통 완화 치료를 전문으로 하는 의사다.

조너선이 나를 돕겠다고 나섰다. 나와 함께 책 상자를 풀고 책을 닦고 가격을 매겨 책장에 꽂는 일에 열정적으로 달려들었다. 몇 시간이면 끝날 일이었으나 조너선은 모든 책을 하나하나 다 들춰보고 싶어 했다. 그림이라도 있는 책이면 그의 작업은 달팽이처럼 더 느리게 진행되었다. 책장에 책을 채우던 그날은 보물처럼 소중히 간직할 하루였다. 내 기억에 영원히 남을 것이다.

'자그마한 책방' 문을 열 준비가 다 됐다.

첫날부터 문에 걸린 놋쇠 종이 수시로 울렸다. 점점 더 많은 차가 멈춰 섰고 어디선가 사람들이 계속 나타났다. 알록달록한 귀여움에 이끌렸을 것이다. 자전거 거치대를 만들고 책방 앞에 의자도 놓아 들어갈 순서를 기다리는 사람들이 앉아 있을 수 있도록 했다. 나는 손님이 뜸하리라 생각했는데 예상과 달리 정말 북적거렸다. 그렇게 새로운 책방은 금세 활기를 띠었고 '취미'의 영역을 벗어나고 말았다!

내가 정원에 나가 있거나 집 안에 있어도 종소리가 잘 들려 바로 책방으로 가 손님을 맞이할 수 있다. 물론 조용할 때 더 잘 들리긴 한다. 그래도 나는 하루 중 대부분을 이 자그마한 책방 안에 있는 편이다.

우리 책방은 손님이 다섯 명만 들어와도 꽉 차는 통에 나는 자연스레 바깥 의자에 앉아 있게 된다. 시간이 지나면서 어린이책 판매대 쪽이 인기가 많고 붐비는 걸 알아차렸다. 그쪽에는 아이들이 다리를 쭉 펴고 앉아 책 읽을 공간이 마땅치 않았다. 무언가 조치를 취해야 했다.

"추가 공간이 2미터가량 더 필요해요. 어린이책만 꽂을 수 있게요." 내가 고생이 많은 랜스에게 말했다. 이 말은 금방 이렇게까지 커졌다. "내 생각에 어린이 전용 책방이 있어야 할 거 같아요."

"분명 책 선반이 조금 더 필요하다고만 한 거 같은데?" 그가 답했다. "이렇게 될 줄 알았지. 책방 두 개? 마나포우리에? 루스, 이건 취미가 아니야, 사업이라고. 우리 은퇴했어야 하잖아."

랜스는 요트 전세 회사를 매각하고 나서 은퇴 생활을 준비했고, 이제 그 생활에 완전히 익숙해지고 있었다. 반대로 나는 일을 벌인 데다 점점 일을 키우고 있었다.

그리하여 우리의 멋진 건축가 안드레를 다시 찾아갔다. 그의 작업실에는 이미 완성된 작은 오두막이 있었다. 이제 책장만 있으면 완벽했다. 2019년 10월, 다시 한번 책방을 실은 대형 트레일러가 도착했다. 이번엔 세 명의 남자와 커다란 크레인이 함께 왔다. 새 책방을 들어 올려 기존 책방 위를 지나, 울타리와 수평을 이루게 준비해놓은 토대에 알맞게 안착시켰다.

우리는 어린이 책방을 주황, 노랑, 파랑, 초록으로 페인트칠하고 문은 밝은 빨간색으로 칠했다. 작은 정원에 꽃을 심어 꽃밭을 만들고 문 위에는 종과 풍경을 달았다. 그리고 선반에 책을 빽빽이 꽂았다. 그렇게 어린이 책방이 탄생했다.

이 두 번째 자그마한 책방은 열자마자 어린이뿐만 아니라 어른들에게도 큰 인기를 끌었다. 다만 어른들이 어린이 책방 안으로 들어갈 때 주의할 것을 알려줘야 했다. "고개를 숙이고 들어가세요." 계속 알려주는데도 문 위쪽에 달아둔 종이 울리는 소리가 종종, 아니 자주 들린다.

수재나와 리스는 크리스마스 연휴가 시작될 무렵 네 아이, 쌍둥이 룰루와 미미, 제시 그리고 오레니아와 함께 마나포우리에 도착했다. 이 가족은 책을 굉장히 좋아했고 날마다 어린이 책방을 찾아왔다. 그들은 책과 함께 빌려갈 수 있는 하얀 솜털이 복슬복슬한 고양이 인형에게 '블리자드 맥머레이'라는 이름을 지어주었다.

그들이 떠나고 몇 달 후 커다란 소포가 문 앞으로 배달되었다. 귀여운 요정 인형 두 개가 들어 있었다. 하나는 금발, 다른 하나는 흑갈색 머리에 각자 그네에 앉아 있는 모습이었다. 이제 두 인형은 어린이 책방에 자리 잡았다. 볕 좋은 날이면 작은 베란다 아래 나와서 그네를 타는 모습을 자주 볼 수 있다.

마나포우리에는 현재 230명의 주민이 살고 있다. 뉴질랜드 사우스랜드 지방 인구의 1퍼센트에 불과하다. 우리는 그 어디에 서든 멀리 떨어진 이 외딴곳, 막다른 길 끝에 살고 있다. 하지만 여기에는 뉴질랜드에서 가장 작은 중고 서점, '자그마한 책방 둘'이 있다. 가끔 집 앞 도로와 잔디밭에 차와 캠핑카가 주차되어 있어 교통에 방해가 되기도 한다.

어느 날 불쑥 이런 생각이 들었다. '자그마한 책방 둘'로 충분하지 않게 되면 어쩐다지?'

* * *

지난 3년 동안 지켜본 결과, 아내나 파트너가 우리 책방을 둘러보는 동안 남자들은 대부분 차 안에 가만히 앉아 있다는 것을 깨달았다. 여자들은 천천히 책을 훑어보는 걸 좋아한다. 말없이 볼 때도 있고 책방 안이 수다와 웃음으로 넘칠 때도 있다. 그런데 차 안에서 기다리고 있는 남편이나 파트너 때문에 대부분 서둘러야 한다는 압박감을 느끼는 것 같았다. 어떤 남자는 조금 지나지 않아 경적을 울렸고 또 다른 이는 기다리기에 지쳤다는 것을 알리듯 시동을 걸거나 문 앞으로 와서 서성이며 묻기도 했다. "아직 멀었을까?" "마음에 드는 책 찾았어?" "나 아직 기다리고 있어요." 책을 고를 때는 충분한 시간이 필요하다. 부디 재촉하지 마시길.

하루는 한 농부가 농장 작업복 차림으로 양 냄새를 풍기며 찾아왔다. 다른 손님이 있어 책방에 들어가지 않겠다고 그가 정중하게 말했다.

"다른 날 또 찾아올게요."

"아니에요. 그냥 들어오세요. 우리는 괜찮아요."

"아뇨, 다 젖어서 냄새가 좀 고약해요. 다음에 봐요, 루스."

이런 상황이 몇 차례 반복되자, 나는 이제 세 번째 책방이 필요하다는 결론을 내렸다. 개방되어 있고, 농부의 관심을 끌 만한, 특히 남자들을 위한 책방이어야 했다.

바로 시장 조사에 들어갔다. 고객들에게 어떻게 생각하는지 물어본 결과, 남자들은 자신만의 공간 갖는 걸 정말 좋아한다는 것이 여실히 드러났다.

몇 달 동안 생각하다가 랜스에게 말을 툭 던졌다. "여보, 책방이 하나 더 있어야겠어요."

랜스가 한숨을 쉬며 답했다. "맙소사, 멈출 생각이 없는 거로군? 왜 또?"

"이번엔 남자들을 위한 거야. 사냥, 낚시, 농사, 트랙터, 기차 관련 책들, 그리고 그들이 앉을 수 있는 공간이면 돼."

"그럼, 어디에 놓게?"

"어린이 책방 바로 오른쪽 옆에. 울타리 쪽으로 쑥 들어가는 게 좋겠어요."

랜스가 투덜거렸다. "세 곳이나 되는 책방을 어떻게 관리하려고? 이미 맨날 이 책방에서 저 책방으로 뛰어다니면서 늘 책이 부족하다고 말하잖아."

"이 책방이 마나포우리의 중심 상업지역이 될 거야"라고 내가 선언했다. "남자들도 차에서 나올 명분이 필요하지 않겠어? 의자에 앉아 책을 훑어볼 수 있겠지. 서랍 한 곳엔 지도도 넣어 둘 거야."

"다른 서랍엔 오래된《플레이보이》잡지도 있고." 랜스가 웃으며 덧붙였다.

랜스는 내가 얼마나 책을 좋아하는지, 또 내게 사회적 교류가 얼마나 중요한지도 잘 알고 있었다. 그래서 내 책방 사업을 늘 격려했고 용기를 북돋아주었다. 날마다 나와 함께 책방 문을 열고 수리할 것이 생기면 무엇이든 바로 고쳐주었다. 또 하루 종일 커피며 스무디도 날라줄 뿐만 아니라 내가 바쁠 때면 책방 일을 도와준다. 책방이 내가 감당 못 할 정도로 붐빌 때면 나는 손님을 바로 옆에 있는 우리 집으로 보낸다. 그러면 랜스가 그들에게 뜨거운 음료를 대접하고 이야기를 나누며 기다리는 시간 동안 지루하지 않게 해준다.

세 번째 책방에 관한 말이 나오자, 랜스는 처음에 나를 말리려고 했다. 내가 이루고자 하는 목표가 어떤 것인지 정확히 알지 못했기 때문이었다. 하지만 내가 마음을 굳히자, 그도 결국은 받아들였다.

오래된 리넨 옷장을 산 다음, 다른 지역 건축업자인 라이언 킨케이드를 고용했다. 얼마 지나지 않아 자그마한 오두막이 모습을 드러내기 시작했다. 세 번째 책방이 지어지는 동안 책방 고객들이 남성용 책방이라는 아이디어에 지대한 관심을 보였다. "이제 자그마한 책방 '셋'이 되는군요!" 하지만 나는 이 책방만의 이름을 정하기로 마음먹고 좋은 이름을 제안해달라고 요청했다. 정말이지 너무도 많은 이름이 나왔다! 벽에 난 구멍, 남성 옷장, 남자만의 은신처, 남자들의 책, 맨-그로브, 나눔 헛간, 소년의 집, 남자 구멍(!), 펜트하우스, 아늑한 구석, 전초기지, 책 보관소, 남자들의 막사, 책 궤짝 등!

수가 '스너그The Snug'라는 이름을 제안했다, 이게 내가 찾던 이름이라는 걸 바로 알았다.

'스너그'는 '아늑한' '포근한'이라는 뜻을 가진 단어다. 어원은 19세기 후반 아일랜드로 거슬러 올라간다. 마을의 선술집인 펍에서 홀의 주 손님들과 별도로 구분된 사적인 공간을 말했다. 몇 사람만 앉을 수 있는 작은 방이었다. 지금도 여전히 그렇게 쓰이기도 한다. 스너그에 들어가 맥주를 마시려면 더 비싼 값을 내야 했다. 질 언니와 함께 북아일랜드 수도인 벨파스트에 갔다가 북아일랜드에서 가장 오래된 펍인 크라운 리커 살롱에 들어

가본 적이 있다. 펍에는 작은 부스들이 있었고 안에 들어가 문을 닫으면 완전히 사적인 공간이 되었다. 필요한 것은 벨을 눌러 서비스를 받는 식이었다.

나의 '스너그'는 작고 아늑한 공간이다. 지붕이 있는 베란다와 붙박이식 벤치가 있다. 그 위로 아름다운 긴잎레이스바크인 호헤리아가 자라고 있어 봄이면 스너그가 작은 흰색 꽃으로 덮인다. 몇몇 농부들에게서 와인이나 맥주도 팔아달라는 제안을 받기도 했다. 천만다행으로 내겐 주류 면허가 없었다.

스너그 영업을 시작하던 날, 내가 좋아하는 단골손님인 테리 오툴이 아내 페이와 함께 나타났다. 둘 다 65년 전쯤 블러프에서 태어났다. 테리는 굉장한 이야기꾼이다. 이야기할 때면 얼굴을 찡그리기도 하고 소리도 지르는 등 아주 열정적이다. 테리와 페이가 책방에 찾아왔을 때, 손님이 몇 명 있었다. 테리가 자기 차로 다시 돌아가더니 아코디언을 가져왔다. 스너그의 베란다 아래에 서서 오래된 노래를 하나씩 연주하기 시작하자 모두가 환호했다. 스너그의 완벽한 오프닝이었다.

책방 이야기
책 애호가 커뮤니티

　어느 날 여성 두 명이 책방에 찾아왔어요. 아이린과 수라고 자신들을 소개했지요. 그들은 30대에 서로 알게 되어 그 이후로 가까이 지내왔다고 해요. 이제 아이린은 은퇴자를 위한 실버타운에 살고 있고 주말과 휴일이면 수와 수의 남편 토니와 함께 마나포우리를 찾아요. 그들의 마나포우리 사랑은 대단히답니다. 수는 산악 지형에 울창한 숲으로 둘러싸인 블랙마운트에서 피오르드랜드 분지로 내려오노라면 그야말로 전혀 다른 세상에 오는 것만 같다고 말하곤 합니다.
　크리스마스 며칠 전, 직접 만든 생강 비스킷이 든 통이 문 앞에 있는 것을 발견했어요. 시간을 내주고 또 책을 추천해주어서 감사하다는 쪽지도 들어 있었지요. 다음에 그들을 보자 나는 비스킷 통을 돌려주면서, 생강 비스킷이 너무나 맛있었다고 말했어요. 그리고 혹시 원하는 책과 비스킷을 바꿀 수 있는지 물어 보았어요.

"아, 그럴 수는 없지요!" 수가 답했어요. 수는 그저 베풀기를 좋아하고 선물 받는 걸 어려워하거든요.

몇 주 후 이번에는 수가 더 큰 비스킷 통을 들고 나타났어요. 장난스러운 미소를 지으며 내게 통을 건넸지요. "책 한 권 가져가야죠, 수." 내가 말하자 수는 고개를 저으며 이렇게 답했어요. "아뇨, 대신 한 권 살게요."

한 달쯤 후 테 아나우에서 일을 보고 집에 돌아와 보니 현관문에 검은색 슈퍼마켓 가방이 걸려 있었어요. 뭘까 싶어 얼른 가방 안을 보았지요. 호키포키 비스킷이 가득 담긴 비스킷 통이었어요. 역시 수가 놓고 간 또 다른 선물이었지요.

그 후 몇 주가 지났을까. 수와 아이린이 책방에 다시 나타났어요. 슈퍼마켓 가방과 비스킷 통을 돌려주며 더 많은 비스킷을 요청한다고 정중히 부탁했어요. 수의 친절한 마음 씀씀이에 보답하고자 어떻게든 수에게 책 한 권을 선물해야겠다고 마음먹고 있었거든요. 수는 거듭 사양했지만, 아이린이 옆에서 부추겨준 덕분에 나는 결국 책을 선물할 수 있었어요. 수는 피터 비들의 『피오르드랜드Fiordland』를 선택했지요.

수는 피터 비들의 아들인 사이먼과 초등학교를 같이 다녔어요. 피터 비들은 뉴질랜드의 대표적인 풍경 화가지요. 아쉽게도 그는 2021년 2월에 유명을 달리했어요.

수는 로맨틱한 사람이에요. 수가 가장 좋아하는 작가 중에는 주드 드베로라는 작가가 있지요. 주드는 40여 권이나 되는 역사 로맨스 소설을 썼어요.

수에 관한 이야기를 이 책에 써도 되는지 묻자, 수가 흔쾌히 동의했어요. 수와 함께 앉아 내가 쓸 내용에 관해 이야기를 나눈 날은 수의 59번째 생일이었어요. 나중에 수는 내게 쪽지를 보내왔답니다.

루스에게
당신 책에 내 이야기가 들어가다니, 멋진 선물이네요. 감사합니다. 사랑스러운 '생일 선물' 항상 소중히 간직하렵니다.

애정을 담아 수

눈물이 날 것 같았어요. 이 아름다운 여인이 내가 자기 이야기를 쓴 것에 이렇게 고마워하다니. 오히려 고마워해야 할 사람은 나인데. 수의 말은 계속되었어요.

…기꺼이 만족하며 행복한 마음으로 구워야 하지요. 내 어머니는 제빵사였고 난 어머니가 잼을 넣은 납작 비스킷과 쇼트브레드 만드는 것을 지켜보곤 했어요. 남편이 생강 비스킷을 좋아해서 만들기 시작했지요. 남편은 내가 만든 비스킷이 사 먹는 비

스킷만큼 맛있지는 않을 거라고 생각했대요. 크리스마스엔 가족 모두가 사랑이 담긴 비스킷을 먹어요. 루스가 맛있고 바삭바삭한 비스킷을 먹으며 얼굴이 환해지는 걸 보는 것 자체가 내겐 선물이죠. 그러니 더 많은 비스킷을 선물할 수밖에요.

나의 세 번째 책방의 이름 '스너그'를 생각해낸 사람이 바로 수입니다. 자그마한 책방을 통해 나는 가장 맛있는 생강 비스킷을 만드는 멋진 친구를 얻었지요. 하지만 다른 유명 요리사들과 마찬가지로 수 또한 내게 요리법을 알려주진 않을 거예요!

28

홈스트리트

2020년 2월 28일, 뉴질랜드에서 첫 코로나19 확진 사례가 보고되었다. 3월 19일에 국경이 폐쇄되었고 나도 책방을 닫았다. 3월 25일에는 뉴질랜드 전 국민이 자가격리에 들어갔고 국가 비상사태가 선포되었다.

그 후 6주 동안 나는 모든 책, 책장 선반, 심지어 현금까지 깨끗이 닦고 청소했다. 일주일에 한 번, 랜스와 나는 차로 20킬로미터 떨어진 테 아나우에 가서 일주일 치 식료품의 장을 봤다.

내가 이끄는 이 지역 여성 독서 모임은 지난 몇 년 동안 점차 발전해왔다. 나도 일주일에 두어 권 정도의 책을 읽으려고 한다. 보통 잠이 오지 않는 새벽에 책을 편다. 그래서 책방을 찾는 손님에게 자신 있게 책을 추천할 수 있다. 정말 좋은 책을 만나게 되면 셜리, 알바, 혹은 사라가 와서 가져간다. 그렇게 건네진 책은 캐서린, 이오나에게 가고, 다시 마거릿과 파이에게 전해진다.

또 가끔은 에디스, 그리고 테 아나우와 마나포우리 분지 근방에 사는 다른 여성들 손에까지 들어간다. 좋은 책은 그렇게 여러 사람이 읽고 책방으로 다시 돌아온다. 이렇게 돌아온 책은 내 책꽂이에 보관하고 싶은 경우가 아니면 책방을 찾는 손님에게 중고 책으로 팔리게 된다.

2020년 봉쇄 기간에 식료품 장을 보는 날이면 나는 깨끗이 닦은 책을 가지고 나갔다. 그 책을 책방 단골손님과 독서 모임 회원들의 우편함이나 문 앞에 두고 왔다. 커크 월리스 존슨의 『깃털 도둑』, 레이철 조이스의 『해럴드 프라이의 뜻밖의 순례』, 버네사 디펜보의 『꽃으로 말해줘』가 가장 인기 있었다.

5월 13일, 코로나19 경보 단계가 2단계로 내려갔다. 우리는 정부의 코로나19 홈페이지에 나온 권고사항에 따라 날씨가 좋은 날에 주 책방을 다시 열었다. 책방이 너무 비좁아 손님들을 안으로 들여보낼 수가 없어서 모든 거래는 야외에서 진행했다. 2미터 간격으로 떨어져 있는 테이블 위에 책을 놓았고 앞 테이블에 손 소독제 병과 방문객 서명 양식을 두었다. 사회적 거리두기 등과 같은 코로나 예방 수칙을 지켜달라는 안내문도 붙였다. 또 손님들에게 만졌지만 사지 않는 책은 한쪽에 놓아달라고 부탁했다. 그렇게 한쪽에 놓인 책들은 깨끗이 닦은 다음에 테이블에 다시 놓아두었다.

지침에 따라 작은 가게를 운영하는 것이 힘들었지만 오랜만에 사람들을 만날 수 있어 반가웠다.

5월이 되면 마나포우리는 조금씩 추워진다. 그러면 바깥 테이블에 놓인 책들에는 작은 물방울이 맺히기 때문에 계속 닦아내고 말려야 해서 손이 많이 간다. 보통 부활절 직후부터 겨우내 책방 문을 닫는데, 2020년은 코로나19로 인해 조금 달랐다. 나는 가능한 한 부활절 이후에도 오래도록 책방 문을 계속 열고 싶었다. 무엇보다 우리 책방은 이곳 주민에게 작은 사랑방 역할을 했기 때문이다. 책방을 찾아온 모두가 봉쇄 기간에 어떻게 대처하려고 애썼는지 수다를 떨며 이야기하는 곳이다. 또한 대부분은 책 읽는 것을 굉장히 중요하게 여겼다. 그렇게 나의 '자그마한 책방 둘'은 비록 작은 공간이지만 코로나19 시기에 아주 중요한 역할을 했다.

그 후 일 년 동안 뉴질랜드 전역에서 작은 서점들이 문을 열었다. 봉쇄 조치의 한 여파일 것이다. 와나카에서 제니와 샐리가 책방, '넥스트 챕터The Next Chapter'를 열어 이미 이름을 알리고 있었다. 우리는 서로 손님을 연결해주고 있다. 아무래도 사람들이 독서의 즐거움과 책이 삶에서 가지는 가치를 다시 찾은 것 같다. 지역 봉쇄가 풀려 9월에 다시 문을 열어도 코로나19 때문에 매출이 줄어들 것이다. 국경은 계속 폐쇄된 상태였기 때문에 우리 책방의 손님은 해외 대신 국내 여행을 하는 키위, 즉 뉴질랜드 사람과 기존의 단골뿐일 것이다. 매출이 줄어들 것은 당연했다.

하지만 놀랍게도 그해 책방 장사는 그 어느 때보다 잘됐다. 손님 중 상당수가 북섬에서 왔고 많이들 피오르드랜드나 스튜어트 섬에 가본 적이 전혀 없었다. 그들은 광야와 산악 경관에 경외감을 느끼며 자연의 아름다움에 감탄했다. 그러느라 우리 책방은 그대로 지나치기 마련이었다.

"차를 되돌려 와야만 했어요."

"당신과 이 책방에 대해 들었어요. 꼭 방문하고 싶었어요."

"킴 힐의 프로그램을 듣고 당신을 만나고 싶었어요. 당신의 이야기가 책으로 나왔으면 좋겠어요"

그렇게 나는 책을 쓰기 시작했다. 앨런 앤드 언윈 출판사의 제니가 제안한 것을 거절할 수가 없었다. 제니는 내 책이 잘 팔릴 거라고 확신하며 나를 설득했다. 내 마음속 깊은 곳에서는 여전히 과연 그럴까 싶다. 아, 여러분이 지금 읽고 있군요. 정말 감사합니다!

* * *

세 번째 책방 '스너그'는 처음에 남성들을 위해 만들었지만, 실제로 농사, 트랙터, 낚시, 사냥에 관심 있는 여성들도 많이 이용한다. 우리 책방은 주로 여성이 찾는다는 점이 늘 마음에 걸렸다. 나는 우리 책방이 남성에게도 다가갈 수 있기를 바랐다. 생각해보면, 내 인생에는 나를 멍들게 하고 상처를 준 남자도 몇 명 있었지만, 그보다 선한 남자가 훨씬 더 많았다. 내게 남겨진 상처는 오히려 여러모로 놀라운 결과를 가져다주었다.

이 책을 거의 다 써갈 무렵, 나는 랜스와 함께 조슈아의 십자가를 찾아갔다. 너도밤나무는 이제 20미터 높이로 자랐고 튼튼한 가지 아래 아늑히 자리한 조슈아의 십자가는 작지만 편안해

보였다.

우리는 친구들과 함께 공동묘지를 발밤발밤 걸으며 랜스의 이야기를 들었다. 랜스가 헬리콥터로 사슴을 잡던 사냥꾼 시절에 젊은이들이 많이 사망했고 상당수가 이 묘지에 잠들어 있다고 했다. 새로 생긴 구역이 눈에 띄었다. 커다란 표지판에는 그 구역에 묻힌 사람들의 이름이 번호와 함께 적혀 있었다. 맞은편 지도에는 번호가 매겨진 무덤의 위치가 나와 있었다. 한참을 들여다보았다. 지도에 금색으로 그려진 자그마한 상자가 눈에 띄었다. 아, 세상에나! 상자에 새겨져 있는 작은 글자, 이름이 분명했다, 조슈아! 보고 또 보았다. 믿기지 않았다. 마침내 내 아들 조슈아가 공식적으로 묘지 등록부에 올라갔다.

"랜스! 랜스!" 그이를 불렀다. "이리 와봐요. 여기 조슈아가 있어요."

다른 무덤은 다 번호가 매겨져 있었지만, 한쪽에 번호 없이 용감하게 서 있는 내 둘째 아들의 이름, 조슈아! 아들의 이름은 지도에 표시된 유일한 이름이었다. 우리가 그를 기억하고 있으며 뉴질랜드의 이 아름답고 작은 마을, 세상 끝자락에 우리와 함께 안식처를 찾았다는 확실한 표식이었다.

나는 내 작은 책방이 마나포우리의 홈스트리트에 있다는 사실이 늘 마음에 들었다. 때로는 집을 찾는 데 오랜 시간이 걸리기도 하지만 운이 따르면 결국 다다르게 된다. 그렇게 나는 집을 찾았다.

★ ★ ★

아버지가 옳았다. 내 인생은 전혀 순탄치 않았고 평범하지도 못했다. 내 친구들 대부분은 내가 과거의 에피소드를 꺼내 이야기할 때마다 하나도 놀랍지 않다고 말한다. 또 랜스는 사람들에게 이렇게 말하곤 한다. "루스와 함께라면 심심할 겨를이 없지요. 아주 인생이 흥미진진합니다!"

나의 첫아들 앤드루가 내 삶으로 들어왔을 때 나는 서른여덟 살이었다. 조슈아의 긴 여정도 평온 속에 마무리되었다. 나는 가족이 있는 뉴질랜드로 돌아왔고 믿기지 않을 정도로 멋진 남자와 사랑에 빠졌다. 인생은 나를 그저 스쳐 지나가진 않았다. 나는 매 순간을 충실히 살아왔다.

상처를 입었을까? 그래서 두렵고 무서웠을까? 그렇다. 숱하게 상처받고 또 매번 두렵고 무서웠다.

후회되는 일이 있을까? 아니다. 그 모든 사건이 지금의 나를 만들었다. 단호하고, 한 가지 일에 모든 힘을 쏟아붓고, 같이 살기 힘들고, 감정이 깊고, 진정으로 충직하고, 사랑하기 쉽지 않은 사람을 빚어냈다고 믿는다.

내게는 무조건 나의 편이 되어주신 소중한 이모부가 계셨다. 내가 찾아뵐 때마다 미소 지으며 말씀하시곤 했다. "아니, 대체 왜, 루시? 이번엔 또 무슨 일을 벌인 거야?"

이제는 랜스와 내 가까운 친구들이 나를 있는 그대로 받아준다. 그들이 묻는다. "그동안 뭘 하고 지냈어? 지금은 누굴 화나게 하고 있는 거야?" 내가 뭐라고 답하든 간에 그들은 여전히 나를 사랑할 것이라는 걸 나는 잘 알고 있다.

    살다 보면 어느 순간 내 삶도 안정을 찾아 든든한 두 닻을 내리고, 사회가 용인하는 '정상' 상태에 도달할 수 있다고 늘 믿어 왔다. 어떤 면에서는 그러기도 했다. 하지만 일흔다섯 살인 지금도 내 마음속엔 여전히 반골 기질이 살아 숨 쉬고 있다. 그래서 더욱 감사하다.

감사의 글

저널리스트이자 작가인 친구 마이크 화이트. 당신의 격려와 응원, 그리고 조언이 없었다면 이 책을 쓸 수 없었을 것입니다. 이 페이지를 빌려 당신에게 감사하는 것만으로는 내 마음을 다 전할 수 없습니다.

나의 수호천사, 엠마 클리프턴. 이 책을 쓰는 내내 나의 눈물과 의심, 그리고 횡설수설을 참아주었고 내게 나의 이야기를 풀어낼 능력이 있다고 늘 믿어주었지요. 일 년 넘게 줌으로 화상 대담을 진행하며 우리의 우정도 깊어졌습니다. (심지어 엠마의 결혼식도 줌으로 봤어요!)

나의 출판 담당자 제니 헬렌. 내가 아는 가장 긍정적인 사람 중 한 명입니다. 우리의 첫 회의를 마치고 어떻게 내가 당신에게 '아니요'라고 말할 수 있었겠어요? 쉽지 않은 일이었을 텐데 나를 흔들리지 않게 해주고 올바른 길로 이끌며 끝까지 함께해주었습니다.

앨런 앤드 언윈 출판사의 편집팀과 다른 부서 팀원들께도 감사드립니다. 수석 편집자 리앤 맥그리거, 교정 편집자 레이첼 스캇, 프리랜서 교정자 마이크 와그와 테사 킹. 여러분의 놀라운 실력이 없었다면 내 독자들은 완전히 혼란에 빠지고 말았을 겁니다.

디자이너 사스키아 니콜, 그리고 일러스트레이터 소피 왓슨. 아주 멋진 디자인, 특히 표지와 안쪽 지면에 감사드립니다.

마레크. 당신이 이 책을 읽게 된다면 전하고 싶습니다. 나는 살아남았습니다. 당신도 부디 그랬길 바랍니다.

맷(누구인지 아시겠지요). 행복을 찾았길 진심으로 바랍니다.

토니. 이 책을 통해 우리는 과거에서 벗어났습니다. 진솔하게 말해줘서 고맙습니다.

나의 훌륭한 남편 랜스. 당신은 항상 나를 응원하고 지지해주었지요. 내가 방황할 때, 혹은 잘못된 길로 들어서려 할 때 이성의 목소리를 내주는 사람, 내 최고의 친구이자 내 영혼의 반려자입니다. 당신의 깊은 이해와 사랑에 감사드립니다.

이 책은 내 두 아들, 데인과 앤드루 그리고 손주 이삭, 몰리, 히나, 리암, 스텔라, 클로이를 위한 책이기도 합니다. 두 아들과 여섯 명의 손주를 위해 내 이야기를 풀어놓았습니다. 나의 언니질. 우리는 서로 많이 다르지만, 서로를 아끼고 사랑하는 마음은 여전히 각별하고 소중합니다. 언니의 두 아들, 내 조카, 해미시와 키어는 이제 이모가 얼마나 별난 사람인지 알게 되겠지요.

나를 있는 그대로 받아주는 내 친구들이 없었다면 이 책을 쓸 용기를 내지 못했을 것입니다. 이 자리에서 하나하나 부를 수는 없지만 나를 재단하지 않고 나를 위해 함께해준 그대들에게 직접 감사드리겠습니다.

이 책의 서술에서 관련된 사람들의 익명성을 유지하기 위해 몇몇 이름과 몇 가지 상황을 변경했습니다. 실수가 있었다면 죄송합니다. 전적으로 제 잘못입니다.

1. 1944년 부모님의 결혼식

2. 우리 집 여자들. 왼쪽부터 나와 엄마, 그리고 질 언니
3. 파일 만에서 즐거운 여름방학을 보내고 있는 나와 질 언니, 사촌 켄과 데이비드
4. 1954년에 촬영한 크라이스트처치 세인트 메리 학교의 단체 사진(오른쪽 맨 앞 줄 끝에서 활짝 웃고 있는 게 여덟 살 무렵의 나)

5. 해군 정복을 입고 찍은 증명사진(1960년대 중반)
6. 질 언니의 21번째 생일 파티에서 나와 언니 그리고 엄마(1965년)

7. 아일랜더호를 타고 남중국해에서(1971년)
8. 자카르타로 항해하던 중 아일랜더호를 약탈한 네 명의 해적
9. 강아지 제리코(제리)와 뉴사우스웨일스주 아미데일에서 기르던 왈라비 (1970년대 후반)

10. 수퇘지 보리스와 아미데일에서 함께 양돈장을 운영한 마이클
11. 1981년에 구매한 요트 매직호에서

12. 매직호를 타고 호주 동부 해안을 항해 중인 나와 제리코

13. 피오르드랜드 트래블(현재 이름은 '리얼 저니스')의 유람선 선장으로 마나포우리 호수를 가로질러 관광객을 태우던 시절의 나(1980년대 중반)
14. 나의 소중한 아들 앤드루의 어릴 적 사진. 우리는 1980년 후반, 앤드루가 이십 대가 되어서야 다시 만났다.
15. 2011년 10월 7일 나와 랜스의 결혼식에서. 사우스랜드 주지사 프라나 카르노가 주례를 섰다.

16. 자그마한 책방 둘과 스너그

The Bookseller
at the End of the World

세상 끝 책방 이야기

펴낸날 초판 1쇄 2025년 1월 13일

지은이 루스 쇼
옮긴이 신정은

펴낸이 신정은
편집 박주희
디자인 형태와내용사이
제작 영신사

펴낸곳 그림나무
출판등록 제2023-000128호
전자우편 gallerynamu@gmail.com **전화** 010-3218-2038
인스타그램 @grimm.namu **페이스북** @grimm.namu **엑스(트위터)** @grimmnamu

ISBN 979-11-990556-0-5 03840

• 책값은 뒤표지에 있습니다.
• 잘못 만들어진 책은 구입하신 서점에서 바꿔드립니다.